HIJOS DE MÉXICO

ESTEBAN CABRERA MEDA

ESTEBAN CABRERA MEDA

HIJOS DE MÉXICO

Breve relato sobre las intervenciones extranjeras, Tomo I (1519-1848)

Diseño de portada: Esteban Cabrera Meda/Julio César Cabrera Meda

Hijos de México

© 2023, Esteban Cabrera Meda

Número de registro público del derecho de autor: 03-2023-060811174200-01

estebancabrerameda10@hotmail.com

1ra edición, junio de 2023

No se permite la reproducción total o parcial de este libro ni su incorporación a un sistema informático, ni su transmisión en cualquier forma o por cualquier medio, sea éste electrónico, mecánico, por fotocopia, por grabación, u otros métodos, sin el permiso previo y por escrito del autor.

La infracción de los derechos mencionados puede ser constitutiva de delito contra la propiedad intelectual.

Al cariño y amor de mi familia, pero especialmente a mis hijos Esteban y Saúl, pues fueron el aliciente que me impulsó a emprender la aventura de escribir por primera vez.

Dios, Patria y Familia.

PRÓLOGO DEL AUTOR

Aunque la presente obra, no ha sido concebida con el carácter de una escrupulosa guía histórica, y por su naturaleza, no está particularmente dirigida a historiadores o académicos, sino en general, a todos aquellos mexicanos que aman y disfrutan conocer sobre la historia de nuestra patria; en los relatos de este libro, evocaremos sucesos sobre nuestro pasado que, servirán al lector como referencia y perenne testimonio, del valor y entereza, con que nuestros antepasados enfrentaron las adversas circunstancias en las que nuestra nación se ha visto implicada a través del tiempo y, cuyos efectos y consecuencias, aún hoy, continúan ejerciendo importante influencia en el acontecer de nuestro país, así como en el pensamiento colectivo de nuestro pueblo.

Describir a México, como una tierra fértil y rica en recursos naturales, resulta lacónico e insuficiente, si intentamos expresar con justicia, la incalculable abundancia con que el creador decidió dotar nuestro territorio, pues, es en verdad nuestro suelo, una inagotable fuente de fortuna, tanto por su riqueza natural, como por su privilegiada ubicación geográfica y, no es difícil imaginar que tan incontables caudales, hayan dado origen a encarnizadas disputas entre sus habitantes originarios y, atraído a tantos otros desde alejadas tierras, con el fervoroso deseo de conquista.

Desde los albores de la humanidad, la guerra ha estado intrínsecamente ligada a nuestro desarrollo y expansión como especie, por lo que, intentar comprender la historia del ser humano y su evolución como civilización, sin considerar la innumerable cantidad de conflictos bélicos que marcaron cada una de nuestras épocas, es prácticamente imposible, pues, a consecuencia de ello, se delimitaron fronteras entre las distintas naciones, se arruinaron y sepultaron imperios y, se propiciaron los cimientos para el nacimiento de otros nuevos.

Con el ocaso de los **Medos**, sobrevino el dominio del magnífico imperio **Persa** que, a su vez, capituló sin remedio ante las arrolladoras falanges **Macedonias**, del mítico **Alejandro Magno**. Los **Cartagineses** comandados por el brillante general, **Aníbal Barca**, tras varios años de vencer en el campo de batalla a las formidables legiones romanas durante la segunda guerra púnica, no lograron evitar su caída final ante ellas, siendo derrotados por el joven general **Publio Cornelio Escipión** en la batalla de Zama; empero, ni aun el poderoso Imperio Romano, con toda su grandeza y sus más de mil años de hegemonía, pudo salvarse de su subsecuente división y postrera desaparición ante las tribus bárbaras en Occidente y ante los **Turcos Otomanos** en Oriente. En todos los casos, conquistadores y conquistados, fusionaron creencias, ideas, religión, cultura, costumbres, raza y formas de pensamiento, de cuya mezcla, emergieron nuevas estirpes, nuevos cultos religiosos y nuevos pueblos. En este sentido, México no fue la excepción y, aunque durante los períodos de paz, es posible apreciar el florecimiento de muchas artes, técnicas y avances de toda índole, es en los momentos de mayor necesidad como la guerra, en donde queda de manifiesto el verdadero valor y el temple de una raza y de su gente.

En los relatos de este libro, reviviremos acontecimientos que marcaron para siempre nuestro destino, como lo fueron las intervenciones extranjeras, así como la epopeya de algunos de los personajes más famosos de nuestra historia, otros no tan conocidos, y algunos más que, por circunstancias sobre las que solo podemos especular, han quedado prácticamente olvidados en los anales de la relatoría oficial, sin embargo, los hechos de los que fueron partícipes unos y otros, no pueden ser juzgados u opacados, por su fama u olvido póstumo, pues en la mayoría de estos sucesos, la constante fue la defensa de la soberanía de nuestra joven patria, ante el furioso embate de potencias extranjeras, gestándose así, algunos de los episodios más lúgubres y difíciles, pero también más gloriosos de nuestra historia, siendo una distinción entre nuestro pueblo, la muestra de un denodado valor y un virtuoso heroísmo que, con el tiempo, dio forma a la extraordinaria y legendaria capacidad de resistencia ante la adversidad, distintiva del mexicano.

El deseo del autor, en relación a la elaboración del presente texto, además de ofrecerse como un humilde tributo a aquellos hombres y mujeres que arriesgaron y ofrendaron su vida por preservar nuestra tierra y nuestra cultura, es contribuir a la difusión entre las nuevas generaciones de nuestra nación, sobre el legado y la épica epopeya de nuestra estirpe, procurando sembrar interés en el lector, por indagar sobre nuestro convulso, pero también glorioso pasado, pues un pueblo que desconoce sus orígenes y su historia, carece de medios para comprender su presente, y por ende, para afrontar su futuro.

Al invocar estos sucesos, así como las circunstancias que llevaron a nuestros antepasados, a obrar de la forma en que lo hicieron, podremos entonces conocer y apreciar con toda justicia, ese extraordinario e inusitado elemento, con el que estamos hechos los mexicanos.

Quien recuerda, vive.

ANTECEDENTES Y BREVE RELATO DE LA CONQUISTA DE TENOCHTITLÁN.

Anterior a la llegada de los conquistadores españoles a México en 1519, coexistían dentro de lo que hoy forma parte del territorio nacional, decenas de tribus, poseedoras de concepciones y cosmovisiones muy variadas en cuanto a organización social, cultural y religiosa. Ciertamente, parlaban diversas lenguas, adoraban a distintos dioses, profesaban múltiples creencias y, sus niveles de evolución en cuanto a desarrollo intelectual, espiritual y tecnológico era contrastante y desigual.

En las distintas regiones de aquel territorio de la época precolombina, habitaban **Tabascos, Huicholes, Totonacas, Mixtecos, Zapotecos, Otomíes, Mayas, Tlaxcaltecas, Tepanecas, Purépechas (Tarascos), Yaquis, Ópatas, Tarahumaras**, entre muchos otros, sin embargo, de entre todos ellos, se erguía con majestuoso e imponente señorío, el imperio **Mexica**, constituido por una singular tribu que posteriormente sería también conocida como los **Aztecas**, denominados así por algunos historiadores debido a su procedencia, pues eran originarios de la mítica tierra de **Aztlán** cuyo significado es: *lugar de garzas o lugar de blancura*. Este pueblo era de estirpe Nahua y, aunque durante cierto período de los más de 2 siglos en los que hubieron de peregrinar en busca de la tierra prometida que su dios **Huitzilopochtli (colibrí siniestro)** les había ordenado encontrar, estuvieron bajo el yugo de otras tribus de mayor poder, como los **Colhuas** y los **Tepanecas**, con el paso del tiempo, a base de alianzas con otros pueblos y tras largas y cruentas guerras, lograron liberarse, alcanzando posteriormente el control casi absoluto en toda la región. No obstante, hubo pueblos que permanecieron autónomos de su dominio, logrando incluso vencer y rechazar a los mexicas, ante su avance expansionista, como lo fue el valeroso pueblo de los **Purépecha**, sin embargo, estos grupos étnicos, tuvieron una preponderancia considerablemente menor, en el ámbito militar, comercial, económico, religioso y cultural, por lo que su influencia, nunca alcanzaría los niveles de esplendor del imperio Mexica, durante el cenit de su civilización.

La principal influencia de los **Mexicas** o **Aztecas**, se extendía entre las diferentes culturas que habitaban el valle del Anáhuac, región ubicada en el centro de México, rodeada por montañas, volcanes y extensos montes, así como por diversos y enormes lagos.

Durante la etapa posterior a su liberación de la poderosa tribu de los Tepanecas, principió un período de apogeo para los **Mexicas**, en el que lograron consolidarse como el pueblo hegemónico en todo el valle, integrándose en una triple alianza con el reino de **Tlacopan (Tacuba)** y el reino de **Texcoco**, del famoso rey poeta **Netzahualcóyotl (Coyote hambriento)**, dando lugar a una época dorada, en la que su feudo adquirió un nivel de riqueza y poderío militar tan grande, que no existía nación o pueblo que constituyera una amenaza real para su dominio. Uno de los personajes más emblemáticos de este período, dentro de la sociedad mexica, fue el valeroso y gran **Cihuacóatl (administrador del reino) Tlacaélel (el que anima el espíritu)**, poseedor de extraordinarias dotes como estadista y que al servir como segundo al mando durante el reinado de 5 **tlatoanis (Itzcóatl, Moctezuma Ilhuicamina, Axayácatl, Tizoc y Ahuízotl)**, emprendió una serie de reformas en varios ámbitos, en especial en el aspecto político, social y religioso, lo que derivó en una reformulación de muchos de los ritos, tradiciones, y creencias del pueblo **Mexica**, cambiando en forma importante, elementos clave de su cosmovisión. Llegando incluso a conseguir la anuencia del tlatoani **Itzcóatl**, para destruir gran parte de los códices antiguos en los que se narraba la historia de su pueblo y poder reescribirlos, procurando establecer y exaltar únicamente sucesos de un pasado glorioso, digno de la nueva etapa de esplendor del reino.

Tlacaélel, fue también un gran guerrero, y a él se deben muchas de las grandes conquistas militares que llevaron a cabo los aztecas durante su larga carrera como consejero real y, aunque murió 44 años antes de la llegada de los españoles a México, es inevitable plantearse la pregunta sobre ¿qué habría sucedido si **Hernán Cortés**, hubiera tenido que vérselas con el genio político y militar del gran **Tlacaélel**? Como bien dicta el dicho popular: *"el hubiera no existe"*, no obstante, es muy probable que, con su consejo, **Moctezuma Xocoyotzin**, hubiese empleado una estrategia diferente que tal vez habría modificado el destino del pueblo **Mexica**, sin embargo, esto no es más que una simple especulación.

Por otra parte, uno de los aspectos a los que dio mayor importancia el gran estadista **Tlacaélel**, fue al culto para su deidad principal **Huitzilopochtli**, a quien además de considerar como dios de la guerra, se le denominaba también el dios sol, siendo menester ofrecerle constantes sacrificios humanos, para alimentarlo y evitar con ello, la muerte del resplandeciente astro, así como del universo mismo.

Los aztecas, generalmente emprendían la guerra en contra de otros clanes, con el objetivo de aumentar su potestad territorial y los tributos de las naciones vasallas, empero, existía un móvil de mayor trascendencia que les impelía a mantener constantes conflictos bélicos con otras tribus, el cual estribaba, en la necesidad de capturar grandes cantidades de soldados enemigos que, a la postre, eran conducidos a los altares sagrados, en donde en medio de un rito celebrado por los sacerdotes aztecas y, utilizando un cuchillo de afilada obsidiana, les era extraído el corazón y su sangre era recolectada, con el objetivo de alimentar y rendir honor y tributo a sus múltiples deidades, pero en especial a **Huitzilopochtli**.

Para comprender de mejor manera estos hechos, es importante considerar que, en la cosmovisión **Mexica** y en la de la mayoría de las tribus de Mesoamérica, los sacrificios humanos eran un elemento fundamental, para preservar la continuidad del cosmos y de su entorno, así como la subsistencia de sus divinidades. La sangre humana o **chalchiuatl**, era considerada un caudal divino, del que se alimentaban sus dioses, quiénes en caso de no recibirla con suficiencia, podían incluso morir, y con ello, sobrevenir la destrucción del mundo, en el eterno ciclo de creación y destrucción en el que estaban basadas sus creencias religiosas. En la mitología de nuestros ancestros, los dioses se habían sacrificado e inmolado, para la creación del sol y de la luna, por lo que, era menester, ofrecerles nuestra propia sangre como solemne tributo y sagrado sustento.

Según el credo que regía a los aztecas y a otras culturas precolombinas, previo a su era, habían tenido lugar cuatro eras o soles anteriores, con humanidades diferentes en cada una de ellas, así como un sol distinto a los de los ciclos predecesores, cuyo nacimiento se originaba, gracias al sacrificio de sus dioses, pero que, a causa de diversas disputas entre las múltiples divinidades, principalmente entre **Quetzalcóatl (Serpiente emplumada) y Tezcatlipoca (Espejo Humeante)**, siendo estos los dos dioses creadores más poderosos en la mitología Nahua, las eras anteriores habían sucumbido en forma catastrófica, encontrándose ellos en la quinta era o quinto sol, es por eso que los **Mexicas** se reconocían a sí mismos como los hijos del quinto sol.

En muchas ocasiones, los aztecas hacían la guerra a otras tribus, con el único objetivo de capturar guerreros enemigos, destinados a ser ofrecidos en sacrificio a sus dioses. Estos conflictos, fueron conocidos como **"Las guerras floridas o guerras de las flores"**, en las que se pactaba previamente el enfrentamiento con clanes rivales, y se batían en ellas los mejores y más valientes guerreros de cada reino. Tras los combates, los guerreros vencedores, tomaban prisioneros a los combatientes derrotados, quienes posteriormente eran inmolados como tributo a sus distintas deidades, lo que era considerado como uno de los mayores honores, dentro de las tradiciones y costumbres de estas culturas. Era tan importante la toma de prisioneros para los sacrificios humanos que, es probable que esto haya influido en el nivel de desarrollo o evolución del material bélico de las distintas civilizaciones mesoamericanas a través del tiempo, así como en su forma de entender la guerra, ya que, a pesar de que su armamento podía causar daños terribles; en la mayoría de los casos no existía intención de inferir heridas mortales, considerando que el objetivo principal era capturar soldados enemigos vivos para los sacrificios, evitando ultimarlos durante la batalla. Esta modalidad **Mexica** de hacer la guerra, contrastaba con la practicada por los españoles, pues los conquistadores europeos procuraban eliminar en el acto, a la mayor cantidad de soldados enemigos. Estas diferencias, salvaron en más de una ocasión de la muerte, a muchos soldados ibéricos, incluyendo al propio líder conquistador, **Hernán Cortés**. A la postre, este factor, así como la desigualdad técnica en el armamento utilizado por ambas facciones beligerantes, entre otros, fueron determinantes para la caída final de la gran Tenochtitlán.

En la crónica de *El conquistador anónimo*, escrita por uno de los soldados que acompañaban a Hernán Cortés, se relatan algunos aspectos, referentes a la forma de pelear de los **Mexicas** y de algunas otras de las tribus que enfrentaron los españoles en su llegada a México, así como de las características de su armamento y lo mucho que impresionaron y admiraron a los conquistadores ibéricos, por su disposición y fiereza en combate. A continuación, citamos el siguiente extracto:

"La gente de esta tierra es bien dispuesta; antes alta que baja. Todos son de color trigueño, como pardos, de buenas facciones y gesto; son por la mayor parte muy diestros, robustos e infatigables, y al mismo tiempo la gente más parca que se conoce. Son muy belicosos, y con la mayor resolución se exponen a la muerte. Solía haber entre ellos grandes guerras y diferencias, y todos los presos en guerra se los comían o los hacían esclavos. Cuando ponían sitio a un pueblo y se rendía sin resistencia, los habitantes quedaban solamente por vasallos de los vencedores; pero si había que usar de fuerza, eran reducidos a esclavitud" ...

"Sus armas ofensivas son arco y flechas, y dardos, que tiran con una ballesta hecha de otro palo; los hierros que tienen en la punta son de piedra cortante, o de un hueso de pescado muy recio y agudo. Algunos dardos tienen tres puntas con las que hacen tres heridas, porque en un palo encajan tres puntas de jara con sus hierros de la manera dicha, y así dan tres heridas en una lanzada. También tienen espadas que son de esta manera: hacen una espada de madera a modo de montante, con la empuñadura no tan larga, pero de unos tres dedos de ancho, y en el filo le dejan ciertos canales en las que encajan unas navajas de piedra viva, que cortan como una navaja de Tolosa. Yo vi un día que combatiendo un Indio con un caballero, dio el Indio al caballo de su contrario tal cuchillada en el pecho, que se lo abrió hasta las entrañas, y cayó muerto al punto. Es una de las cosas más bellas del mundo verlos en la guerra por sus escuadrones, porque van con maravilloso orden y muy galanes, y parecen tan bien, que no hay más que ver. Hállanse entre ellos hombres de grande ánimo, y que arrostran la muerte con la mayor resolución.

Mientras pelean, cantan y bailan; y a vueltas dan los más horribles alaridos y silbos del mundo, especialmente si notan que van alcanzando ventaja; y es cierto que a quien no los ha visto pelear otras veces ponen gran temor con sus gritos y valentías. En la guerra, es la gente más cruel que darse puede, porque no perdonan a hermano, pariente, ni amigo, ni dejan con vida a ninguno que prenden, pues aunque sean mujeres y hermosas, las matan todas y se las comen. Cuando no pueden llevarse botín y los despojos del enemigo, lo queman todo" ...

ESTEBAN CABRERA MEDA

A pesar de que, en el viejo mundo se tenía conocimiento de antiguas culturas que también habían efectuado sacrificios humanos, como parte de sus credos religiosos, como las razas nórdicas y celtas, es factible imaginar el horror y el espanto que debieron experimentar los conquistadores españoles, al contemplar y, en algunos casos, ser también víctimas de este tipo de prácticas. Los españoles abrazaban la fe cristiana católica y consideraban estas costumbres como arcaicas y propias de civilizaciones bárbaras, sin embargo, los sacrificios humanos no eran la única costumbre que provocó estupor entre los invasores, ya que los **Mexicas** también practicaban la antropofagia o canibalismo, celebrada principalmente por la nobleza y que, de igual forma, guardaba una connotación de corte religioso. La carne de las víctimas era condimentada y cocinada, para posteriormente ser consumida durante rituales o celebraciones en honor a sus deidades. Los antiguos **Aztecas** creían que, al comerla, se daba lugar a una especie de vínculo entre el ser humano y la divinidad a la que se ofrecía el tributo, sin embargo, la sangre en ningún caso era consumida por los comensales, pues era reservada exclusivamente como alimento para los dioses. En cuanto al manejo de la sangre en los sacrificios humanos, los únicos autorizados para realizarlos y tocarla con sus manos, eran los sacerdotes y reyes, pues como lo menciona **Oscar Ramos Garza**, en su libro *Ocaso de un Imperio, razones de Moctezuma y motivos de Cortés*, se creía que solo los ungidos con esta jerarquía, poseían la fortaleza necesaria para soportar la descarga de energía que se suscitaba al brotar el primer hilo de sangre que fluía del pecho del sacrificado, tras clavarle el cuchillo de afilada obsidiana. Los antiguos **Mexicas**, consideraban que, al liberarse esta energía divina, era el momento ideal para clamar a los dioses y solicitar su gracia para que el equilibrio y el orden del mundo, pudiese continuar. Al extraer el corazón de la víctima y recoger en vasijas la sangre, se untaban con ella los labios y el pecho de los ídolos o estatuas de piedra o madera con los que representaban a sus deidades, en señal del alimento que recibían, de parte de sus hijos los seres humanos.

Fue así que, en las inmediaciones de un islote, situado en el corazón del lago de Texcoco, nuestros ancestros sentaron las bases para la fundación de su ciudad, que fungiría como capital de su imperio, denominándose posteriormente como **Tenochtitlán**, cuyo significado era: **"Lugar de Tenoch o tuna de piedra"**. La ciudad inicialmente había recibido el nombre de **Cuauhmixtitlan**, que significa: **"Águila entre las nubes"**, sin embargo, se modificó a **Tenochtitlán**, en honor a la memoria de **Tenoch (el de alma grande)**, último líder **Mexica**, que guio a la tribu durante el período final de su éxodo para encontrar el lugar que su dios **Huitzilopochtli (colibrí siniestro)**, les había señalado como la tierra prometida, en la que se asentarían en forma definitiva, para levantar su imperio y extender su yugo por sobre todas las demás naciones del mundo. Muchos historiadores, coinciden en que la migración de los **Aztecas**, pudo durar entre 300 y 200 años aproximadamente, pero existen otros investigadores que aseguran que su éxodo, pudo llegar a extenderse por poco más de 7 siglos.

Explica también **Oscar Ramos Garza**, que el surgimiento de la deidad de **Huitzilopochtli**, se dio a raíz de una fusión surgida entre el dios primordial de los Mexicas, **Mexi (dios planta)** y el dios de los tarascos, **Tzintzuni (dios pájaro y señor de la guerra)**. Esto se debió a que, durante su éxodo o peregrinación, los Mexicas, cruzaron por las tierras de los tarascos, en donde aprendieron varias de sus artes y adoptaron algunas de sus creencias y divinidades y, al no querer sustituir a su antiguo dios **Mexi**, por el nuevo dios tarasco, decidieron unirlos, dando lugar al nacimiento del nuevo, terrible y sanguinario dios **Huitzilopochtli**, que terminaría por moldear el corazón y el espíritu indómito y salvaje de los Mexicas, y los guiaría hasta la tierra prometida, donde finalmente habrían de asentarse. Otras fuentes, contradicen esta versión y aseguran que el dios **Huitzilopochtli**, acompañó a los mexicas, desde el inicio de su peregrinación, de quien cargaban siempre un ídolo en su representación.

En la época anterior a la conquista española, a pesar de la supremacía y la influencia que los Mexicas ejercían sobre la mayoría de los pueblos; podemos establecer con certeza que, no existía un sentimiento de identidad o de nacionalidad colectiva entre las diferentes tribus que moraban en la región. En realidad, cada grupo étnico se auto percibía como una raza independiente, sin encontrar demasiados lazos de hermandad que pudieran unirlos en mayor o menor medida con los distintos clanes, a pesar de las evidentes similitudes raciales. El hecho de que no existiera ese sentimiento mutuo de pertenencia entre las distintas culturas, facilitó el trabajo de conquista para los invasores españoles, quienes rápidamente tuvieron conocimiento de las diferencias y disputas políticas y militares que prevalecían entre los habitantes de estas nuevas y exóticas tierras. El capitán e hidalgo español **Hernán Cortés**, quien era un líder nato, además de ser un hábil guerrero y gozar de acusada astucia en cuestiones políticas, se encontraba al mando de un contingente de poco más de 500 soldados españoles, y logró explotar al máximo estas diferencias, forjando alianzas con las naciones enemigas de los Aztecas, que serían de vital importancia para su victoria final sobre el poderoso imperio Mexica, durante el asedio a la ciudad de Tenochtitlan, suscitado a finales de Mayo de 1521 y culminando en Agosto del mismo año.

Al conocerse en la capital del imperio azteca, la noticia sobre el arribo de aquellos enigmáticos y extraños hombres barbados y de piel blanca, que venían de allende el mar, en unos inmensos castillos de madera flotantes y que, según se aseguraba en los relatos de los lugareños y los informantes del reino, montaban unas monstruosas bestias, que se asemejaban a venados gigantes y estaban ataviados con refulgentes armaduras de un metal desconocido parecido a la plata, blandiendo largos cuchillos de material irrompible, además de portar unos inusitados artefactos que escupían humo y fuego, produciendo un horrible estruendo al ser accionados por aquellos misteriosos extranjeros; el **Hueitlatoani (Gran señor de los pueblos confederados o Gran Tlatoani) Moctezuma Xocoyotzin**, cuyo nombre significaba "**El que se muestra enojado, el joven**", quien antes de ser nombrado líder de su pueblo, había sido también guerrero y sacerdote, temió se trate del cumplimiento de una antigua profecía cuyo presagio era que, al final del ciclo de la quinta era, arribarían desde el mar provenientes de donde nace el astro rey, hombres blancos y con plumas de pelo en la cara, acompañando al mítico dios de los venerables Toltecas **"Quetzalcóatl"**, cuyo nombre significaba: **"serpiente emplumada"** que había prometido regresar para dar fin a esta era y propiciar el inicio de una nueva, a la que los aztecas llamaban el sexto sol; por lo que consternado, decidió enviar una embajada encabezada por nobles y guerreros, colmada de todo tipo de presentes y tesoros, para encontrarse con **Cortés** y exhortarlo a desistir de su intención de marchar hacia la capital mexica, en busca de un encuentro directo con él.

HIJOS DE MÉXICO

La caravana incluía una gran cantidad de joyas y estatuillas de oro y plata, finos ropajes y mantas, armaduras de algodón acolchadas, armas ceremoniales tales como flechas, lanzas y **"macuahuitls"** que eran una especie de macanas de combate, hechas de madera con incrustaciones de afilada obsidiana, cobijas, telas, pepitas de oro puro, y un ropaje, atribuido a la deidad de **Quetzalcóatl**, y que **Cortés**, siguiendo el consejo de su intérprete **Malinalli**, también conocida como **Malintzin**, decidió vestir de inmediato, ante la mirada de asombro y admiración de los embajadores mexicas, pues tal acto, no hacía más que confirmar las sospechas de **Moctezuma**, sobre el cumplimiento de la profecía, de que aquel extraño y extraordinario hombre, era la encarnación del supremo y omnipotente dios **Quetzalcóatl**, que venía para dar fin a la quinta era.

Durante la entrevista entre **Cortés** y la delegación azteca, el comandante español ordenó que se disparara uno de sus cañones en presencia de los nobles mexicas, que presenciaron aquel suceso con horror y gran desconcierto, pues concibieron aquello como si se tratase de un arma de origen divino, propia de los dioses. El estruendo y la forma en que aquel insólito instrumento había reducido a astillas un grupo de palmeras que se encontraban a distancia considerable, en un simple pestañeo, les causó una gran ofuscación.

No será difícil imaginar para el lector que, contrario a lo que pretendía la embajada enviada por **Moctezuma**, sobre convencer a los españoles de volver el paso por donde habían venido a cambio de los regalos y presentes obsequiados, al contemplar **Cortés** y sus hombres, tan extravagantes y maravillosos tesoros, fueron subyugados con tal intensidad por la ambición que, decidieron llevar a cabo su misión de conquista a toda costa o fenecer en el intento.

Con anterioridad, los españoles habían escuchado los relatos de los lugareños de las tribus costeras a las que habían derrotado con facilidad, en sus primeros enfrentamientos en su arribo a estas nuevas tierras, acerca de la opulencia y la riqueza con la que vivían los aztecas en la capital mexica, así como de los soberbios palacios y templos erigidos en aquella mítica urbe. No obstante, también habían tenido noticia de la belicosa naturaleza y la gran fiereza con que combatían siempre los guerreros de Tenochtitlán, quienes eran temidos por todos. Su reputación militar era tal, que muy pocas tribus osaban batirse con ellos, y a menudo, un reducido contingente de guerreros mexicas, lograba derrotar con relativa facilidad a compañías de soldados enemigos mucho más numerosas. Los españoles, entendiendo que no sería posible llevar a cabo una incursión de conquista a la gran capital azteca, echando mano únicamente de sus limitados recursos, tomaron la decisión de buscar alianzas con las tribus enemigas y vasallas de los tenochcas.

Uno de los elementos clave para **Cortés**, en la consecución de esas alianzas, fue contar con la increíble fortuna de hacerse con los servicios de dos intérpretes. Uno de ellos fue **Jerónimo de Aguilar**, clérigo español, que entendía y hablaba el idioma maya, ya que había naufragado en las costas mexicanas en el año de 1511, donde poco después fue hecho prisionero, y por varios años pudo aprender no solo el idioma de los indígenas, sino también sobre su cultura y costumbres. El segundo intérprete, fue **Malinalli**, también conocida como **Malintzin**, una mujer de origen noble, nacida en Coatzacoalcos que, como todos los nobles que pertenecían a ciudades estado vasallas de los mexicas, conocían la lengua náhuatl, así como su cultura y costumbres. Una noche, un grupo de esclavistas sustrajo a **Malinalli** de su hogar y la vendió como esclava a un rico e importante señor de la nobleza maya. Ahí, esta excepcional mujer, mostró gran habilidad para aprender varios dialectos mayas y, a la llegada de **Cortés** a la región, los líderes mayas se la entregaron junto con otras 19 mujeres esclavas como regalo y gesto de amistad. Rápidamente, **Malinalli** fue ganando la simpatía de **Cortés**, debido a su invaluable habilidad políglota, así como por su astucia e inteligencia. Con el tiempo, sería bautizada en la fe cristiana católica, comulgó y recibió el nombre de **Marina**.

A su vez, **Cortés** empezó a ser llamado por los indios como **Malinallitzin** que significaba *"Señor de Malinalli"* y con el tiempo, los propios españoles fueron remplazando este mote por **Malinche**, pues les era de más fácil pronunciación y fue así que el capitán **Hernán Cortés**, fue conocido en todos los pueblos indígenas como **Malinche**.

Posterior a la fundación del primer ayuntamiento del continente americano por **Cortés**, en lo que hoy se conoce como Veracruz, los españoles marcharon hacia el centro de la región, con dirección a la capital azteca. No obstante, en el trayecto trabaron combate con algunas tribus, saliendo victoriosos sin mayores inconvenientes y logrando concretar su alianza más importante para sus planes de conquista, con el pueblo que a la postre, integraría la mayor parte del ejército con el que asediarían la gran Tenochtitlán, estos eran los **Tlaxcaltecas**, cuyos guerreros tenían fama de poseer un carácter indómito y temerario, y eran uno de los pocos pueblos que habían logrado permanecer independientes del yugo mexica.

El Hueitlatoani **Moctezuma**, insistió en el envío de embajadas a los españoles, repletas de tesoros cada vez más abundantes y valiosos, intentando convencerlos de no marchar hacia México-Tenochtitlán. Llegó incluso a enviar nahuales (hechiceros) y nigromantes, para que arrojaran maldiciones y encantamientos a los invasores, pero nada de ello tuvo efecto y, pasados unos meses, **Hernán Cortés** finalmente logró propiciar las circunstancias para entrar en la ciudad de Tenochtitlán, en noviembre de 1519, siendo recibido con grandes honores, propios de un soberano extranjero. El comandante español y sus hombres, contemplaron con inconcebible asombro, aquella inmensa y majestuosa metrópolis. Los palacios, templos, organización, limpieza y sistemas pluviales que poseía, eran verdaderamente excepcionales, siendo equiparables e incluso superando a muchas de las grandes ciudades erigidas en el viejo continente. Los españoles, fueron alojados en los palacios reales de **Axayácatl** durante varios meses, hasta que, haciendo uso de una estratagema, el capitán **Cortés**, tomó prisionero al propio emperador **Moctezuma** y a su hermano, el príncipe **Cuitláhuac**, manteniéndolos cautivos en su propio palacio. Posteriormente, al enterarse **Cortés** del arribo a las costas mexicanas, de un contingente español de más de 1000 soldados, al mando de **Pánfilo de Narváez**, que había sido enviado por el gobernador de Cuba para localizarle y arrestarle, pues **Cortés** se había lanzado a la expedición de conquista sin la autorización del gobernador; alistó a la mitad de sus hombres, dejando el resto en Tenochtitlán al mando de su lugarteniente **Pedro de Alvarado**, y marchó a combatir a **Narváez**.

Cortés sorprendió al recién llegado contingente español, derrotándolos con rapidez y fusionando sus tropas con las traídas por **Narváez**, regresando a la ciudad de Tenochtitlán con poco más de 1100 hombres, sin embargo, a su arribo, encontró una revuelta casi generalizada en la ciudad, debido a que por órdenes de su subalterno **Pedro de Alvarado**, los soldados españoles habían ejecutado una cruel y vil matanza, durante las festividades de **Tóxcatl**, consagradas al dios principal de los aztecas, **Huitzilopochtli**.

Los relatos de algunos de los códices escritos en náhuatl, elaborados pocos años después de aquellos sucesos, refieren que la masacre se realizó en el interior del templo mayor, mientras los guerreros y ciudadanos mexicas danzaban en honor a su dios, encontrándose desarmados y sin la menor posibilidad de reaccionar ante aquel súbito y traicionero ataque. Tales hechos, provocaron confusión y la indignación de los habitantes tenochcas, ya que, para los aztecas y la mayoría de las culturas de la región, antes de hacer la guerra o lanzar un ataque a un reino enemigo, se enviaba una delegación a dicha población, en la que se incluían mantas y otros artículos, así como una explicación acerca de los motivos por los que se declaraba la guerra, con el objetivo de que el pueblo enemigo, no pudiera objetar que se le había atacado a traición. El intempestivo ataque de los soldados españoles, fue tomado como un acto artero y execrable, propio de gente cobarde y sin honor, y tras ello, los ciudadanos de Tenochtitlán, cesaron por fin el respeto y deferencia que hasta entonces, habían prodigado a los supuestos dioses blancos barbados a quienes llamaban **teúles** y, por primera vez desde su encuentro inicial, su indominable instinto guerrero, resplandeció con incontenible furia, enfrentándose la afilada obsidiana, contra el poderoso acero toledano español.

La crisis adquirió tal gravedad para los invasores, sitiados en los palacios reales de **Axayácatl**, que con la intención de calmar el ánimo del pueblo mexica, los españoles decidieron liberar al príncipe **Cuitláhuac**, hermano de **Moctezuma**, empero, esto no resultó, y en un último acto de oprobio hacia los habitantes de la metrópolis, el Hueitlatoani **Moctezuma**, fue acuchillado por sus captores, en las alturas de los balcones del edificio en donde se encontraba prisionero, mientras se dirigía a su pueblo, con la intención de exhortarlos a terminar con las hostilidades. Otras versiones, aseguran que los españoles no fueron quienes ultimaron al tlatoani mexica, sino que fue su propio pueblo que, al repudiar la debilidad a la que había sido reducido **Moctezuma**, le lanzó una lluvia de piedras al momento de su discurso, sucumbiendo por las heridas, días después.

Tras los instantes posteriores al asesinato de **Moctezuma**, la sublevación se tornó general en la ciudad, comandada por el príncipe **Cuitláhuac**, cuyo apelativo significaba: **"Excremento divino"**.

Cuitláhuac, era sumamente respetado y querido por el pueblo mexica, pues además de ser un gran guerrero, sus dotes como líder y estratega eran verdaderamente excepcionales y, fue así que, bajo su liderazgo, el orgulloso pueblo tenochca, quien se hallaba aturdido y estremecido por la ira, debido a la traición y al cobarde asesinato del que había sido víctima su señor, rápidamente organizó la ofensiva y rodeó a los españoles, limitándolos a la fortaleza de los palacios reales del extinto tlatoani **Axayácatl**, quien había sido padre de **Moctezuma Xocoyotzin**.

Los invasores sabían que no les sería posible sostener por mucho tiempo la defensa de su reducto, pues de continuar ahí, con toda seguridad, serían asesinados por los enardecidos ciudadanos tenochcas que no descansarían hasta arrancar el corazón de cada uno de ellos y, en un desesperado intento por escapar, decidieron emprender una accidentada huida, protegidos por la oscuridad de la noche, atravesando el lago de Texcoco en canoas, empero, al ser descubiertos por los pobladores, rápidamente fueron rodeados por miles de guerreros mexicas, quienes persiguieron sin misericordia a los soldados españoles, asesinándolos por cientos y aniquilando a la totalidad de los miles de aliados tlaxcaltecas que habían acompañado a **Cortés** en su arribo a la ciudad.

Con el liderazgo de **Cuitláhuac**, quien había sido nombrado nuevo Hueitlatoani, en sucesión de su difunto hermano **Moctezuma**, los mexicas consiguieron expulsar a los españoles de Tenochtitlán, propinándoles una dolorosa y casi definitiva derrota, ya que poco más de la mitad de las tropas españolas, habían quedado muertas, heridas o habían sido tomadas como prisioneros, sin contar la pérdida de sus tesoros, hundidos casi en su totalidad en las profundidades del lago de Texcoco, en un lugar conocido como canal de los toltecas, en medio de la intempestiva huida.

Estos eventos, dieron lugar a lo que después se conocería como la famosa noche triste, ocurrida el 30 de Junio de 1520, momento en el que **Hernán Cortés**, desconsolado, herido y exhausto, se sentó a llorar con gran impotencia y angustia, su ignominiosa derrota, bajo el cobijo de un árbol de ahuehuete, considerando seriamente abandonar su ambición de conquista, y retornar a España, sin embargo, apelando a su orgullo de hidalgo español, logró reorganizarse y, continuando su alianza con los tlaxcaltecas y forjando otras nuevas con algunas de las tribus vasallas y enemigas de los mexicas, logró reunir y colocarse a la cabeza de un inconmensurable ejército confederado de indígenas, con el que, meses después, sitiaría la orgullosa ciudad de Tenochtitlán y pondría en entredicho el dominio de los tenochcas en la región.

En la primavera de 1521, el nuevo ejército combinado de españoles y aliados indígenas, principió el sitio a la ciudad de México-Tenochtitlán, dando lugar a la más grande batalla jamás suscitada en la larga y belicosa historia del pueblo Mexica. Durante el tiempo que duró el asedio, la valentía y el orgullo de los guerreros aztecas, quedó de manifiesto en los encarnizados combates librados durante día y noche, por el control de cada palmo de la capital del imperio, en contra del inmenso y renovado ejército dirigido por **Cortés**. Los aztecas se encontraban sensiblemente disminuidos al enfrentar escases de víveres y pertrechos de toda clase en su ciudad, pues las tres calzadas de acceso a Tenochtitlán, habían sido bloqueadas por el ejército enemigo, y la posibilidad de encontrar una salida o senda a través del lago, había sido descartada, debido a los estragos que causaban los cañones de los 13 bergantines españoles que **Cortés** había hecho construir y a las canoas de los indígenas aliados que patrullaban las aguas, y que hacían fuego de forma inmisericorde sobre las posiciones mexicas. La sed también era un factor que agravaba su situación, ya que el suministro de agua potable había sido cortado por las ciudades capturadas por **Cortés**, que se encontraban alrededor del lago y que fungían como satélites de Tenochtitlán. No obstante, aunado a tan apremiante situación, sufrían también el padecimiento de enfermedades desconocidas, destacando entre ellas la viruela, que había sido trasladada desde Europa por los expedicionarios europeos, causando una gran mortandad entre sus habitantes, incluyendo al Hueitlatoani **Cuitláhuac**, que murió poco después de su victoria, tras expulsar a los españoles de la capital tenochca, el año anterior.

Durante el sitio de Tenochtitlán, los aztecas fueron comandados por el joven príncipe **Cuauhtémoc**, cuyo nombre significaba **"Águila que** desciende" y era el doceavo y también último Hueitlatoani en la cronología del pueblo mexica, sustituyendo en el trono a **Cuitláhuac**. Contaba con 25 años de edad y era sobrino del extinto emperador **Moctezuma Xocoyotzin**, ultimado a manos de los españoles. El número de soldados indígenas que apoyó a **Cortés** en el sitio de Tenochtitlán, es difícil de establecer, sin embargo, algunos investigadores han estimado cifras que van desde 150 mil a 200 mil combatientes, integrados principalmente por Tlaxcaltecas, Texcocanos, Xochimilcas, entre otros. En los primeros ataques españoles, los mexicas lograron rechazarlos con efectividad, e incluso capturaron un grupo de 15 soldados españoles, a los que sacrificaron ante la vista de **Cortés** y sus capitanes, mientras éstos se encontraban a bordo de sus bergantines, apostados en el lago de Texcoco. Esa no fue la única ocasión en que soldados españoles fueron hechos prisioneros durante los feroces combates y posteriormente sacrificados. Varias decenas más de aguerridos y bien armados soldados ibéricos, corrieron igual suerte, a manos de los defensores de Tenochtitlán y, aunque las tropas regulares del ejército mexica, padecían considerables dificultades al enfrentarse a las armas de los españoles, la situación cambiaba por completo cuando entraban en batalla directa las fuerzas de combate elite aztecas, como los **guerreros tigre (jaguar)**, **guerreros águila** o los **guerreros Quachic**, pues esta clase de combatientes, luchaban con tal destreza y fiereza, que eran capaces de sostener un combate equilibrado con sus macuahuitls, en contra de cualquier caballero español armado con su espada de acero toledano, e incluso podían superarle o enfrentar a varios enemigos al mismo tiempo.

A pesar de la superioridad en armamento, pertrechos y soldados con que contaban los invasores, los mexicas suplían en cierta medida sus desventajas, con valor y heroísmo, logrando mantener a raya a los invasores, por espacio de algunas semanas. El príncipe **Cuauhtémoc** y sus pundonorosos capitanes, se batieron con denuedo y gallardía durante los 80 días que duró el asedio, mostrando gran determinación y una nobleza de espíritu, propias de su estirpe guerrera, intentando infructuosamente, salvar su ciudad, su cultura y a su gente, de una inminente destrucción, sin embargo, el hambre, la sed, la enfermedad y la superioridad militar del enemigo, poco a poco inclinó la balanza del lado español, reduciendo la resistencia mexica a una última fortificación, en el mercado de Tlatelolco.

Los combates se tornaron aún más brutales, y los guerreros mexicas y tlatelolcas que defendían aquél último reducto, luchaban poseídos por un arrebato de furia tan grande, que poco les importaba exponer su cuerpo a los letales proyectiles de los invasores, con tal de capturar soldados enemigos, a los que de inmediato y sin mayores ritos o solemnidad, les arrancaban el corazón en señal de sacrifico a **Huitzilopochtli**. Uno de los guerreros mexicas que mayor pavor causó entre los soldados invasores, fue el capitán **Tzilacatzin**, quién combatía con tal habilidad, fuerza y temeridad que, al ser reconocido por sus enemigos, inmediatamente se convertía en blanco de sus proyectiles y ataques, buscando matarle a toda costa, pero **Tzilacatzin,** se batía ferozmente, y les ponía en fuga arrojándoles grandes piedras, buscando aplastarles el cráneo e hiriendo o matando a aquellos que intentaban abatirle.

En los últimos días de resistencia, los mexicas carecieron por completo de alimento y agua potable, llegando incluso a ingerir agua de salitre y, por consiguiente, enfermando y muriendo a causa de la disentería. Se alimentaron con lagartijas, lirios acuáticos, pájaros, cáscaras de mazorca, cuero y piel de venado y hasta relleno utilizado para la construcción.

Ante las desesperadas circunstancias, el Hueitlatoani **Cuauhtémoc**, ordenó una última acción con la que finalmente confirmarían si su dios **Huitzilopochtli** aún luchaba a su lado o había sucumbido ante el dios de los hombres blancos. Se dispuso que uno de los grandes capitanes mexicas, **Opochtzin**, fuera investido con el mítico ropaje de **Tecolote de Quetzal**, también conocido como **Quetzal Búho**, cuyas insignias pertenecieron al gran rey **Ahuízotl**, padre de **Cuauhtémoc**. Según la superstición mexica, se creía que el mismo espíritu del dios **Huitzilopochtli**, tomaba posesión del cuerpo del hombre que fuese ataviado con dichas insignias, y si el guerrero **Quetzal Búho**, prevalecía ante sus enemigos, ensartándolos con su largo dardo en forma de vara, significaba que la voluntad del dios, era que su pueblo continuara luchando hasta alcanzar la victoria, sin embargo, si era abatido, entonces el dios había decidido abandonarlos a su suerte. Cuando **Opochtzin** saltó a la azotea, investido con las imponentes plumas de Quetzal y el resto de su majestuoso atavío, en medio del amenazante retumbar de los tambores mexicas, mezclados con los alaridos de furia de los enloquecidos guerreros tenochcas y tlatelolcas que le vitoreaban, causó un gran espanto y un asombro generalizado entre los soldados enemigos. Su imagen era espectral y aterradora, ocasionando que los soldados españoles y sus aliados indígenas, pensaran que se trataba de un demonio o un espíritu maligno enviado por los dioses mexicas para castigarlos, sin embargo, tras percatarse de que únicamente era un hombre mimetizado en aquél inusitado ropaje, lo atacaron con mayor determinación, empero, el guerrero **Quetzal Búho** fue a su encuentro y combatió con tal ímpetu, que parecía hallarse en verdad poseído por una fuerza sobre natural, inmerso en una danza mortal, que se asemejaba a la de un infernal torbellino, repartiendo tajos con su macuahuitl y ensartando a sus enemigos con su largo dardo. Cuatro capitanes mexicas acompañaban al **Tecolote de Quetzal** y a pesar del furioso ataque español, lograron contenerlos y hacerles huir, haciendo prisioneros a 3 guerreros enemigos, despertando así el júbilo entre los hambrientos y disminuidos soldados mexicas y tlatelolcas, que vieron en este suceso, un último atisbo de esperanza.

A pesar de ello, días después de este efímero momento de sosiego, la falta de víveres se tornó en extremo insostenible y, finalmente, la mañana del 13 de agosto de 1521, en medio de una cerrada lluvia y un obscurecido cielo, que parecía presagiar la tragedia que estaba por acaecer, el último emperador Azteca, el orgulloso príncipe y Hueitlatoani **Cuauhtémoc**, acompañado por su esposa **Tecuixpo Ixtlaxotil** (hija del difunto emperador **Moctezuma Xocoyotzin**) así como por algunos de sus guerreros más experimentados, atravesó en canoas el lago de Texcoco, dirigiéndose hacia las embarcaciones españolas. Ahí, el monarca mexica entregó sus armas a **Cortés** y sus comandantes, en señal de la rendición incondicional de Tenochtitlán.

Cuentan los relatos de los antiguos códices que, al estar frente a **Cortés**, **Cuauhtémoc** se abalanzó sobre el capitán español, arrebatándole la daga que éste portaba en su cintura, lo que provocó gran alarma y tensión entre los guardias españoles que rapidamente, echaron mano a sus espadas, sin embargo, **Cuauhtémoc**, con ánimo sereno y con una profunda tristeza en sus ojos, se arrodilló y, oprimiendo la afilada hoja del cuchillo contra su pecho, dijo con gran dignidad a **Cortés**:

-Malinche, he luchado con todas mis fuerzas para impedir la destrucción y la ruina de mi ciudad y de mi pueblo, pero a pesar de

ello, he fracasado, manifestándose así la voluntad de los dioses. Te imploro ahora que, con este reluciente y afilado puñal, traspases la carne de mi afligido corazón y des con ello, fin a mi vida y a la de mi reino.

Al escuchar las palabras y contemplar el abatido semblante del noble príncipe azteca, **Cortés**, conmovido ante tal señorío y gallardía, abrazó al vencido monarca mexica, tratando de consolarle. Se dice que la figura del tlatoani **Cuauhtémoc**, era tan atrayente y cautivadora, que los soldados españoles se acercaban para tocar los mechones de su cabello y apreciarle de mejor manera, sin embargo, esta deferencia duró muy poco y posteriormente fue hecho prisionero, junto con su séquito.

En los días postreros a la caída de Tenochtitlán, los españoles destruyeron y quemaron gran parte de la ciudad, buscando infructuosamente los tesoros dejados atrás durante su escape de los palacios de **Axayácatl** el año anterior, luego de su derrota a manos de **Cuitláhuac**, así como el gran tesoro oculto, atribuido al difunto emperador **Moctezuma**, sin embargo, a pesar de sus pesquisas, e incluso tras su infructuoso intento de drenar el lago para dar con el botín, el oro que pudieron encontrar fue solo una ínfima cantidad de lo esperado y, a pesar de los interrogatorios y las vejaciones impuestas al pueblo mexica, nadie daba razón del paradero del precioso metal. Ante esto, **Cortés** ordenó la tortura de **Cuauhtémoc**, así como de su consejero **Tlacotzin** y su aliado el rey de Tlacopan, **Tetlepanquetzal**, a fin de que indicaran en donde se encontraban escondidos aquellos Caudales. Las extremidades de **Cuauhtémoc** y las de sus compañeros, fueron atadas y untadas con aceite, y posteriormente introducidas en el fuego.

El tlatoani mexica y su consejero real, resistieron el atroz tormento con estoicismo, sin expresar la menor queja o muestra de debilidad o sufrimiento, no ocurriendo lo mismo con el rey de Tlacopan, que al no soportar más aquél espantoso suplicio, se dirigió a **Cuauhtémoc**, diciendo:

-Mi señor y gran tlatoani, mi resistencia ha llegado a su límite y no me es posible tolerar más este terrible dolor-

A lo que **Cuauhtémoc** respondió con gesto de ironía y supremo desdén:

-¿Acaso piensa usted, mi señor de Tlacopan, que esto es para mí, un placentero y templado baño, perfumado con pétalos de rosas?

Al ver **Cortés** que los jerarcas aztecas no cedían ni siquiera ante tan espantosa tortura, comprendió que nunca develarían información sobre el paradero del codiciado tesoro, y ordenó entonces detener el martirio, manteniendo cautivo a **Cuauhtémoc** por casi 4 años, en los que utilizó la influencia de la que aún gozaba el depuesto emperador, para facilitar la consecución de sus objetivos políticos y controlar con mayor facilidad al pueblo mexica, sin embargo, en Febrero de 1525, el capitán español fue informado de una supuesta conspiración para asesinarle y expulsar a los españoles de Tenochtitlán. Ante esto, y sin mayores indagaciones, **Cortés** ordenó la ejecución de **Cuauhtémoc**, ahorcándolo al día siguiente, en compañía de otros importantes señores mexicas.

Este episodio, selló el final de uno de los imperios más poderosos que hayan tenido lugar en la Mesoamérica precolombina, dando paso con el correr de los años, al nacimiento de un mestizaje que, a la postre, se convertiría en una nueva raza, con identidad, idiosincrasia y conciencia de su propia existencia.

No será difícil para el lector imaginar que, sin el apoyo de la inmensa fuerza militar indígena, aliada a **Cortés**, la conquista de Tenochtitlán a manos de tan reducido contingente de combatientes españoles, habría sido menos que imposible, a pesar de su superioridad en armamento, equipamiento y tácticas militares.

La inferioridad numérica y la falta de avituallamiento para sus tropas, habrían sido obstáculos infranqueables para la culminación de sus aspiraciones, por lo que, quizá podría surgir la pregunta de: ¿Qué habría sucedido, en caso de haberse suscitado una alianza entre las distintas tribus de México, para afrontar la invasión española? Ante esta interrogante, solo podemos especular, sin embargo, en un escenario en el que nuestros ancestros indígenas hubieran podido vencer a los europeos y estos no hubiesen retornado para retomar su intento, podemos concluir que, nuestra nación y nuestra raza, no existirían como tal.

FUSIÓN DE 2 RAZAS Y NACIMIENTO DE UNA NUEVA

Poco más de 5 siglos distan ya, de aquella lejana y remota época. 500 años han transcurrido, del choque entre dos mundos y dos culturas tan distintas, pero con evidentes similitudes entre sí. Un encuentro entre dos razas y dos civilizaciones poderosas, con una riqueza cultural innegable, de tradición guerrera por excelencia y con mutuos anhelos de prevalecer, por sobre todas las demás naciones.

Entre las claras diferencias raciales, religiosas y de nivel de desarrollo técnico entre ambas, surgían también semejanzas. Tanto españoles como mexicas, eran esencialmente, naciones guerreras y conquistadoras.

En la época en que se concretó la caída de Tenochtitlán, los ejércitos españoles en Europa, adquirían cada vez mayor preponderancia y, los distintos territorios dominados por los monarcas españoles, eran cada vez más extensos y numerosos, lo cual con el tiempo y sumado a la conquista de los nuevos territorios de América, fue dando forma al imperio español, adquiriendo gran fama, pues debido a su inmensa proporción, se le conoció como el imperio en donde nunca se ponía el sol, teniendo su apogeo entre los siglos XVI y XVII.

En aquel tiempo, los españoles habían desarrollado unidades de combate, denominadas **tercios**, que combinaban el uso de armas blancas tradicionales, como picas, lanzas y espadas, con el uso de las armas de fuego de la época, (arcabuces y mosquetes). Estos contingentes, ejercieron tal dominio sobre los ejércitos del resto de las naciones europeas que, con el tiempo, adquirieron una reputación sumamente temible en el campo de batalla y se les consideró prácticamente invencibles durante más de un siglo. A menudo, los **tercios viejos españoles** se enfrentaban y doblegaban con notable inferioridad numérica a tropas mucho mayores y, sus rasgos distintivos, eran el arrojo y valor con el que combatían, así como la actitud orgullosa y altanera de sus integrantes, acostumbrados a despreciar la muerte, en pro de alcanzar la gloria. Con el tiempo, estas unidades de combate se convirtieron en las fuerzas de elite y brazo armado de la monarquía española por excelencia.

Otra característica del pueblo español, que les dotaba de una gran determinación, así como de una confianza plena en la consumación de sus empresas, y que, en muchos casos rayaba en la obcecación y en un entusiasmo desmedido, era su fervorosa fe cristiana católica. El español profesaba con vehemencia su credo y no concebía ni daba lugar a una cosmovisión espiritual discordante. Su fe era su fuerza y brindaba certeza y justificación a su proceder.

Desde los instantes postreros a la conquista de Tenochtitlán, el principal objetivo material fue apropiarse de las riquezas de las flamantes tierras adjudicadas, no obstante, en el ámbito espiritual, los españoles deseaban difundir e instaurar el evangelio como fe única, entre las distintas tribus conquistadas. El invasor español, además de reconocer como un deber y una obediencia a su fe, difundir sus creencias cristianas, entre estas nuevas razas, también entendía que, difícilmente podría mantener el dominio de los nuevos territorios, si no ejercía control sobre los distintos pueblos en materia religiosa y espiritual. Aquellos que no pudieran ser reducidos por la fuerza de las armas, serían conquistados por medio de la fe. Se derribaron ídolos, y cualquier representación o monumento que fuese considerada pagana o contraria a la religión cristiana. Los templos mexicas fueron arrasados y, con sus restos, se construyeron iglesias católicas, situados por encima de los santuarios derruidos. Se destruyeron y quemaron una gran cantidad de códices y registros indígenas, pues se les atribuía haber sido elaborados bajo inspiración diabólica o demoníaca, perdiéndose para siempre un gran y muy importante cúmulo de conocimiento ancestral, que habría brindado en la actualidad, una mayor comprensión, sobre los orígenes, creencias y forma de vida de nuestros antepasados. La persecución hacia los indígenas que se negaban a abrazar la nueva fe, fue brutal. La mayoría de la población aceptó la conversión para sobrevivir, sin embargo, aunque era habitual que continuaran celebrando sus ritos en forma clandestina hacia sus antiguos dioses, con el paso del tiempo, esta práctica fue cediendo terreno, y el nuevo credo floreció cada vez con mayor aceptación entre los naturales de estas nuevas tierras.

Por su parte, los aztecas profesaban un culto de primer orden a las artes guerreras, siendo en sus tierras, tan temibles como los ejércitos españoles lo eran en Europa. Su dios principal y, al que reverenciaban mayor adoración, era **Huitzilopochtli**, dios asociado con el sol y la guerra. Los sacrificios humanos celebrados en honor a esta deidad, eran con el objetivo de que el sol, no sucumbiera y pudiera volver a brindar su luz y calor, durante otro nuevo ciclo. El temor de que el astro rey pudiera extinguirse y morir, era una preocupación constante entre los antiguos mexicas, es por ello que a esta divinidad era a quien se ofrecían la mayoría de los sacrificios humanos, así como para el dios **Tláloc (néctar de la tierra)**, asociado con la lluvia, a quien también se le ofrecía un número importante de sacrificios, dada la importancia de seguir contando con el suministro constante del vital líquido, proveniente del **Tlalocan**, paraíso exuberante regido por el dios de la lluvia, ubicado en el primero de los trece cielos del universo celeste de la mitología mexica y que, era el lugar en donde habitaban los **Tlaloques**, deidades menores que fungían como súbditos y ayudantes del dios **Tláloc**, encargados de verter el sagrado elemento sobre la faz del mundo.

Los sacrificios dedicados a **Tláloc**, se encontraban entre los más espeluznantes, pues las víctimas eran niños de corta edad e incluso bebés con escasos días o meses de nacidos, que eran degollados o ahogados en los ríos o lagos, procurando así, aplacar la sed de sangre del dios. Se creía que, si el niño lloraba, derramando abundantes lágrimas, era señal de que la temporada de lluvia sería generosa.

El templo más grande y ricamente ornamentado de la ciudad de Tenochtitlán, era el Templo mayor, en donde se celebraban los sacrificios y se rendía culto a estas dos deidades.

En la mitología azteca, **Huitzilopochtli** había conducido al pueblo mexica, por un largo éxodo que duró poco más de 200 años, partiendo de su tierra originaria **Aztlán**, a través de distintos territorios, con la promesa de que encontrarían la tierra prometida en donde fundarían su asentamiento final, y ejercerían su yugo por encima de todas las naciones, esclavizándolas.

Fue así que, los mexicas desarrollaron una permanente inclinación hacia los conflictos bélicos, pues se reconocían a sí mismos, como el pueblo elegido, para esclavizar y gobernar a todas las demás tribus, por lo que, la beligerancia y su actitud hostil, se fueron arraigando con tal fuerza en su núcleo social que, con el tiempo, se convirtieron en la tribu más temida de la región, distinguiéndose siempre por su ferocidad y arrojo en el campo de batalla.

El culto a la guerra, era parte esencial en la vida del pueblo azteca, y todo hombre era instruido en las artes de la misma, desde muy temprana edad, sin importar su estatus social. Los hijos de la clase plebeya, los **macehualtin**, eran educados en los cientos de centros de instrucción para jóvenes, llamados **Telpochcalli** diseminados en cada barrio de la ciudad de Tenochtitlán y sus alrededores. Ahí se les adiestraba en el manejo de las armas, en el fortalecimiento físico y mental, así como en el conocimiento de su mitología y relatos orales en los que se narraban los hechos o hazañas más importantes tanto de sus dioses, como de los personajes más destacados de su historia. Para los **macehualtin**, una de las pocas vías para mejorar su estatus social y aspirar a convertirse en un guerrero de alto rango o incluso acceder a un título nobiliario, era por medio de la guerra. Si lograba destacar lo suficiente en batalla, mediante la captura de prisioneros y el valor demostrado durante el combate, podía ir ascendiendo en los distintos rangos, ganándose el respeto de la sociedad, la elite guerrera y de los altos mandos del ejército. Por otro lado, los hijos de los nobles o **pipiltin**, acudían al **Calmécac**, instituto en el que se les formaba, con miras a capacitarlos para ocupar los puestos y encargos de mayor preponderancia y responsabilidad dentro de la comunidad mexica. Los jóvenes nobles, además de ser principalmente instruidos en el manejo de las armas, al igual que los hijos de los plebeyos en los **Telpochcalli**, recibían además cátedra sobre estrategias de combate, formaciones militares, reconocimiento del terreno y dirección de tropas. Así mismo, se les educaba en diversas disciplinas y ciencias, tales como matemáticas, astronomía, historia, religión, música, moral, leyes, lectura e interpretación de códices, gestión de asuntos gubernamentales, entre otras. Es decir, eran preparados para convertirse en los futuros comandantes y guerreros de elite del ejército azteca, sacerdotes, funcionarios, maestros, entre otros cargos importantes.

El ejército mexica estaba integrado por muchas y muy diversas clases y rangos guerreros, no obstante, destacaban por su importancia y gran prestigio las siguientes:

Guerrero tigre (jaguar) u **Ocelopilli**: eran famosos por aderezar completamente su cuerpo con pieles de felino, a semejanza del jaguar, animal sagrado asociado al dios creador y todopoderoso **Tezcatlipoca**, señor del espejo humeante, ya que, según la mitología mexica, el jaguar era el nahual en el que esta deidad podía desdoblarse y recorrer la tierra, envuelto siempre entre un halo de obscuridad y tinieblas, a las que se encontraba divinamente ligado. El ajuar de los guerreros jaguar, incluía las garras, así como la cabeza del animal, con la que confeccionaban sus capuchas, causando temor y desaliento entre los enemigos, y gran motivación y júbilo entre las tropas mexicas y aliadas, al contemplarlos arribar al campo de batalla, ya que su sola presencia, era garantía de victoria. Los **Ocelopilli** estaban versados en el manejo de todo tipo de armas, empero, las que esgrimían con mayor frecuencia eran el **macuahuitl** (macana de madera con incrustaciones de obsidiana) y una daga. Su reputación de valentía y ferocidad en el campo de batalla era legendaria, y según las crónicas de los antiguos códices, eran capaces de matar o neutralizar a su oponente de un solo golpe, además de tener la facultad de enfrentar a varios guerreros enemigos al mismo tiempo. La orden de los guerreros jaguar, se integraba principalmente por los hijos de la clase plebeya, y normalmente lideraban a los distintos contingentes de soldados del ejército mexica. Su entrenamiento era excepcionalmente duro, y se requería de una gran fuerza física, mental y espiritual para superar los obstáculos y retos impuestos en los 5 años que duraba su período de prueba, antes de ser aceptados como guerreros de la orden. Era requisito indispensable para ser nombrado guerrero jaguar, haber capturado a 6 soldados enemigos en batalla y, entre sus privilegios, se les permitía la entrada y estancia en los palacios reales, vestir ropa de algodón y estaban exentos del pago de impuestos. Su opinión era siempre demandada y escuchada con deferencia durante los consejos de guerra y, cuando se les requería para participar en algún combate, invariablemente eran los primeros en entrar en batalla.

Guerrero Águila o Cuauhpilli: se diferenciaban entre los demás guerreros, ya que su atavío asemejaba al de un águila, portando plumas de diversos colores y un casco que asemejaba a la cabeza del poderoso y majestuoso animal con el pico abierto. La orden de los guerreros águila, estaba integrada casi exclusivamente por los hijos de los nobles, no obstante, cuando los **macehualtin** o gente del pueblo, demostraban un valor excepcional, podían también ser admitidos en esta exclusiva y prestigiosa sociedad guerrera y, al igual que los guerreros jaguar, eran sometidos a extenuantes pruebas tanto físicas como psicológicas. Estos guerreros de elite, también conocidos como **caballeros sol**, ya que el águila estaba intrínsecamente ligada con el astro rey, y por ende, con el dios **Huitzilopochtli**, desempeñaban generalmente labores de dirección y comando en el ejército azteca y llegar a ser investido con tal distinción, era considerado uno de los máximos honores dentro de la sociedad mexica, pues los guerreros de esta orden, simbolizaban un culmen de sabiduría en los ámbitos más importantes de su cosmovisión como cultura y civilización. Los **Cuauhpilli**, al igual que los **Ocelopilli**, eran expertos en el manejo de toda clase de armamento, siendo casi imposible vencerles en un duelo cuerpo a cuerpo. Por otra parte, fungían como guías militares y morales para su pueblo, observando siempre un comportamiento ejemplar. El número de cautivos en batalla que se debía conseguir para alcanzar este rango era de 6 (igual número requerido para los guerreros jaguar) y gozaban de privilegios muy similares a los que tenían derecho los **Ocelopilli**.

Guerreros Quachic o rapados: de entre todas las sociedades militares del ejército mexica, esta orden guerrera era la más temible y la que representaba mayores dificultades para todo aquél guerrero que aspirara a ser admitido en la misma. Para lograr ser aceptado en esta orden, era indispensable haber realizado por lo menos 20 actos de gran valor en el campo de batalla y capturar por lo menos a 6 prisioneros. Los **Quachic** se distinguían por rapar sus cabezas, dejando un mechón de cabello por encima de su oreja izquierda, al cual ataban un lazo o listón colorado. Ataviaban de color amarillo su cuerpo entero y pintaban su cabeza mitad azul y la otra color amarillo o rojo. Los **Quachic**, eran esencialmente las fuerzas especiales del imperio mexica y eran empleadas por el gran Tlatoani para las misiones de mayor apuro y peligro. Generalmente, los **guerreros rapados** eran destinados a la retaguardia, pues luchaban de forma tan colérica y rabiosa, que no tenían consideración alguna hacia el enemigo, sin importar de qué tribu fuese o que lo enfrentasen en desventaja numérica, causando un inenarrable terror, entre todos aquellos desafortunados infelices que tuvieran la desgracia de enfrentarlos en batalla. En ocasiones, con solo divisarlos entrar al combate, provocaban la retirada masiva de los ejércitos enemigos, lo que mermaba las posibilidades de hacer un mayor número de prisioneros para los sacrificios y, por ende, se reservaba su ingreso al combate, únicamente para las ocasiones en que la dificultad o gravedad de la situación así lo demandara.

Los **Quachic**, eran un grupo con tal cohesión y sentido del honor, que hacían el juramento de no dar jamás un paso atrás mientras se encontrasen combatiendo en el campo de batalla y en caso de romper aquel juramento, la pena era la muerte a manos de sus propios compañeros.

Estos míticos guerreros rapados mexicas, estaban tan orgullosos de su condición y amaban tanto el fragor de la sangre derramada por el enemigo en combate, que era usual que rechazaran cargos de comandantes o capitanías de tropa, para poder seguir combatiendo en primera línea. El honor más grande para todo guerrero azteca, pero sobre todo para los temibles **Quachic**, era morir combatiendo, bajo el filo de obsidiana, ya que en la mitología náhuatl, todo aquél guerrero que muriese en combate, tenía garantizada la entrada al **Tonatiuhchan**, paraíso exótico y multicolor, colmado de bellas y fragantes flores, suave pasto, y un hermoso cielo prendido de un color azul turquesa, semejante a las aguas del mar, en donde el alma de los guerreros gozaría de felicidad y un deleite imperecedero, sin volver a experimentar jamás dolor, ni ninguna otra de las calamidades sufridas durante su vida terrenal. Ahí, pasarían su tiempo luchando cuerpo a cuerpo con otros guerreros, experimentando en su corazón gran gozo, por la posibilidad de poder combatir en forma perenne, sin tener que atravesar nuevamente por las fauces de la muerte. Las antiguas leyendas, contaban que, después de un tiempo en este lugar, las almas de los guerreros podían visitar de nuevo a sus seres queridos en la tierra, transformados en un hermoso colibrí.

Como podemos apreciar, eran pues, tanto mexicas como españoles, razas guerreras que, al fusionarse, dieron origen a una nueva estirpe, cuyas características, no podían distar en gran medida de las de sus padres, heredando el carácter beligerante, indómito y orgulloso que distinguió siempre a nuestros antepasados, tanto indígenas como europeos.

Pasados trescientos años de dominación española, México obtendría finalmente su independencia, emergiendo como una nación soberana y autónoma, sin embargo, es durante nuestros primeros años como país, que salen a relucir los aspectos más inflamables de nuestro carácter, permitiendo que lo caliente de nuestra sangre y el ardor de nuestras pasiones, se impusieran a la razón, originándose un sin número de pugnas internas y luchas fratricidas, que sumirían a la joven e independiente nación mexicana, en la más honda inestabilidad política y social, así como en la ruina económica que, durante muchas décadas, se convertiría en uno de los principales obstáculos para lograr aprovechar y desarrollar el potencial de nuestra gigantesca, pero inexperta patria.

Durante los años que sucedieron a la conquista de Tenochtitlán, el modo de vida de las distintas tribus, tanto vencidas como aliadas de los españoles, sufrió un cambio radical. Hubo muy pocos distingos entre vencidos y aliados. En la práctica, todos los pueblos fueron sometidos a similares cargas tributarias, así como al mismo tipo de vejaciones e imposiciones de tipo administrativo y religioso. Se derrocó al tirano mexica, y en su lugar, se instauró un gobierno presidido por hombres de una raza desconocida, cuyas políticas y costumbres contrastaban de forma irreconciliable con las que se habían practicado y profesado en la Mesoamérica precolombina desde los inicios de su existencia. El cisma que esto provocó en la cosmovisión indígena, sobre todo en el ámbito religioso, fue brutal, sin embargo, no todos los cambios sufridos, fueron en detrimento de su idiosincrasia o de su calidad de vida. Con la colonización española de América, se inició la transición hacia la época moderna, pues, aunque la civilización azteca, manifestaba avances en muchos ámbitos que, en su momento, causaron sorpresa a los españoles y aún hoy siguen siendo motivo de estudio, como la increíble precisión del calendario azteca, comparados con el nivel de evolución que habían alcanzado la mayoría de los pueblos europeos, eran aún una civilización primitiva, que tal vez floreció en forma tardía y que, si no hubiese sido conquistada por España, habría sucumbido de igual forma e irremediablemente, ante alguna otra de las potencias conquistadoras de la época.

A la flamante y recién creada colonia se le denominó como Nueva España, siendo administrada como un virreinato y, convirtiéndose con el tiempo, en la colonia más importante y que mayores recursos redituaba a la corona española. Durante este período, se introdujo por primera vez en México, el uso de la rueda, el arado de hierro, el vidrio, la alfarería con torno, además de importarse de Europa, diversas y variadas herramientas de cobre, latón y hierro para actividades tales como carpintería y agricultura, así como animales de trabajo y de carga, como el caballo y el buey. Por otra parte, se importaron también alimentos hasta entonces desconocidos en América como la carne de vaca, cerdo, chivo, gallina, cebada, garbanzo, trigo, avena, manzana, pera, calabaza, pepino, melón, toronja, sandía, uva, zanahoria, plátano, fresa, coliflor, café, caña de azúcar, pimienta, jengibre, entre muchos otros.

Así mismo, se inició la construcción de caminos, para comunicar a las distantes ciudades que se iban fundando, como Guadalajara, Querétaro, Valladolid, Durango, Mérida, Oaxaca y Guatemala, favoreciendo el comercio interno y extendiendo la influencia de la nueva colonia, a lugares tan distantes como la península de Baja California, donde **Cortés** fundó la ciudad de la Paz. Se crearon los puertos de Veracruz y Acapulco, que fungían como conexión al viejo continente, e incluso hasta la colonia española en las Filipinas, de donde se importaban toda clase de mercancías de origen asiático ayudando al florecimiento del comercio intercontinental. Se instauraron servicios públicos básicos y se establecieron autoridades administrativas en las nuevas ciudades, ayudando al surgimiento de la industria minera y azucarera. En el año de 1551, con la anuencia del **Rey Carlos I** de España (**Carlos V del Sacro Imperio Romano Germánico**) se fundó la Real y Pontificia Universidad de México, que abrió sus puertas hasta el año de 1553, convirtiéndose en la primera universidad en el continente americano y se establecieron también colegios en las principales urbes del nuevo virreinato.

Durante el período colonial, la Nueva España llegó a ostentar un nivel de riqueza tan grande que, del total de la plata extraída en las colonias españolas establecidas en el continente americano, las dos terceras partes eran producidas en México.

Por otra parte, en lo referente a la población nativa, se le respetó el derecho más básico y fundamental de todo ser humano, que es, el derecho a la vida. Los distintos pueblos indígenas, aunque vasallos de un nuevo soberano proveniente de una tierra lejana y desconocida, ya no eran obligados a ofrendar hombres, mujeres y niños a sus gobernantes para ser ofrecidos en sacrificio. La nueva fe cristiana introducida por los españoles, no exigía la sangre de sus fieles a cambio de la bendición y el favor de la divinidad, sino que, contrario a ello, **Jesucristo**, el hijo del **Dios Verdadero**, había sido sacrificado en la cruz, sufriendo un indecible tormento, por el perdón de los pecados del hombre y, habiendo resucitado, ofrecía su propio cuerpo y sangre en cada rito eucarístico, el cual era convidado a todos sus feligreses como sacramento y promesa de vida eterna. El indígena, aunque sometido bajo el liderazgo y la autoridad española, poco a poco fue sintiendo mayor apego a la nueva fe, olvidando con el paso del tiempo, los sangrientos ritos ofrecidos a sus antiguas deidades.

Es importante considerar que, sin dejar de señalar los evidentes abusos y excesos cometidos por los españoles en contra de los distintos pueblos indígenas de México y de las demás naciones conquistadas, el español integró al indígena en la sociedad, además de fundirse con él como raza, tomando los hombres españoles a mujeres indígenas como esposas y, en menor medida, también mujeres españolas procrearon con hombres indígenas, dando origen a un mestizaje que posteriormente derivaría en una nueva raza y nacionalidad. El español instruyó y dotó al indígena de sus técnicas y religión y le consideró como libre ante la ley, reconociendo su derecho a poseer tierras y vivir de la manera en que mejor le pareciera, a diferencia de lo sucedido en los territorios colonizados por los ingleses u otras naciones europeas, en donde las poblaciones nativas no fueron incluidas dentro de la sociedad, siendo casi exterminadas o relegadas a reservas que los condenaban a un simulado cautiverio y a una paulatina extinción, sin tener lugar el mestizaje entre conquistadores y conquistados, probablemente por considerar a la raza colonizada como inferior.

En 1511, ocho años antes de la llegada de **Hernán Cortés** a México, arribaron a las costas de Yucatán, un grupo de aproximadamente 20 náufragos españoles, cuyo barco había sido desviado y destruido durante una fuerte tormenta en las cercanías de Jamaica, siendo arrastrados por la corriente marina en un simple bote de remos durante varios días, hasta llegar a las proximidades de la península yucateca, dominada en ese entonces por el pueblo Maya. Entre estos hombres, venía el anteriormente mencionado **Jerónimo de Aguilar**, clérigo que a la postre se convertiría en intérprete de **Cortés** y un marinero de nombre **Gonzalo Guerrero**. Casi inmediatamente después de su arribo a las costas mexicanas, fueron hechos prisioneros por las tribus mayas que habitaban la región, muriendo en poco tiempo todos los integrantes de aquel grupo de sobrevivientes, a excepción de **Aguilar** y **Guerrero**, quienes pasaron a ser esclavos y posteriormente sirvientes de los caciques de las tribus. Con el tiempo, ambos aprendieron la lengua, costumbres y modo de vida de los naturales de aquellas exóticas tierras, sin embargo, fue **Gonzalo Guerrero**, quien asimiló y abrazó con mayor voluntad, la cultura de los mayas, al igual que su fe y creencias. Empezó a vestir a la usanza indígena y se realizó perforaciones en la barbilla y las orejas al modo indígena. Su destreza en las artes de la guerra, eran notables, y adiestró a las distintas tribus, acerca de los tipos de formaciones de combate que utilizaban en aquella época los ejércitos de Europa, e incluso, sobre la legendaria y antigua falange macedónica, utilizada por **Alejandro Magno**, trecientos años antes de Cristo. Así mismo, les asesoró sobre la construcción de fortificaciones defensivas en sus ciudades, ganándose de a poco, la confianza y el favor de su señor, obteniendo su libertad en unos años.

Guerrero se convirtió en un jefe militar importante en la región, llegando a conducir personalmente a contingentes de soldados indígenas en las luchas con otras tribus y siendo pieza fundamental, para lograr contener y rechazar las primeras expediciones españolas con miras de conquista en la península de Yucatán, en los años de 1517, 1518 y 1527 respectivamente.

El cacique maya de nombre **Na Chan Can**, que apreciaba a **Gonzalo Guerrero**, por su lealtad, sagacidad y valentía, le otorgó a su hija en matrimonio, con la que procreó a varios hijos, siendo estos niños, los primeros mestizos en la historia de México.

Se cuenta que, a la llegada de **Cortés**, el capitán ibérico rápidamente tuvo noticias de que dos españoles vivían desde hace algunos años en los dominios mayas, por lo que de inmediato estableció correspondencia con ellos, invitándolos a adherirse a la expedición. **Jerónimo de Aguilar**, aceptó la invitación y en breve se unió a **Cortés**, fungiendo como su intérprete ante los Mayas, sin embargo, **Guerrero** se negó, alegando que su condición de esclavo no le permitía abandonar aquellas tierras ni a su señor. No obstante, lo que ligaba a **Guerrero** a la tribu Maya, era el amor y cariño hacia su esposa, sus hijos y a aquellos indígenas que lo habían acogido como uno de ellos, dándole la oportunidad de ocupar un lugar importante dentro su comunidad y cultura.

Guerrero abandonó todo apego hacia su origen español, sintiendo una auténtica filiación, e identificándose plenamente con su nuevo pueblo y combatió con denuedo y valor a sus antiguos camaradas españoles, comandando en los combates a las tropas mayas durante muchos años, logrando vencer y rechazar repetidamente a los expedicionarios ibéricos, utilizando y combinando sus conocimientos y destrezas militares europeas, con las aprendidas en la forma de guerrear de los mayas. Era un hábil estratega y no en pocas ocasiones logró emboscar a sus enemigos, obligándoles a abandonar sus intenciones de conquista. La península de Yucatán, a diferencia del imperio Azteca, conquistado en 1521, no cayó bajo dominio español, sino hasta bastante avanzado el siglo XVI.

En 1536, 15 años después de la caída del imperio Mexica y Tenochtitlán, debido a los ataques españoles en la región de Honduras, **Guerrero** acudió a combatirlos con sus tropas, en auxilio del cacique Maya de aquellas tierras de nombre **Cicumba**, sin embargo, durante los feroces combates, cayó herido por un disparo de ballesta y otro de arcabuz, feneciendo a causa de las heridas en el campo de batalla. Antes de morir, **Guerrero** encomendó el cuidado de su esposa y de sus hijos a sus soldados y les pidió que no dejaran de luchar para expulsar a los invasores españoles, pues deseaba evitar el fin de la cultura Maya que él tanto había querido y defendido.

Gonzalo Guerrero, es considerado el padre del mestizaje en México y, aún hoy, se le recuerda como el primer eslabón, en la futura fusión de ambas culturas.

Si deseamos comprender y tener una visión acorde a nuestra actualidad como nación y como raza, es importante reflexionar en que, nosotros no somos aquellos antiguos mexicas, purépechas o mayas, que lucharon y sucumbieron ante los conquistadores europeos, aunque conservemos de ellos diversas similitudes y evidentes características físicas, así como parte de su esencia en nuestra sangre y carácter. No obstante, tampoco somos aquellos conquistadores españoles que dominaron y subyugaron a tantos y tantos pueblos, ocasionando el fin de varias civilizaciones, si bien perduran también dentro de nuestra naturaleza, varias semejanzas tanto raciales como de espíritu.

El mexicano es una nueva raza, una nueva sangre, surgida de la mezcla entre ambos mundos, imbuida con ancestrales y milenarios anhelos de gloria y de grandeza, pero con la responsabilidad de forjar nuestra propia historia y un nuevo destino.

Considerar pues a la España de la actualidad, como opresor de nuestra raza, abrigando aún, rencor y resentimiento hacia ellos, es un tremendo error, así como pretender que el agravio sufrido por nuestros antepasados, durante la conquista, es extensivo también hacia nosotros, pues el antiguo imperio Mexica no existe más como tal, sino que, en su lugar, se yergue una nueva patria, y una nueva estirpe, animada por nuevos empeños y múltiples afanes.

Si deseamos robustecer nuestra identidad como nación y como mexicanos, es menester sacudirnos y desembarazarnos de ese ancestral sentimiento de ultraje e injuria, así como del eterno complejo de inferioridad que nos ha acompañado durante todo nuestro transitar como nación soberana e independiente, atribuible a la conquista sufrida por nuestros antepasados.

México debe emerger con renovados bríos, recogiendo la herencia de ambas razas, tanto de la indígena como de la española, asimilando sus yerros y sus aciertos y sintiéndonos orgullosos de la riqueza y el enorme legado cultural que nos precede. Solo siendo conscientes de esto, podremos vigorizar y apuntalar nuestro sentido de identidad, proyectando nuestros esfuerzos, en la construcción de una nueva sociedad y de una patria próspera y floreciente, que garantice condiciones que permitan aprovechar al máximo el inconmensurable potencial que posee nuestro país.

MÉXICO INDEPENDIENTE Y LA PRIMERA INTERVENCIÓN EXTRANJERA

El 28 de septiembre de 1821, el ejército Trigarante, conformado por 18 mil soldados, al mando de **Agustín de Iturbide,** entraba triunfalmente a la ciudad de México. El contingente estaba integrado por buena parte de las tropas realistas, así como del remanente de las fuerzas insurgentes que hasta antes del plan de Iguala, expedido por **Iturbide** en Febrero de 1821, se habían mantenido luchando al mando de **Vicente Guerrero**, en forma aislada y más al modo de una guerrilla, que como un auténtico ejército opositor, lejos de lo que llegó a ser, en los tiempos del generalísimo **Don José María Morelos y Pavón**, cuando el ejército insurgente, llegó a tener entre 12 mil y 15 mil efectivos, bien armados y entrenados, y en mejores condiciones de enfrentar y chocar abiertamente contra las tropas realistas. Este hecho marcó el fin del conflicto independentista y significó el comienzo de nuestra historia como nación soberana y autónoma.

La guerra por la independencia de México fue larga y cruenta. Por espacio de 11 años, la sangría provocada durante el conflicto en el virreinato más importante de la corona española, fue abundante, así como el daño a las haciendas y buena parte de la infraestructura con que contaba en aquél entonces la Nueva España.

En 1810, la Nueva España era una colonia ya madura y ciertos sectores de la población, empezaban a concebir y manifestar un insipiente, pero palpable sentimiento de nacionalidad. Los criollos (Hijos de españoles, nacidos en América) y los mestizos (mezcla de padre o madre blanca con padre o madre indígena) eran quienes sopesaban esa idea con mayor fuerza, y en mucha menor medida la clase indígena.

La cifra aproximada de habitantes con que contaba la Nueva España en 1810, era de 4 millones de indígenas, 1.5 millones de mestizos, 1 millón de criollos y no más de 40 mil españoles peninsulares.

Entre las razones principales que dieron origen a conspiraciones para buscar la independencia de España, se pueden mencionar el aumento en la carga tributaria que la corona española impuso a la colonia, en los años anteriores al inicio del conflicto armado. Así como la ley que disponía que los cargos de mayor importancia en el ámbito administrativo y gubernamental dentro de la colonia, podían ser desempeñados únicamente por españoles peninsulares, es decir, solo por españoles nacidos en la península Ibérica. Ni siquiera los criollos que eran hijos de españoles, pero que habían nacido en América, tenían derecho a ocupar estos cargos, ni que decir de los mestizos, indígenas, negros, mulatos o de cualquier otro tipo de casta.

Aunado a lo anterior, en 1808, España fue invadida por las fuerzas del emperador **Napoleón Bonaparte** de Francia, apartando del trono de España, al **Rey Fernando VII**, que en ese momento regía los destinos de aquella nación, quedando como gobernante del reino español, así como de todas sus colonias, **José Bonaparte**, hermano mayor de **Napoleón**.

Este suceso no fue bien visto por la sociedad de la Nueva España, pues teóricamente, la colonia había pasado a ser propiedad de Francia, y no era posible prever los cambios políticos y administrativos, así como los aumentos tributarios que esto podía significar, pues el gobierno francés de **Napoleón Bonaparte**, era de corte beligerante y conquistador y, se encontraba, por tanto, siempre ávido de recursos para financiar sus guerras.

Don **Miguel Hidalgo**, quien desempeñaba un papel importante en las reuniones de conspiración, celebradas en Querétaro, para iniciar un movimiento independentista, era cura del pueblo de Dolores. Había cursado la carrera sacerdotal gracias a su condición de criollo y poseía una sólida formación intelectual y cultural. Era de mediana estatura, tez morena clara, de ojos verdes, cabello entrecano que le caía hasta los hombros y de una fisonomía que denotaba fortaleza, a pesar de los 57 años con que contaba en 1810.

Era común que los vecinos y los conocidos de **Don Miguel**, se refirieran a su casa como la Francia chiquita, pues en ella se celebraban tertulias en donde se debatían toda clase de ideas contrarias a la monarquía y al clero, atribuidas a diversos pensadores franceses, entre ellos **Voltaire** y **Rousseau**, de quien **Hidalgo** había traducido varios libros del francés al castellano, siendo influido en buena medida por ideas que para la época, eran poco más que sediciosas y sacrílegas, como la supresión de los privilegios y la autoridad de la iglesia y la formación de gobiernos civiles, desplazando la figura monárquica, tal como había sucedido en la revolución francesa de 1789.

Era en verdad **Hidalgo**, simpatizante de estas ideologías, sin embargo, en un inicio, el movimiento de independencia que **Don Miguel** lideró, no esgrimía tan radicales proclamas, sino que, se limitaba a desconocer la potestad de **José Bonaparte** sobre la nueva España y daba vivas al rey **Fernando VII**, que se encontraba prisionero de los franceses. Así mismo, enarboló como símbolo de su lucha a la **virgen de Guadalupe**, de quien portaba siempre un estandarte y nombró como suprema capitana de las legiones insurgentes. La idea de una Nueva España, completamente independiente y sin ningún lazo con la península ibérica, fue tomando forma conforme fue evolucionando el movimiento y no desde el inicio del mismo, como comúnmente se piensa.

La madrugada del 16 de septiembre de 1810, mientras el padre **Hidalgo** dormía plácidamente en su casa, después de haber compartido una agradable partida de naipes en la residencia de un notable caballero español, amigo de **Don Miguel**, se escucharon llamados de gran apuro en su puerta. El cura de Dolores se despertó con un funesto presentimiento. Eran **Juan Aldama** e **Ignacio Allende**, quienes venían a avisarle, que la conspiración de Querétaro había sido descubierta, por lo que era menester determinar en forma inmediata, el rumbo que habría de tomar la rebelión.

Después de acaloradas deliberaciones, se tomó la decisión de iniciar la lucha ese mismo día. **Allende** y **Aldama**, que eran oficiales militares de carrera y pertenecían al mismo regimiento, contrariaban esta idea, ya que en ese momento no contaban con armas, hombres ni recursos suficientes para empezar la lucha. Su recomendación era huir a las serranías para evitar ser aprendidos y poco a poco hacerse de los recursos necesarios para formar un contingente adecuado. No obstante, **Don Miguel Hidalgo**, no estaba de acuerdo y finalmente les convenció de lanzarse a la lucha en ese mismo momento, partiendo de inmediato hacia la parroquia del pueblo de Dolores y, en aquel hermoso día 16, del mes de septiembre de 1810, hicieron repicar las campanas de la iglesia, para congregar a los habitantes del lugar.

Ya encontrándose frente a la multitud, **Hidalgo** pronunció una encendida arenga, en la que, echando mano de su gran talento como orador, convocó al pueblo a levantarse en contra de las autoridades de la Nueva España, desconociendo el reinado del invasor francés **José Bonaparte**, y recordando la multitud de atropellos e injusticias sufridas por los indígenas y demás habitantes de la colonia, a manos de los peninsulares, inflamando todavía más el sentimiento de rencor y revancha que permeaba desde hacía mucho tiempo en la psiquis del pueblo, principalmente de la clase indígena.

Momentos después, los habitantes de Dolores, enardecidos y decididos a lanzarse a la lucha, se armaron con todo cuanto a su paso encontraron, lanzas, picos, machetes, viejos fusiles, hondas y hasta palos y, en unos instantes, aquel reducido grupo de conspiradores, se vio reforzado con más de 5000 hombres, lanzándose frenéticamente a "prender gachupines", tomando prisioneros a todos los españoles que encontraban a su paso, saqueando sus viviendas y negocios.

La multitud que acompañaba a **Hidalgo**, más que integrar un ejército, era en esencia una turba de campesinos y obreros, carentes de la más mínima instrucción y entrenamiento militar, lo que preocupaba y exasperaba en gran medida a **Allende** y **Aldama**, pues eran conscientes de que al enfrentarse contra las bien equipadas y adiestradas fuerzas realistas, se encontrarían en gran desventaja, a pesar de su superioridad numérica, ya que conforme los insurgentes marchaban de una ciudad a otra, se les iban uniendo miles de voluntarios que, en su mayoría, únicamente buscaban formar parte del saqueo y de los excesos en los que incurría aquella desparpajada muchedumbre y, tras culminar sus despojos, abandonaban las filas insurgentes con el botín conseguido. **Don Miguel Hidalgo** estaba al tanto de la situación, sin embargo, permitía tales excesos a la tropa, por temor a una desbandada general. Según cifras de algunos historiadores de la época, **Hidalgo** llegó a tener bajo sus filas, a más de 80 mil almas, causando terror e incertidumbre en todo pueblo al que arribaban.

Durante su liderazgo, **Don Miguel** logró tomar las ciudades de San Miguel, Celaya, Guanajuato y Valladolid (actualmente ciudad de Morelia, Michoacán), gestándose en Guanajuato, una cruel matanza en la alhóndiga de Granaditas, en donde todos los españoles que se encontraban refugiados en su interior, incluyendo mujeres y niños, fueron pasados a cuchillo, sin consideración alguna. El intendente de la ciudad de Guanajuato, el español, **Juan Antonio Riaño**, se había negado por completo a las intimaciones de rendición enviadas por **Hidalgo**, para que entregase la plaza y, haciendo preparativos defensivos, se recluyó en la alhóndiga con un número aproximado de 200 civiles españoles y no más de 400 soldados, alistándose a defenderse en espera de los refuerzos que había solicitado al general realista **Don Félix María Calleja**, que se encontraba en San Luis Potosí.

Hidalgo, al comprender que el intendente **Riaño** no iba a rendirse sin pelear, lanzó sus hordas contra los defensores de la alhóndiga y, aunque los realistas lucharon con la desesperada valentía que adquiere todo hombre de cuya lucha depende su supervivencia y la de sus seres queridos, finalmente la fortaleza cayó y, al entrar aquella enardecida muchedumbre, sedienta de sangre y saqueo, casi todos los defensores fueron ultimados de forma inmisericorde. Era como si los espíritus de nuestros ancestros mexicas, masacrados cobardemente por los conquistadores españoles en el templo mayor de Tenochtitlán, durante las festividades del Tóxcatl, en 1520, hubieran regresado del inframundo, subyugando la voluntad de las tropas insurgentes y, cobrando venganza de aquel hecho, 300 años después.

Este suceso, así como el de otras matanzas y tropelías permitidas por **Hidalgo**, a la desarrapada tropa que lo acompañaba, como la matanza de cientos de prisioneros españoles que se encontraban en el presidio de Guadalajara, ensombrecerían la imagen del caudillo y sería una de las principales razones, por las que muchos personajes importantes, así como buena parte de la población, no se adhirieron ni apoyaron su movimiento inicialmente, a pesar de coincidir con la idea de independizar a México de España.

Después de la victoria en Guanajuato y otra posterior en Monte de las Cruces, que prácticamente ponían a **Hidalgo** a las afueras de la ciudad de México, y a un paso de hacerse con el control de la Nueva España, tras acaloradas discusiones con sus oficiales, quienes le urgían a atacar a la brevedad, **Don Miguel** decidió finalmente retirarse, marchando hacia Querétaro para reabastecerse, argumentando la imposibilidad de tomar la capital, con el escaso parque y víveres con que contaba. Esta decisión sería severamente cuestionada por sus lugartenientes y por algunos historiadores, ya que en un hipotético escenario en el que **Hidalgo** hubiese conseguido tomar la ciudad de México, podría haberse dado fin al conflicto, evitando el derramamiento de sangre y los posteriores años de lucha, sin embargo, esto únicamente es una especulación y solamente **Don Miguel** sabía en ese momento, si su ejército contaba con la fuerza necesaria para consumar aquel hecho.

La fortuna que acompañaría a **Hidalgo** en sus primeros días de insurrección, le iría abandonando poco a poco, con derrotas en el pueblo de San Jerónimo Aculco, donde perdió más de la mitad de sus tropas por deserciones y, posteriormente en la batalla de Puente de Calderón, en las cercanías de la ciudad de Guadalajara. En ambas batallas, fue derrotado por el realista **Félix María Calleja** que, con el tiempo, ocuparía también el cargo de virrey de la Nueva España.

Mermado en sus fuerzas, **Hidalgo** y los demás líderes insurgentes, marcharon rumbo al norte, para reorganizarse y continuar la lucha, no obstante, fueron tomados prisioneros a traición, durante una emboscada dirigida por el capitán **Ignacio Elizondo**, en Acatita de Baján, Coahuila, siendo posteriormente enjuiciados y declarados culpables de traición a la corona española. **Allende, Abasolo, Jiménez, Aldama, Santa María e Hidalgo**, fueron fusilados en Chihuahua, dándose así, un fulminante y casi definitivo golpe a la causa insurgente, sin embargo, la lucha continuó de la mano de **Don Ignacio López Rayón**, antiguo secretario de **Hidalgo** y, del extraordinario **José María Morelos y Pavón**, cura de Carácuaro, Michoacán.

Semanas antes de caer prisioneros en Acatita de Baján, los líderes insurgentes se detuvieron en la Hacienda de Pabellón, Aguas Calientes. Ahí, **Allende** y otros jefes, obligaron a **Hidalgo** a entregar el mando del movimiento, argumentando la mala toma de decisiones, y atribuyéndole la responsabilidad de las derrotas sufridas. La capitanía de las tropas pasó a manos de **Don Ignacio Allende**, que nombró como jefe segundo de la insurrección al licenciado **Don Ignacio López Rayón**.

Al enterarse **Rayón** de la captura de **Hidalgo** y los demás caudillos insurgentes, lejos de pensar en aceptar el indulto que había otorgado el virreinato de la Nueva España, a todo aquel rebelde que se rindiera y jurara no volver a tomar las armas en contra de la corona española y las autoridades virreinales, resolvió retirarse y reorganizar el movimiento y, haciendo gala de un nato talento como estratega, a pesar de no contar con formación ni instrucción como militar, logró realizar una increíble retirada desde Coahuila hasta Zacatecas y posteriormente a Michoacán, con el remanente de las fuerzas insurgentes, evitando las trampas y defendiéndose hábilmente del acoso impuesto por el ejército realista y, a pesar de su inferioridad numérica y escases de víveres, armas y parque, salió avante en la mayoría de sus combates, avivando la llama insurgente, cuando parecía haberse extinguido casi por completo con el fusilamiento de **Hidalgo** y los demás jefes de la insurrección. El liderazgo y el patriotismo de **López Rayón**, brindó un renovado impulso a las decaídas fuerzas militares de la América Septentrional, que era como llamaban los insurgentes a la Nueva España, siendo uno de los mejores hombres que tuvo la insurgencia.

Por su parte, **Don José María Morelos y Pavón**, quien fungía como cura del pequeño pueblo de Carácuaro, Michoacán, había recibido de **Hidalgo**, el encargo de sembrar la semilla de la insurrección en el sur de la Nueva España.

Inicialmente, **Morelos** había buscado a **Hidalgo**, para suplicarle que le permitiera ser capellán del ejército insurgente, sin embargo, durante su encuentro, **Don Miguel** quedó impresionado por la claridad de ideas, el valor y la franqueza del modesto sacerdote de Carácuaro y, en lugar de sumarlo a las filas como capellán, le designó como encargado de liderar la lucha de independencia en todo el sur del país. Nunca habría de imaginar **Hidalgo**, que aquél humilde cura, de piel morena, baja estatura, con nula preparación militar y escasa cultura, habría de convertirse en el caudillo más importante que tuvo la insurgencia durante todo el conflicto independentista, liderando un ejército bien entrenado y mejor dirigido, que puso en predicamento a las fuerzas realistas, durante varios años.

Morelos actuaba con tal inteligencia y astucia al frente de las tropas insurgentes que, con muy limitados recursos, logró vencer en repetidas ocasiones a las tropas realistas, que le triplicaban en número y se encontraban mucho mejor equipadas y armadas. **Morelos** llegó a levantar un ejército de entre 12 y 15 mil soldados aproximadamente, mientras que las fuerzas virreinales contaban con 40 mil soldados de línea, bien entrenados.

Bajo el mando de **Morelos**, sirvieron muy grandes y valerosos hombres, cuya entrega y sacrificio incondicional, hicieron posible la toma y la ocupación de ciudades tan importantes como Tixtla, Tlapa, Chiautla de la Sal, Chilapa, Taxco, Cuautla, Cuernavaca, Oaxaca, Tehuacán, Orizaba y Acapulco. Nombres como los del valeroso y aguerrido **Hermenegildo Galeana** a quién de cariño sus soldados le llamaban **"Tata Gildo"**, del inteligentísimo cura y gran estratega **Mariano Matamoros**, de los nobles, pundonorosos y magnánimos **Don Leonardo Bravo y su hijo Nicolás**, del heroico e indomable **Vicente Guerrero**, y del osado y bravísimo **José Miguel Fernández Félix**, conocido históricamente como **Guadalupe Victoria**, quedarían grabados con letras de oro en las páginas de nuestra historia. Su contribución a la causa por la independencia de México, fue absolutamente invaluable.

Cuando al general **Morelos** llegó la noticia de que su segundo al mando, el cura **Mariano Matamoros** había sido hecho prisionero por los realistas, inmediatamente escribió a **Don Félix María Calleja**, ofreciéndole 200 prisioneros españoles a cambio de la vida de **Matamoros**, sin embargo, la carta llegó a **Calleja** días después de que **Don Mariano** había sido ya fusilado. Cuentan que cuando **Morelos** fue informado de la ejecución de **Matamoros**, rompió a llorar como aquel padre que ha perdido a uno de sus hijos, recriminándose y culpándose por no haber podido salvarle. **Morelos** nunca se recuperaría de la pérdida de **Matamoros** y, sentiría ya muy cerca su final, cuando en una acción en contra de las fuerzas realistas y después de haber sido rodeado, cayó muerto en la lucha, su noble y muy querido amigo **Hermenegildo Galeana**.

Tata Gildo era idolatrado por sus hombres, dada su nobleza y valentía demostrada dentro y fuera del campo de batalla, pues observaba siempre una auténtica preocupación por el bienestar de su gente y durante lo más duro del combate, luchaba en primera línea, dirigiendo y protegiendo a sus tropas, arriesgando su vida como un soldado más. Su perdida sería recordada y lamentada durante muchos años, por todos aquellos sobrevivientes que le conocieron y pelearon al lado de **Don Hermenegildo**. Tras la mala nueva de su muerte, **Morelos** diría: "Ahora ya he perdido el único brazo que me quedaba, ya nada soy". (Su otro brazo era **Mariano Matamoros**).

Algunos relatos de la época, rescatan la historia referente a que las hazañas militares del **"Caudillo del sur"**, mote que recibió **Morelos**, fueron tan osadas y adquirieron tal prestigio, que se tuvo noticias de ellas hasta en el viejo continente, llegando a los oídos del general y emperador francés **Napoleón Bonaparte**, quien impresionado habría dicho: "Dadme dos **Morelos** y conquistaré el mundo".

La figura de Don **José María Morelos**, no solo destacaría por su liderazgo como militar, sino también por su legado jurídico, pues, en 1813, convocó a un Congreso, denominado como Congreso de Anáhuac o de Chilpancingo. Durante dicho congreso, se leyó un documento de la autoría de **Morelos**, que sería conocido como "*Los sentimientos de la nación*", integrado por 23 puntos, entre los que destacaban la declaración de independencia de América de España, el reconocimiento de la religión católica como el único culto permitido en la nación, la división de poderes, la eliminación del sistema de gobierno monárquico, la prescripción de la esclavitud, la abolición del sistema de castas, entre otros. Este documento, sentaría las bases para la posterior elaboración de la Constitución de Apatzingán en 1814 que, aunque nunca llegaría a entrar en vigor, se convertiría en el primer esbozo o antecedente de una carta magna en nuestro país.

En noviembre de 1815, **Morelos** caería prisionero a manos del capitán realista **Matías Carranco**, que había luchado en el bando insurgente bajo las órdenes de **Don José María**, sin embargo, se había pasado al bando realista y al momento de la captura, servía en el contingente del teniente coronel **Manuel de La Concha**. **Morelos**, habiendo podido huir y salvar su vida durante aquella batalla, había preferido combatir para dar protección a los integrantes del congreso insurgente, ordenando a **Nicolás Bravo** y a **Vicente Guerrero** escoltarlos para proteger su integridad. La convicción de **Morelos** y su compromiso con la causa insurgente, volvió a quedar de manifiesto con esta última acción.

Gran júbilo causó la noticia de su captura entre las autoridades coloniales, que de inmediato dispusieron formalizar su degradación como sacerdote y el juicio que condenaría a muerte al caudillo, siendo firmada dicha sentencia por el mismísimo **Félix María Calleja**, ahora en su papel de Virrey de La Nueva España, fusilándolo finalmente en San Cristóbal Ecatepec, el 22 de diciembre de 1815 a la edad de 51 años.

Con la muerte de **Morelos**, el movimiento insurgente se comprimiría en gran medida, quedando solo grupos aislados al mando de algunos caudillos de un perfil considerablemente menor al del generalísimo, como **Pedro Moreno González**, que apoyó al español **Francisco Javier Mina**, durante su incursión de refuerzo a la lucha de independencia de México, sin embargo, poco a poco, fueron también sucumbiendo, quedando finalmente como el jefe más importante del movimiento, **Don Vicente Guerrero**, quien desarrollaba sus operaciones a modo de guerrilla, en las regiones del sur del país, convirtiéndose en un verdadero dolor de cabeza para los jefes realistas, ya que **Don Vicente** era lo que se puede decir, un auténtico zorro en el arte de la guerra. **Guerrero** provenía de una familia criolla y había sido arriero de profesión, por lo que conocía de memoria cada palmo del territorio de la Tierra Caliente, y cuando las tropas realistas estaban seguras de tenerlo rodeado y vencido, de pronto se esfumaba como si de un fantasma se tratase. Sus enemigos se desesperaban y hasta llegaron a darlo formalmente por muerto después de causarle alguna derrota, solo para después hervir en furia y vergüenza al enterarse de que el caudillo había vuelto del más allá, para volver a tomar poblaciones y regiones importantes junto con sus fieles soldados.

El 29 de agosto de 1820, el padre de **Vicente Guerrero**, **Juan Pedro Guerrero**, que era de convicción realista, visitó a su hijo **Vicente** en la sierra de Jaliaca, llevando consigo un ofrecimiento de indulto del virrey de la Nueva España, **Juan José Ruiz de Apodaca**.

Don **Juan Pedro**, arrodillado ante su hijo, le suplicó acogerse al indulto ofrecido por el virrey, que incluía también, el reconocimiento del rango de general de **Guerrero**, dentro del ejército realista, así como desechar todos los cargos imputados a su persona y a sus hombres.

Guerrero, conmovido, al ver a su padre implorarle de aquella forma, se acercó a él, le ayudó a incorporarse, y le abrazó con ternura, diciendo:

-Padre mío, yo por su persona, no puedo más que sentir y profesar el mayor de los cariños, obediencia y respeto, pero, lo que usted me

pide, me es imposible de cumplir. **No puedo ni renunciaré nunca a mi derecho a luchar, por hacer de mi pueblo una nación libre e independiente. Diga por favor al virrey, amado padre, que no puedo aceptar el indulto que me ofrece, pues, aunque mucho me debo a usted, mi patria es primero-**.

Esta respuesta de **Guerrero**, quedaría inmortalizada para la posteridad, siendo una de las muchas muestras del auténtico carácter y naturaleza del caudillo, cuyas motivaciones de lucha, eran verdaderamente de libertad y patriotismo, ajenas de toda ambición o interés personal.

A finales de 1820, fue nombrado como comandante general de los ejércitos realistas del sur, **Agustín de Iturbide**, conocido como **"El dragón de Fierro"**, debido a su singular habilidad como jinete, y de quien se decía que no existía otro mejor que él en toda Nueva España. Viejo conocido de los insurgentes, había combatido contra **Hidalgo** y **Morelos**, y ahora recibía la encomienda por parte del virrey de ir contra **Guerrero**. El joven militar realista, era culto y de finos modales, poseía un gran don de mando y era admirado e idolatrado por sus tropas, debido a su audacia y gallardía. Era valiente y temerario y a pesar de su juventud, era ya un curtido veterano en los andares de la guerra. El virrey, le había encargado concertar la paz con los insurgentes o reducirlos por medio de las armas. La Nueva España, se encontraba exhausta después de 10 años de guerra, la ganadería y el sector agrícola estaban arruinados por falta de hombres para trabajar la tierra, el comercio se había reducido a su mínima expresión debido a la inseguridad de los caminos, plagados de bandoleros y soldados de unos y otros bandos que de igual forma saqueaban a todo convoy que encontraran a su paso, y la industria azucarera y minera, se había estancado por completo.

Inicialmente, **Iturbide** intentó batir a **Guerrero** y a su bravísimo lugarteniente de origen indígena, **Pedro Ascencio**, sin embargo, al sufrir sus primeras derrotas en sus enfrentamientos iniciales, comprendió que sorprender al caudillo en su territorio, sería cosa menos que imposible, ya que **Guerrero** cambiaba de posición constantemente y cuando los realistas, apoyados por los informes de sus espías, creían haber descubierto la ubicación del campamento de **Don Vicente**, al llegar, no encontraban más que los restos de las fogatas y ni una sola huella que indicara hacia donde se habían dirigido las fuerzas del escurridizo insurgente. Ante esto, **Iturbide** decidió cambiar su estrategia, entablando comunicación con el líder de la insurrección, invitándolo a acogerse al indulto del virrey, pero **Guerrero** se negaba y a su vez, invitaba a **Iturbide** a sumarse al movimiento de independencia, como líder del mismo, poniéndose a su disposición y bajo su mando, en caso de que **Iturbide** aceptara.

Iturbide en un principio no aceptó la proposición de **Guerrero**, sin embargo, también había meditado con antelación sobre las ventajas y la posibilidad de independizar a México de España, encontrando buena cantidad de adeptos dentro del mismo ejército realista, así como con sus amistades de la capital del virreinato, por lo que, pasados unos meses, decidió entrar en correspondencia con el caudillo insurgente, llegando finalmente a un acuerdo, sobre las condiciones de su unión y de los términos sobre los que se habría de establecer la declaración de independencia de la América Septentrional, quedando plasmada en el plan de Iguala, que tomaría ese nombre debido a que fue publicado en dicha población, en Marzo de 1821.

Al plan de Iguala también se le conocería como plan de las tres garantías, pues los principios fundamentales que lo regían, eran:

- ❖ La religión católica como única fe o culto religioso tolerado dentro del territorio nacional.
- ❖ La unión entre todos los habitantes del país, sin importar su origen étnico o raza.
- ❖ La independencia, pues se rompía todo lazo de subordinación u obediencia hacia cualquier nación o potencia extranjera.

Con la unión entre el ejército realista de **Iturbide** y las fuerzas insurgentes comandadas por **Guerrero**, se dio un golpe definitivo a las aspiraciones de España de conseguir extinguir el movimiento de insurrección y, en poco tiempo, las autoridades virreinales fueron siendo rebasadas ante el avance avasallador del ejército Trigarante, siendo retirado del cargo el virrey **Ruiz de Apodaca**, y formalizándose la independencia de la nación, al proclamarse los tratados de Córdoba, que serían rubricados por el nuevo jefe político y erróneamente conocido como último virrey de la Nueva España, el general **Don Juan de O'Donojú**, llegando así a su fin la guerra que, por espacio de 11 años, sumió a la nación en el caos y la ruina, pero que, daba ahora la oportunidad y la esperanza de un futuro nuevo y grandioso.

Los términos sobre los que habían sido redactados los tratados de Córdoba, establecían que México sería un imperio independiente, sin embargo, admitía la posibilidad de que la corona de dicho imperio, fuera ocupada por el **Rey Fernando VII** de España o de cualquier otro príncipe de la dinastía Borbón, no obstante, no censuraba la posibilidad de que también pudiese ser ocupada por cualquier otro individuo que no perteneciera a la realeza española, lo que fue determinante, para que, **Agustín de Iturbide**, fuera nombrado como **Agustín I de México** en Mayo de 1822, cuyo poder sería moderado por una constitución y un congreso de representación popular.

Durante el imperio de **Iturbide**, la extensión territorial de México, llegó a ser de **5,118,000 kilómetros cuadrados**, es decir, la más grande en toda nuestra historia como nación independiente. Dentro de nuestro territorio se incluía prácticamente todo Centro América y nuestro país delimitaba su frontera con la Gran Colombia de **Simón Bolívar**. En aquella época, nuestra población estimada era de 6,500,000 habitantes, es decir, se contaba en promedio con 0.78 kilómetros cuadrados por cada habitante, no obstante, esta situación no perduró y, al suprimirse el imperio de **Iturbide** con su claudicación en Marzo de 1823, es decir, solo 10 meses después de la instauración de dicha forma de gobierno, los territorios de Centro América se escindieron de México y en los años subsecuentes, el territorio mexicano se reduciría hasta menos de 2,000,000 de kilómetros cuadrados, esto es, 60 % menos del territorio que originalmente tuvo nuestra nación en sus inicios.

El enorme potencial de crecimiento con que se perfilaba nuestra naciente patria, fue desaprovechado y desperdiciado por completo debido a la interminable serie de conflictos bélicos internos que mantenían en confrontación perpetua a las distintas facciones políticas de nuestro país, en los que las logias de origen masónico, jugaban un papel preponderante, fomentando la insidia y la división entre los principales personajes de la política nacional, que en su mayoría, buscaban afiliarse de inmediato a estas sociedades, en busca de mayor respaldo y poder, para encumbrarse rápidamente en el nivel jerárquico tanto político, como social.

Esta inestabilidad, provocada por los distintos golpes de estado que eran el pan de cada día en el acontecer nacional, colocaban al país en una situación de debilidad y vulnerabilidad, ante las distintas potencias extranjeras del orbe, que se frotaban las manos al conceder préstamos financieros a la joven nación, a cambio del pago de altísimos intereses y diversas concesiones comerciales, no obstante, su más anhelado objetivo, era propiciar las circunstancias para hacerse con el control de nuestro rico territorio, colocando nuevos grilletes a nuestra insipiente independencia. Esta intención quedó de manifiesto con las distintas invasiones extranjeras que México tendría que afrontar por espacio de casi cien años, desde nuestra fundación como país y, sería precisamente España, nuestra nación madre, que no habiéndose resignando aún a abandonar su más preciada posesión colonial y, aprovechando las turbulencias políticas y sociales que imperaban en nuestra patria durante aquellos primeros años de emancipación, envió una expedición de 3000 hombres, al mando del general brigadier **Isidro Barradas**, desembarcando en las costas mexicanas en el mes de Julio de 1829, fungiendo entonces como presidente de México, el general, prócer y héroe de la guerra de independencia, **Don Vicente Guerrero**, que había llegado al poder ejecutivo de la nación, más por los azares de la política que por una ambición de índole personal, siendo nuevamente emplazado por el destino, para tomar las armas y afrontar la primera invasión extranjera a nuestro territorio, sin siquiera haberse cumplido 8 años de habernos establecido como nación soberana.

Meses antes del desembarco de las tropas españolas, en Cabo Rojo, Veracruz, el 27 de Julio de 1829; el gobierno mexicano había recibido con antelación, noticias del proyecto de invasión que se fraguaba en la ciudad de La Habana en Cuba, debido a correspondencia interceptada, así como por informes de barcos mercantes que habían hecho escala en la isla caribeña y comunicaciones obtenidas del cónsul mexicano designado en la ciudad de Londres, Inglaterra. Presumiblemente, estas noticias llegaron a las autoridades mexicanas, desde mayo de 1829, es decir, aproximadamente dos meses antes de la invasión, sin embargo, el congreso mexicano, no aprobó las facultades extraordinarias para afrontar la guerra, para el presidente **Vicente Guerrero**, sino hasta 15 días después del desembarco de los españoles en Veracruz. Esto era una muestra de la enconada oposición que había en contra de la administración de **Don Vicente** y de la profunda división que imperaba en nuestro país, ya desde nuestros primeros años como nación independiente.

Los españoles, al desembarcar en Cabo Rojo, lo hicieron únicamente con 2700 hombres de los 3000 con los que originalmente habían zarpado de La Habana, ya que una tempestad, hizo que una de sus embarcaciones perdiera el rumbo y se desviara hasta las costas estadounidenses. El ejército español, no enfrentó resistencia durante el desembarco, pero después de 2 días de marcha con rumbo hacia Tampico Tamaulipas, que era el segundo puerto más importante de México, después de Veracruz, fueron atacados por una descarga de artillería y de metralla que les sorprendió, causándoles 11 bajas. Los españoles respondieron rápidamente a la agresión, enviando un contingente de caballería hacia el lugar de donde se había originado el ataque, y al llegar a la frondosa arboleda donde se encontraban apostadas las 4 piezas de artillería que les habían hecho fuego, cargaron contra los 50 soldados mexicanos que operaban y defendían el punto, haciéndolos prisioneros. Esta fue la primera escaramuza librada durante la expedición de reconquista española en suelo mexicano, saldada con victoria ibérica, sin embargo, muy probablemente las piezas de artillería hayan estado defendidas por un número mayor de soldados mexicanos que, al percatarse de la relampagueante carga de la caballería española, decidieron retirarse para evitar una derrota mayor.

Inmediatamente después de este hecho, el ejército expedicionario reanudó su marcha hacia Tampico, en donde al día siguiente, en las cercanías de la población de los Corchos, un contingente aproximado de no más de 400 soldados pertenecientes al batallón de Pueblo Viejo de Tampico, así como varios grupos de milicianos de los pueblos cercanos al mando del coronel mexicano, **Andrés Ruiz Esparza**, trabaron feroz combate por espacio de varias horas con los invasores, ofreciéndoles una férrea resistencia, sin embargo, debido a la superioridad numérica y poder de fuego del enemigo, tuvieron que retirarse, continuando los españoles su marcha hacia Tampico, en donde tuvieron lugar algunos combates con tropas mexicanas en el camino, en los que el **brigadier Barradas**, salió en todos vencedor, logrando tomar dicha ciudad, así como el fortín de la Barra, prácticamente sin gran resistencia, ya que había sido abandonada por sus pobladores, al igual que la ciudad de Altamira días después, obligando a retirarse a los generales mexicanos **Felipe de la Garza** y **Manuel Mier y Terán**, que habían estado encargados de apoyar en la defensa de ambas plazas.

Posterior a estos eventos, es que entra a la palestra, uno de los personajes más polémicos y cuestionados en toda la historia de nuestro país, y que, por muchos años, ostentaría entre sus manos, los destinos de la nación, desempeñando el papel tanto de héroe como de villano, siendo el principal protagonista de algunos de los sucesos que aún hoy, continúan haciendo eco en el acontecer nacional, y que iremos narrando en los capítulos subsecuentes.

¿A quién más podríamos referirnos sino a **Don Antonio López de Santa Anna?**, prominente líder militar y político de la época, nacido en Jalapa, Veracruz, cuya influencia permeó con fuerza desde poco antes de la caída del imperio de **Iturbide** en 1823, hasta 1855 cuando durante su última estadía en la presidencia, que era de corte dictatorial, es destituido del cargo y posteriormente exiliado del país por medio del plan de Ayutla promovido por el general **Juan Álvarez**, antiguo insurgente de la guerra de independencia, e **Ignacio Comonfort**, concluyendo así en forma definitiva sus andares en los asuntos nacionales.

Por espacio de más de 30 años, **Santa Anna** fue sin duda, el principal protagonista en los acontecimientos de mayor transcendencia del país y, ciertamente, para bien o para mal **(en realidad más para mal que para bien)** muchas de las peores catástrofes que marcaron para siempre el rumbo de México, como la pérdida de más de la mitad de nuestro territorio a manos de Estados Unidos, históricamente le han sido atribuidas, con un gran porcentaje de responsabilidad.

Santa Anna fue un personaje de carácter voluble y caprichoso, un día podía lanzar rimbombantes proclamas en favor de tal o cual movimiento o insurrección y a los 15 minutos podía arrepentirse y apoyar al bando contrario. A **Don Antonio**, no se le podía definir como centralista o federalista, ni como conservador o liberal, o partidario de ninguna otra denominación o facción de índole político. Lo mismo se sumaba a unos u a otros, según conviniera a sus intereses y ambiciones personales y, lo que no se le podía negar, es que contaba con un carisma como pocos personajes lo han tenido en la historia de nuestro país. Su personalidad y naturaleza histriónica mezclada con su desmedida ambición de ostentar el poder, el que en realidad solo gustaba de ejercer para ser objeto de toda clase de adulaciones, lisonjas y exaltaciones públicas, más que por el hecho de pretender emprender grandes proyectos al cobijo del mismo, lo convertían en un personaje sumamente impredecible, pero al mismo tiempo con un gran magnetismo. El pueblo lo amaba y lo odiaba a la vez y sus tropas lo idolatraban casi como a uno de los héroes griegos de la Ilíada de Homero, o al menos eso creía **Don Antonio**.

Sus más amados pasatiempos eran jugar a la baraja, en la que mostraba habilidades propias de un verdadero tahúr, así como la crianza y las peleas de gallos. **Santa Anna** manifestaba un gran apego y devoción por estas aves y las llevaba consigo casi a todo lugar a donde pudiese llevarlas, y a donde no podía también. Durante la rebelión de Texas en 1835, **Santa Anna** reunió un ejército que marchó a través de cientos de kilómetros de valles, colinas y desiertos hasta la provincia insurrecta, trayecto durante el cual, **Don Antonio** hizo transportar su colección de gallos predilectos, ya que el solo hecho de pensar en separarse de ellos por el tiempo que se extendiera la campaña militar, lo hacía sumirse en la mayor de las tristezas y melancolías. Mucho adoraba a sus gallos el general **Santa Anna**, pero igual o mayor afición, manifestaba también por el sexo femenino, llegando en una ocasión a la osadía de realizar una boda falsa con el apoyo de un actor contratado por él, que hizo las veces de sacerdote, para poder gozar de los encantos de una desventurada joven que le llenó el ojo a **Don Antonio**.

Innumerables son las anécdotas e historias que podrían contarse acerca de **Santa Anna**, sin embargo, siendo menester regresar a los acontecimientos que se produjeron, posteriores a la toma de Tampico, por parte del ejército español invasor, dejaremos hasta este punto los detalles referentes a la persona del general jalapeño.

Cuando **Santa Anna** tuvo noticias de la invasión española que se preparaba en la Habana, fungía como gobernador y líder militar del estado de Veracruz y, aunque no contaba aún con instrucciones de parte del gobierno de la república de prepararse para repeler la invasión o salir a batir al enemigo, **Don Antonio**, rápidamente dispuso la integración de un ejército para hacer frente a los españoles. Utilizando fondos del gobierno de Veracruz, logró reunir, equipar y armar a un total de 1064 hombres, con los que en primera instancia se dirigió a Tuxpan y posteriormente a Tampico. En este punto, el general **Santa Anna** corrió con gran suerte, ya que al decidir embarcarse hacia Tuxpan y zarpar el 4 de Agosto de 1829 con el total de su infantería por mar y sus contingentes de caballería por tierra, corrió el grave peligro de haber sido interceptado y derrotado por la flota del comandante de la marina española **Ángel Laborde**, que había acompañado al brigadier **Barradas** en su desembarco en Cabo Rojo, y que aún se encontraba patrullando las costas mexicanas para apoyar la expedición de reconquista ante cualquier eventualidad. Afortunadamente, **Santa Anna** tuvo la ventura de no encontrarse con la flota española, pues de haber sido así, con toda seguridad habría sido derrotado, ya que los navíos de combate españoles, eran infinitamente superiores a las débiles embarcaciones mexicanas, no obstante, **Santa Anna** desembarcó en Tuxpan el 11 de agosto y se dirigió de inmediato a Tampico para enfrentar a la fuerza expedicionaria de **Barradas**.

Poco antes de arribar a Tampico, el **general Santa Anna** tuvo noticias de que el **brigadier Barradas**, había dejado la plaza, para dirigirse a la ciudad de Altamira en busca de pertrechos y provisiones, dejando una guarnición de 400 hombres al mando del coronel **Miguel Salomón**. **Don Antonio** no desaprovechó la oportunidad, y la noche del 20 de agosto de 1829, ordenó a sus hombres cruzar el río Panuco por medio de lanchas, balsas y cualquier tipo de embarcación pequeña que pudieron encontrar, empero, cuando la mayor parte de las tropas mexicanas habían logrado cruzar al lado de Tampico, un soldado bisoño de las milicias de las cercanías que se habían unido a la tropa de **Santa Anna**, accidentalmente dejó escapar un tiro de su fusil, lo que desencadenó que el resto del batallón que lo acompañaba, disparara también, creyéndose descubiertos por los españoles. Ante esto, la estratagema de **Santa Anna** quedó al descubierto y no quedó más remedio a sus tropas que lanzarse al asalto de la plaza. Los 400 españoles que defendían el punto, se encontraban bien municionados y se dispusieron a retener la ciudad, echando mano de todo el poder de fuego con el que contaban, disparando un infierno de balas, metralla y artillería sobre los mexicanos que continuaban el avance y contestaban el fuego con determinación y valentía. El combate fue feroz y transcurrió desde las primeras horas de la madrugada, hasta las 2 de la tarde del día 21 de agosto y, aunque las tropas nacionales estuvieron a punto de conseguir la victoria, reduciendo a los españoles hasta sus fortificaciones a las orillas de la playa, los invasores lograron finalmente contener el ataque, e instantes después, solicitaron parlamento con las tropas mexicanas al izar una bandera blanca. **Santa Anna**, ya saboreaba la rendición del contingente español que defendía Tampico, sin embargo, antes de que se iniciaran las pláticas con el enemigo, fue informado de que el **general Barradas** se aproximaba con sus 2300 soldados, para auxiliar a los sitiados.

Ante tal situación, **Santa Anna** había quedado en una posición sumamente vulnerable, pues se encontraba atrapado entre el río Pánuco, las fuerzas españolas defensoras de Tampico y el resto del contingente expedicionario al mando del general **Barradas**. Temiendo entonces que el comandante español rompiera el cese al fuego, pactado con antelación con el coronel **Salomón**, y pudiera atacarlo y vencerlo con su superioridad numérica, no le quedó más remedio que disponer a sus fuerzas para esperar el ataque de los españoles y tratar de resistir a como diera lugar, sin embargo, al conocer **Barradas** sobre el cese al fuego pactado, dio muestras de una gran honorabilidad y pundonor militar, y como buen hidalgo español, respetó la tregua pactada, permitiendo a **Santa Anna** retirarse a su cuartel general en **Pueblo Viejo**. Muy bien habría podido **Barradas** batir las inferiores fuerzas de **Santa Anna** y tomarlo prisionero, empero, el comandante español, además de ser valiente y buen militar, era un hombre que obraba con nobleza y dignidad, pues en el tiempo que duró la expedición, cuidó de respetar las propiedades y la vida de la población civil, así como de los más de 3000 prisioneros mexicanos que hizo durante los diferentes combates, dejándolos libres en su mayoría, con la promesa de no volver a tomar las armas contra el ejército de su majestad, el rey de España.

López de Santa Anna aprovechó el gesto del general enemigo y cruzó el río, dirigiéndose a su cuartel de Pueblo Viejo, permaneciendo expectante por espacio de algunos días, hasta que el 25 de agosto, recibió una comunicación escrita de parte de **Barradas**, en la que le invitaba a conferenciar en presencia de sus secretarios, no obstante, **Santa Anna**

respondió que por órdenes del gobierno de la república de México, le estaba estrictamente prohibido reunirse con el enemigo y que lo único que estaba autorizado a escuchar, era sobre una rendición incondicional de las tropas españolas, lo que era falso, ya que **Don Antonio** no había recibido ninguna instrucción de naturaleza semejante a lo que afirmaba, de parte del presidente **Guerrero**. **Barradas** no contestó a la misiva del general mexicano y no hubo comunicación entre las partes durante 13 días, aunque de cierta forma, dicho lapso sirvió para que el comandante español, reflexionara sobre su situación, ya que no había recibido los refuerzos esperados desde la Habana, y tampoco había encontrado en México, aliado alguno, lo que se contradecía con los planes iniciales, pues la expedición de reconquista, se había planteado bajo la idea de que al llegar a territorio nacional, rápidamente recibiría apoyo material, económico y de tropa, auspiciado por el poderoso grupo político y el sector de la población, que simpatizaba con devolver la joven república mexicana, al dominio de la corona española. La existencia de este grupo simpatizante, era real, sin embargo, los soldados españoles, no recibieron ningún tipo de auxilio en este sentido, e incluso la flota naval al mando de **Laborde**, había abandonado las costas mexicanas por orden del gobernador de Cuba, dejando prácticamente a su suerte a los expedicionarios españoles. Ante tales circunstancias, era imposible que la expedición tuviera éxito en lograr establecerse como cabeza de puente para dar paso a una invasión de mayor envergadura, ya que sus recursos se acababan y le restaban poco más de 2000 soldados en condiciones de combatir, pues el resto había sido herido o muerto en combate o enfermado debido a las adversas condiciones climáticas de la costa de nuestro país. **Barradas** entendía esto y había ya pensado enviar una comunicación a **Santa Anna**, para tratar los detalles y las condiciones de una capitulación honorable, lo cual hizo el 8 de septiembre, sin embargo, ese mismo día el general **Santa Anna** le envió una carta a **Barradas**, en donde utilizando un tono altanero y soberbio, le intimaba a rendirse en forma absoluta e incondicional, pues **Don Antonio**, deseaba obtener una victoria avasalladora y total sobre los invasores, con la que pudiera elevar su imagen, a los más altos niveles de la política y cumplir así su anhelada ambición de conducir los destinos de la nación. Por su parte, **Barradas**, consideró este comunicado como indigno, así como una insolencia de parte del comandante mexicano y respondió que, si el ejército nacional se negaba a pactar una capitulación honorable, le mostraría los efectos de lo que eran capaces los soldados de una división del Rey de España. La reputación de los militares españoles, era legendaria en todo el mundo por su bravura y valentía y estaban resueltos a retirarse con dignidad o morir defendiendo el honor de sus blasones. La comunicación entre ambas facciones continuó, pero, al no llegar a un acuerdo, debido a que **Santa Anna** insistía en la rendición incondicional, tuvo lugar el último y tal vez más cruento combate de aquel conflicto entre mexicanos y españoles.

La noche del 10 de septiembre, **Santa Anna** dispuso lanzar un ataque al fortín de la Barra, que se encontraba defendido por 400 soldados españoles y 6 piezas de artillería, al mando del coronel **Don Luis Vázquez**. **Santa Anna** sabía que la tozudez y obstinación de los defensores ibéricos, seguramente se pondría de manifiesto durante el asalto, por tanto, esperaba un combate difícil, así que asignó la embestida a lo mejor y más granado de las tropas con las que contaba. Comandó el ataque el general **Mier y Terán** y, a las 11 de la noche, 1000 soldados mexicanos se lanzaron al asalto del fortín, apoyados de dos piezas de artillería, que habían sido habilitadas en un par de lanchas. El general **Terán**, dividió sus tropas en tres columnas, a las que hizo avanzar con el apoyo de la artillería, sin embargo, los españoles, contando con mayor poder de fuego en sus cañones, rápidamente dispersaron a las lanchas cañoneras, trabándose entonces el combate de forma generalizada en la primera línea de defensa del fortín. Desde el inicio, la lucha fue feroz, y aún con las dificultades que ofrecía el terreno a los atacantes, pues el día anterior, había tenido lugar una torrencial lluvia que había convertido en un auténtico lodazal el trayecto de acceso al fortín, los soldados mexicanos se portaron con gran determinación, disciplina y valor, mostrando porqué **Santa Anna** los había seleccionado para ejecutar el ataque. Tanto mexicanos como españoles, sufrieron gran número de bajas entre muertos y heridos, empero, gracias al valiente empuje de las tropas nacionales, se logró tomar la empalizada exterior del fortín, lo que les motivó a lanzarse con mayor fuerza sobre el parapeto interior, no obstante, la empecinada resistencia de las tropas españolas, también salió a relucir y lograron rechazar una y otra vez los furiosos ataques a bayoneta calada, emprendidos por las tropas mexicanas, manteniendo gallardamente la posición.

Después de esta acción, **Santa Anna** comprendió que las fuerzas españolas no se rendirían en forma incondicional como él lo exigía y que el costo de lograrlo por la fuerza, sería altísimo, por lo que no queriendo derramar más sangre en forma innecesaria como lo había hecho ya, al ordenar dicho ataque por la vanidad y soberbia de no aceptar la capitulación honrosa de los españoles, dispuso conferenciar nuevamente con los invasores, accediendo finalmente a pactar su rendición, con garantías de respetar la vida de los soldados ibéricos, que permanecerían en calidad de prisioneros en México y serían posteriormente embarcados hacia España, en cuanto se contara con navíos para su traslado. A cambio, el general brigadier **Isidro Barradas**, se comprometió en representación del ejército español, a no volver a tomar las armas en contra de la república mexicana y de renunciar a toda pretensión de reconquista. No obstante, España no reconocería oficialmente la independencia de México sino hasta 1836, es decir, 7 años después de estos sucesos.

De esta forma, culminó la aventura de reconquista española y, aunque el ejército mexicano no logró vencer en ninguna de las batallas a los expedicionarios españoles, el hecho de lograr su capitulación final, representó para México un acontecimiento de gran valor, para intentar apuntalar su endeble y naciente soberanía y, para **Santa Anna**, se traduciría en un impulso hacia los cuernos de la luna de la política nacional, siendo ascendido a general de división y atrayendo todos los reflectores sobre su histriónica figura. Este sería el inicio del vertiginoso ascenso e influencia que tendría el general jalapeño durante los más de 30 años en los que transitaría entre los destinos de la nación, y que, a su vez, se convertirían en uno de los períodos más convulsos y de mayor dificultad por los que tendría que atravesar nuestra patria, empero, hablaremos de ello en el siguiente capítulo.

SEGUNDA INTERVENCIÓN EXTRANJERA EN MÉXICO, CONOCIDA POPULARMENTE COMO GUERRA DE LOS PASTELES.

En 1838, 9 años después de la fallida expedición de reconquista española a México, tuvo lugar una segunda invasión extranjera a nuestro país. En esta ocasión, se trataba de la poderosa Francia, una de las potencias militares de mayor preponderancia en el orbe.

Desde la perspectiva del gobierno mexicano, el *"Casus belli"* o motivo del conflicto, era simple y llanamente ridículo, y era visto como un grosero pretexto de parte del gobierno francés, para intentar obtener una tajada del pastel que representaba en aquél entonces nuestra joven y debilitada nación, plagada de conflictos políticos, bélicos y sociales, empero, desde el punto de vista del gobierno francés, la situación era distinta, pues algunas de las reclamaciones presentadas ante el gobierno mexicano, databan desde hacía 12 años, sin haber obtenido una resolución o respuesta a las mismas por parte de México, lo que exasperaba cada vez más a las autoridades de Francia, al sentir su honor nacional burlado, a manos de un incipiente y débil país, que no aceptaba ni rechazaba las demandas efectuadas y que, intencionalmente pretendía aplazar el asunto por tiempo indeterminado.

El **Barón Deffaudis**, representante del gobierno francés en México, había expuesto diversas reclamaciones ante el gobierno mexicano, en aquel entonces presidido por el **Lic. Don José Justo Corro**, quien se encontraba en calidad de presidente provisional, derivado de la muerte del general **Don Miguel Barragán Ortiz**, que a su vez, había llegado a la presidencia como interino, producto de la licencia solicitada por **Don Antonio López de Santa Anna** que, constitucionalmente, debía encontrarse ocupando el cargo, al momento de la invasión francesa, sin embargo, como en muchas otras ocasiones, se había declarado indispuesto para ejercer funciones, retirándose a su hacienda Manga de Clavo, en Veracruz, poco antes del inicio del conflicto independentista de Texas en 1836.

Popularmente, existe la idea de que la totalidad de las reclamaciones que Francia exigía a México, eran absurdas y ridículas, no obstante, aunque no todas podían considerarse o demostrarse fehacientemente como procedentes y justas, en realidad, varias de ellas eran legítimas y tenían fundamento en el derecho internacional, sin embargo, el gobierno mexicano, lejos de buscar solventarlas mediante las pesquisas y diligencias correspondientes, apegándose a derecho, se enfrascó con la delegación diplomática francesa, en una interminable maraña de vericuetos y procedimientos que, solo provocaban el aplazamiento de las resoluciones en forma indefinida, llegando incluso a enviar una insólita comunicación al gobierno francés el 27 de Junio de 1837, en la que, el gobierno mexicano, representado entonces por el ministro de relaciones exteriores **Licenciado Don Luis Gonzaga Cuevas**, se declaraba abiertamente excusado de atender o pagar cualquier indemnización o reclamación extranjera, argumentando el turbulento estado político y social que imperaba en el país en aquella época, fustigado por incesantes insurrecciones y toda clase de conflictos, de cuyas consecuencias, el gobierno de México, no debía ni podía hacerse responsable, ya que, desde su perspectiva, tales circunstancias no estaban bajo su control. Esta esperpéntica y rocambolesca declaración, era a todas luces inconcebible e inaceptable para cualquier país soberano, que se dignara a aparecer ante los ojos de las demás naciones del mundo, como civilizado, pues tan peregrino intento de justificación, implicaba que cualquier extranjero que habitara en México, podía ser despojado, asesinado y ultrajado, sin esperar ningún tipo de reparación o impartición de justicia por parte del gobierno nacional. La inadmisible comunicación de la diplomacia mexicana, lejos de esgrimir tal excusa como fundamento de peso legal reconocido, lo hacía únicamente como comentamos anteriormente, con el objetivo de alargar el proceso lo más posible y con la intención de evitar a todo trance, la erogación de recursos de las quebradas y arruinadas arcas nacionales, no obstante, esto resultaría contraproducente, ya que de haber tenido lugar un arbitraje mixto internacional, seguramente el monto de las reclamaciones habrían sido reducidas en gran medida, pero México se negó a esto, incluso cuando Francia en principio estuvo de acuerdo con dicho arbitrio y al final del conflicto, terminaría pagando por la fuerza, la cantidad total reclamada por el gobierno Galo, sumado a las cuantiosas pérdidas de vidas y materiales suscitadas durante el conflicto.

Francia exigía a México la cantidad de **$600,000 pesos**, alegando daños a la propiedad y al patrimonio de ciudadanos franceses avecindados en nuestro país, así como por préstamos forzosos que, el gobierno mexicano, había impuesto a algunos súbditos de Francia, e incluso por la muerte de 5 comerciantes franceses en 1833, que habían sido asesinados por una turba violenta de indígenas, en la hacienda de Atencingo, Puebla, pues los habitantes del pueblo los culpaban de haber diseminado un brote de cólera que había asolado y causado gran mortandad en la región. También se exigía indemnización, por las lesiones inferidas al doctor de origen francés, **M. Geraud Dulong**, quien había sido brutalmente atacado por el coronel mexicano **Francisco Pardo**, al negarse el galeno francés a concederle un préstamo forzoso al coronel, destacado en ese entonces como comandante militar en la ciudad de Colima.

Las autoridades francesas, exigían también la libertad inmediata de un ciudadano francés de nombre **Pilse la Morgue** que, en 1837, había sido sentenciado por un juez mexicano de apellido **Tamayo**, a 10 años de cárcel en la prisión de San Juan de Ulúa, Veracruz, acusado de homicidio, lo que fue confirmado por algunos testigos, sin embargo, el francés alegaba inocencia, argumentando que estaba siendo confundido, e intentó presentar pruebas para respaldar su versión, siendo estas ignoradas y desechadas por el magistrado mexicano.

Adicionalmente, Francia también reclamaba una compensación monetaria para los familiares de dos franceses que, en 1835, habían entrado al país, acompañando a un grupo de invasores filibusteros, provenientes de Nueva Orleans, al mando del cubano masón, **José Antonio Mejía** que, en contubernio con el también masón y exvicepresidente de México, **Valentín Gómez Farías**, habían gestionado la integración de una columna de mercenarios, con financiamiento de las logias masónicas estadounidenses, para ocupar el puerto de Tampico y desde ahí proveer apoyo a los independentistas texanos, previo al inicio del conflicto en 1836 y buscar impulsar un movimiento para derrocar la constitución de corte centralista que había sido instaurada en el país ese mismo año, procurando por todos los medios, restituir una carta magna con esencia federal e ideología liberal. Esta expedición no tuvo éxito alguno, y fue totalmente derrotada por el coronel mexicano **Gregorio Gómez**, quien les hizo 28 prisioneros, fusilándolos a todos inmediatamente y sin juicio previo (incluidos los dos franceses), pues, al ser considerados como simples bandidos, y no como soldados de un ejército regular, no les fue concedió tal derecho.

Desde nuestros primeros años como nación independiente, la masonería operó en el país, instaurando y promoviendo la creación de logias o sociedades con distintos ritos, como el **escocés** y el **yorkino**, a las que los principales actores políticos del país, se apresuraban a adherirse, originándose una confrontación política constante entre las distintas facciones, pues, los integrantes de estas agrupaciones, antes que velar por los intereses del pueblo o de la nación, lo hacían siempre en primera instancia por el de su agrupación.

El principal interés de la masonería en México, consistía en restar el mayor poder e influencia posible a la iglesia católica y debilitar la capacidad de reacción de nuestro país, ante situaciones de índole política, económica, militar y financiera, considerando que, en aquellos años, la extensión territorial de México, así como su riqueza en recursos naturales, le hacían emerger con un enorme potencial para convertirse en una de las naciones más dominantes de América, escenario que no era para nada del agrado del gobierno de los Estados Unidos, pues se contemplaban a sí mismos, como los únicos predestinados a hacerse con el control continental, y operaban en este sentido, procurando tales circunstancias sin escatimar en costos. Los ricos e inmensos territorios del norte de México, actualmente conocidos como Texas, California, Nuevo México, Nevada, Colorado, Arizona, entre otros, estuvieron siempre en la mira de la ambición expansionista estadounidense y, pocos años después de la consumación de la independencia de México, Estados Unidos envió a nuestro país en carácter de ministro plenipotenciario a **Joel Poinsett**, gran maestre masón e introductor en México del rito masónico yorkino, con la misión de operar para pactar la venta de los territorios deseados con el gobierno mexicano, sin embargo, al no conseguirlo, dadas las constantes negativas de México, promovió la afluencia de colonos estadounidenses al territorio Texano, con el propósito de que con los años, la población de origen angloamericana, superara en número a la de nuestros connacionales, dejando así la mesa servida, para facilitar el surgimiento de movimientos de corte secesionista en el mediano plazo, como finalmente sucedió en 1836 con la rebelión de Texas.

Retomando las reclamaciones de Francia, por daños a la propiedad privada de algunos de sus súbditos, es menester hacer mención de aquella que, a la postre, terminaría dando una denominación de carácter popular y bastante socarrón al conflicto, como lo fue el picaresco mote de: **guerra de los pasteles**.

Sucedió que, en 1832, en una pastelería de Tacubaya de considerable prestigio, propiedad de un ciudadano francés de apellido **Remontel**, durante un tránsito de tropas mexicanas, ingresó al establecimiento un grupo de soldados en estado de embriaguez, causando desmanes y consumiendo a diestra y siniestra los refinados y sabrosos postres exhibidos en el local, empero, cuando el señor **Remontel**, requirió a los palurdos militares, el pago total del monto consumido, los soldados molestos, provocaron daños y destrozos dentro del comercio, sustrayendo incluso algunos de los utensilios de la pastelería, ante lo que, *Monsieur* pastelero, interpuso una queja con el representante de Francia en México y éste a su vez, lo incluyó en el pliego de reclamaciones que el gobierno mexicano tenía pendiente de resolución.

Esta peculiar reclamación, alcanzó aún mayor fama, cuando durante una sesión ordinaria del congreso de diputados, en Marzo de 1837, es decir, 5 años después del suceso en la pastelería, el diputado **Carlos María de Bustamante**, la mencionó durante un discurso, en el cual denunciaba que, en Las Antillas caribeñas, se encontraba fondeando una flota de combate francesa, con la intención se zarpar hacia costas mexicanas con el pretexto de exigir el pago de las indemnizaciones reclamadas por un pastelero francés. No obstante, el gobierno galo, no solo pretendía el pago de los $600,000 pesos por concepto de reclamaciones, sino que, buscaba también, que México firmara con Francia, un tratado comercial en el que se le daría trato preferencial en todas las operaciones comerciales con nuestro país, así como permitir que los ciudadanos franceses realizaran ventas al menudeo dentro del territorio nacional en todo momento y sin que el gobierno mexicano contara con facultades para suspender dicha concesión y se les garantizara que bajo ninguna circunstancia serían objeto de préstamos forzosos, lo que privilegiaría a los franceses, por encima incluso de los propios mexicanos, pues los préstamos forzosos en situaciones de emergencia nacional, como la guerra, podían ser aplicados a todos los habitantes de la nación.

Lo anterior, quedó plasmado en el ultimátum que el 21 de marzo de 1838, comunicó el **barón Deffaudis**, al gobierno mexicano, en el que fijaba con carácter de no negociables, todas y cada una de las demandas exigidas por Francia y, como respaldo hacia tal intimación, informaba que se hallaban surcando las costas nacionales, una veintena de navíos de la flota de guerra francesa, dirigida por el Almirante **Bazochet**, dispuestas a atacar los distintos puertos nacionales, en caso de una negativa de pago por parte de México. El ultimátum, imponía como fecha límite para el pago, el día 15 de abril de 1838. En ese momento, no se encontraba ya como presidente de la nación el licenciado **Don José Justo Corro**, sino que, ocupaba ahora y por segunda ocasión el poder ejecutivo, el general **Anastasio Bustamante**, quien había combatido en el bando realista durante la guerra de independencia y fue unos de los que, en el año de 1831, orquestaron el infame asesinato a traición del prócer de la Patria **Vicente Guerrero**, siendo **Bustamante** en ese entonces vicepresidente y **Don Vicente** presidente de la república.

Irónicamente, los dos caudillos que consumaron la independencia de México, es decir, **Iturbide** y **Guerrero**, fueron cobardemente ultimados por sus adversarios políticos, ante un paredón de fusilamiento, siendo esto ejemplo, de lo ingrata que puede llegar a ser una sociedad y el nivel de vileza que es capaz de alcanzar el ser humano. En no pocas ocasiones, en México se ha matado y/o sumido a sus héroes en el mayor de los olvidos y la calumnia y, de forma ciertamente incomprensible (o quizá no tanto), se ha premiado y/o glorificado a hombres que actuaron guiados mayormente por intereses personales, o al servicio de poderes ocultos y ajenos a la nación, cometiendo grave traición a la patria. La historia oficial muchas veces ha sido injusta o, mejor dicho, aquellos que se han encargado de escribirla.

Volviendo al ultimátum francés dirigido al gobierno mexicano, presidido entonces por **Anastasio Bustamante**, la diplomacia nacional, se negaba a consentir cualquier demanda, si antes Francia no retiraba su flota de guerra de nuestros mares.

Se entabló correspondencia entre las partes, pero al no llegar a consenso alguno, y habiéndose cumplido la fecha límite de respuesta estipulada en el ultimátum; el día 16 de abril de 1838, el comandante francés **Bazochet**, ordenó el bloqueo de los principales puertos nacionales, con sus naves de combate, con el objetivo de privar a nuestro país, de las rentas e ingresos obtenidos por el peaje y tributos aduaneros referentes al comercio marítimo, que representaban una de las entradas más importantes de recursos para las ya de por sí arruinadas y exhaustas arcas de la república. La situación era crítica, pues todas las rutas comerciales fueron bloqueadas. La armada naval mexicana, era prácticamente inexistente y las pocas embarcaciones con que se contaba, eran antiguas, débiles, mal artilladas, e incapaces de rivalizar en lo más mínimo, ante las poderosas y modernas naves de la marina real francesa, de su majestad, el **Rey Luis Felipe I**. Era pues imposible para México, obligar por medio de la fuerza a Francia, a retirar aquel infamante bloqueo naval.

Las comunicaciones entre ambas naciones se estancaron, dada la negativa del gobierno mexicano a atender cualquier demanda, si antes Francia no retiraba su flota de los mares nacionales y finalizaba el bloqueo que, se extendió por poco más de 7 meses, sumiendo a nuestro país, en la ruina total, provocando la escases de productos y una severa inflación de precios, hasta que, a finales del mes de noviembre de 1838, la representación diplomática nacional, recibió una misiva de la flota francesa, en la que invitaban al gobierno mexicano, a una nueva reunión en la ciudad de Jalapa, para tratar de encontrar una solución definitiva al conflicto. La nota estaba firmada por el **contraalmirante Charles Baudin**, ministro plenipotenciario de su majestad el **rey Luis Felipe I** y nuevo comandante de la flota francesa. **Baudin**, gozaba de un gran prestigio militar, pues había participado en diversas y cruentas batallas navales, destacándose siempre por su valor y dureza, al grado de perder su brazo derecho durante un combate contra la flota británica en 1808, dos años antes del inicio de la guerra de independencia de México. El Gobierno de **Bustamante**, en un principio, vio con buenos ojos la invitación y abrigó esperanzas de terminar por fin con la asfixia financiera que representaba el bloqueo, ya que, tras sufrir los estragos producidos por el mismo, determinó prudente que México, finalmente cediera al pago de los $600,000 pesos exigidos por Francia, pero sin consentir las concesiones de carácter comercial, pretendidas por el gobierno galo y, bajo esta consigna, envió al jefe de la diplomacia nacional, **Don Luis G. Cuevas**, como ministro plenipotenciario de México, para pactar con los franceses, un posible cese de las hostilidades, no obstante, el optimismo de las autoridades mexicanas hubo de esfumarse al instante, cuando durante la entrevista, el **contraalmirante Baudin**, no solo ratificó las mismas demandas referentes a los tratados comerciales exigidos por Francia y al pago de la indemnización de los $600,000 pesos para dar por terminado el conflicto, sino que, con actitud arrogante, reclamó adicionalmente, una indemnización de $200,000 pesos por concepto de los gastos erogados por la corona francesa, correspondientes a la movilización de su flota. El **Licenciado Gonzaga Cuevas**, sorprendido e indignado, se negó rotundamente a aceptar tales condiciones, ante lo que **Baudin**, con indiferencia y en forma despreciativa, dio por terminado el encuentro y le comunicó al ministro mexicano que, habiéndose agotado todos los caminos diplomáticos en busca de una resolución que contentase las reclamaciones de Francia, restaba únicamente la vía de las armas, como medio para definir el destino del conflicto.

El 27 de Noviembre de 1838, el puerto de Veracruz fue testigo del ensordecedor estruendo que la artillería de los barcos franceses provocó al disparar contra el castillo de San Juan De Ulúa, defendido por una guarnición de 1184 soldados mexicanos, al mando del general de origen cubano **Antonio Gaona**, sin embargo, a pesar de que la fortaleza de San Juan, era considerada como inexpugnable por su ubicación privilegiada y estratégica, pues no era posible hacerle fuego desde ningún ángulo, sin quedar expuesto a las baterías del fuerte, lo que hacía parecer temerario cualquier intento de ataque por una flota limitada en número como la francesa, las condiciones de las piezas de artillería del castillo, eran deplorables, y la pólvora con que contaban los defensores, era vieja y de mala calidad. La mayoría de los cañones, databan de la época colonial y aunque aún eran operables, su efectividad se había reducido considerablemente. El **general Gaona**, quien fungía como gobernador del castillo, dirigió en repetidas ocasiones, solicitudes de ayuda al gobierno del **presidente Bustamante**, para artillar y equipar debidamente la fortaleza, ante un eventual ataque de la flota gala, pero la falta de dinero y recursos con que operaba el gobierno mexicano, impidió que los requerimientos de

Gaona, fueran atendidos adecuadamente. Era pues menester, luchar con lo que se tuviese a mano y así lo hicieron los poco más de 1000 soldados, defensores del castillo.

Como indicamos anteriormente, la fortaleza de San Juan, se encontraba ubicada en una posición privilegiada, de tal manera que con los cañones existentes en aquella época, no era posible hacerle fuego sin exponerse al alcance de las baterías del castillo, y una flota limitada en número como la de Francia, habría sufrido severos daños de haberse lanzado sin más, a un ataque frontal, sin embargo, el astuto contraalmirante **Baudin**, aprovechó el tiempo de tregua pactado durante su entrevista con el **Lic. Gonzaga Cuevas,** para mover su flota y burlar los cañones del fuerte, logrando colocarse en una posición en donde el rango de disparo de la artillería de la fortificación se reducía en forma considerable. El **general Gaona** contempló con impotencia los movimientos de la flota francesa, sin poder disparar, ya que había recibido órdenes expresas del gobierno mexicano, de no hacer fuego, a menos que el enemigo accionara primero.

Grandes estragos causaban en el castillo y a su guarnición, los proyectiles de los modernos cañones franceses. **Doscientas** eran en total las piezas de artillería con las que contaba la armada francesa que participó en el ataque y utilizaron por lo menos, la mitad, durante el bombardeo. Los artilleros mexicanos, luchaban con valentía y a pesar del incesante fuego, no dejaban de contestar y se afanaban tratando de hacer puntería a la flota enemiga con las obsoletas y desvencijadas **cuarenta y siete** piezas de artillería aún operables emplazadas en el fortín. El fuego era feroz, y el cielo se iluminaba con cada una de aquellas fulgurantes detonaciones. Los oficiales mexicanos, corrían de un lado a otro arengando y dirigiendo a la tropa, perdiendo casi por completo la voz, al gritar sus órdenes en forma incesante y desesperada, tratando de hacerse entender en medio de aquellos ensordecedores estallidos.

En unas horas, el fuego francés inhabilitó casi la mitad de las baterías del fuerte, dejando fuera de combate a poco más de 200 soldados, entre muertos y heridos. La pólvora, prácticamente estaba por terminarse y, algunos defensores mexicanos, ante la impotencia y desesperación de no poder responder al fuego con similar intensidad, comenzaron a disparar incluso con sus rifles y fusiles. Lo que era equiparable a querer derribar el tronco de un gran árbol, lanzándole guijarros con una resortera. El **general Gaona** y sus oficiales, ante la incapacidad de continuar la defensa en forma adecuada, sopesaban la posibilidad de una capitulación, sin embargo, es en este momento que, entra nuevamente en escena, el vencedor de Tampico, el idolatrado, pero en ese momento, vilipendiado también, **Don Antonio López de Santa Anna**.

Como era posible que, el general que había vencido a los españoles, en su intento de reconquista a México en 1829, se hubiera mantenido fuera del escenario político hasta este momento y, su persona, fuera objeto de desaire en algunos círculos de mando y poder.

Sucedió que, en 1836, dos años antes de la invasión francesa, surgió en Texas un movimiento independentista, que pretendía escindir a dicho estado de la república mexicana y erigirse como una nación soberana. El pretexto que esgrimieron los secesionistas texanos, angloamericanos casi en su totalidad, debido a la colonización masiva de migrantes estadounidenses impulsada por el gobierno yanqui y el ex ministro plenipotenciario en México, el masón, **Joel Poinsett**, era el rechazo a la constitución centralista de 1835 instaurada en México, que había eliminado el federalismo como forma de gobierno, establecido en la constitución de 1824, e imponía un mayor control desde el centro del país. No obstante, esto solo era una excusa, pues desde los primeros años de la independencia de México, Estados Unidos ambicionaba dicho territorio y planteó la compra de Texas y otros territorios al gobierno mexicano y, al no poder obtenerlo por esa vía, impulsó la colonización de dicho estado, para posteriormente financiar un movimiento de independencia que liberara a Texas de México y, con el tiempo, anexarlo a la Unión Americana, como finalmente ocurrió en 1845, lo que detonó el conflicto y la guerra entre México y Estados Unidos, durante los años de 1846 a 1848.

Cuando la rebelión texana estalló, el **general Santa Anna**, era presidente constitucional de México, sin embargo, había solicitado licencia y se encontraba descansando en su hacienda Manga de Clavo. Al enterarse de la sublevación, inmediatamente reunió recursos y levantó un ejército en muy poco tiempo, que hizo marchar a través de cientos de kilómetros del territorio nacional, para batir a los levantiscos texanos.

HIJOS DE MÉXICO

El ejército mexicano comandado por **Don Antonio**, aunque mermado por aquella ingente marcha a través de valles y desiertos, era poderoso y mucho más numeroso que los combatientes rebeldes. Tres columnas avanzaron a través de Texas, la primera capitaneada por el general español, de origen Napolitano **Vicente Filísola**, la segunda por el general **José de Urrea** y la tercera por su excelencia, el general **Santa Anna**. Inicialmente, las tropas mexicanas no tuvieron enfrentamientos importantes, salvo algunas escaramuzas, hasta la batalla de la misión del Álamo, en la que, tras una dura y empecinada resistencia rebelde, **López de Santa Anna**, masacró a la totalidad de los defensores texanos que se encontraban en su interior. Después de esta batalla, la victoria del ejército mexicano sobre la insurgencia texana, era cuestión de tiempo, pero sucedió que, un mes después de la batalla del Álamo, **Don Antonio**, ordenó que sus tropas descansaran a las orillas del río San Jacinto, pues habían estado persiguiendo por días al ejército texano comandado por **Sam "El cuervo" Houston**, que se había dado a la fuga, evitando una confrontación con **Santa Anna**, debido a su notable inferioridad numérica. **Don Antonio,** dispuso que todas las tropas descansaran y durmieran para recobrar su energía, no obstante, incurrió en un imperdonable error, al no tomar precauciones suficientes, instalando únicamente a unos cuantos centinelas dentro del mismo campamento, sin explorar ni instaurar vigías en los alrededores. Esta pifia era inadmisible para un general de la experiencia de **Santa Anna**, pues encontrándose en territorio hostil, actuar con cautela es un principio elemental dentro del arte de la guerra. Los espías texanos, rápidamente descubrieron el descuido de los mexicanos y atacaron mientras las tropas nacionales, dormían a pierna suelta en su campamento. El desastre fue total. Más de 600 muertos y 700 prisioneros le propinaron los rebeldes texanos, a las sorprendidas fuerzas mexicanas. **Santa Anna**, consiguió escapar durante el fragor del combate, disfrazándose de campesino para evitar ser capturado, pero a los pocos días fue descubierto y hecho prisionero. El presidente constitucional de México, era ahora cautivo de un puñado de rebeldes, debido a su desmedida confianza e insensatez. El movimiento independentista texano, en realidad pudo haber sido sofocado con relativa facilidad por el ejército de México, pues aunque el ejército rebelde se encontraba debidamente equipado con el apoyo del gobierno de los Estados Unidos, solo estaba integrado por milicianos y las tropas estadounidenses no intervenían directamente en los combates, ya que habría sido equiparable a una declaración de guerra abierta en contra del gobierno mexicano, lo que hasta ese momento, aún no tenía contemplado la administración del presidente americano, Andrew Jackson.

Es en este punto, en el que **Santa Anna**, incurre en uno de los actos, que históricamente le serían reprochados y cuestionados con gran dureza, pues con la finalidad de salvar el pellejo, rubricó un pacto con los dirigentes texanos, en el que se comprometía a ordenar la retirada de las tropas nacionales del estado de Texas y a reconocer su independencia con respecto a México. Recordemos que, al inicio de la campaña contra Texas, el ejército mexicano, se había desplegado en tres columnas, una a cargo de **Santa Anna** y, las dos restantes, a cargo del general **Urrea** y el general **Filísola** que, sin demasiada dificultad, habrían podido continuar la campaña, en espera de refuerzos enviados desde el interior del país, y concluir exitosamente su encomienda inicial de disolver la insurrección. Todo esto habría sido perfectamente posible, si no es porque **Don Antonio**, envió una carta al general **Filísola**, en donde le instruía a detener las acciones y retirar sus tropas de Texas, instrucción que **Filísola** cumplió, a pesar de que **Santa Anna** se encontraba en calidad de prisionero, lo que automáticamente lo relevaba de ostentar cualquier cargo o mando de tropas, y toda orden o instrucción que emanara de su persona, perdía completa legitimidad. **Filísola** tranquilamente pudo negarse a cumplir la orden de su excelencia, y ningún tribunal marcial habría podido juzgarlo por ello, pero su amistad y su relación con **Santa Anna**, influyó en su decisión, provocando que la campaña contra Texas, fracasara en forma estrepitosa e increíble. Por su parte, **Urrea**, intentó mantener las acciones, pero al encontrarse sin el apoyo de la columna de **Filísola**, tuvo que retirarse también. A este infame pacto, firmado por **Santa Anna**, se le conoció como **tratado de Velasco**, y aunque su excelencia, había accedido al mismo, principalmente con el natural instinto de salvar su vida, no fue liberado de inmediato por los rebeldes, sino que fue enviado a Washington en calidad de prisionero, para entrevistarse con el presidente de los Estados Unidos, **Andrew Jackson**, en donde se especula que pactó también las condiciones para que el congreso mexicano ratificara la independencia texana, así como las facilidades que daría al gobierno de los Estados Unidos, en sus pretensiones de anexar a Texas a la Unión Americana, y de adquirir los demás territorios codiciados con antelación, en detrimento de la república mexicana. Esta versión, adquiriría mayor preponderancia, debido a la sospechosa conducta del general **Santa Anna**, durante la invasión de Estados Unidos a México entre 1846 y 1848, de la que hablaremos más adelante.

Finalmente, después de varios meses de ser mantenido prisionero en los Estados Unidos, **Santa Anna** fue liberado y arribó a Veracruz en febrero de 1837, permaneciendo refugiado en su hacienda Manga de Clavo, sin participación en el ámbito político y soportando los cuestionamientos y reproches hacia su persona, por el desastre de la campaña de Texas, pero, ante todo, sufriendo hondamente el deterioro de su imagen de salvador de la patria. El héroe de Tampico, había sido burdamente sorprendido, derrotado y hecho prisionero, por unos insignificantes milicianos, perdiendo su aureola de invencibilidad, y esfumándose aquella imagen de prócer de la patria, a la que había sido elevado, tras la obtención de la capitulación de **Barradas**, jefe de la expedición española de 1829.

Volviendo a los acontecimientos del bombardeo francés, sobre el Castillo de San Juan de Ulúa. Al enterarse **Santa Anna** del inminente ataque, marchó solo y por iniciativa propia hacia el lugar de los hechos. El general **Gaona**, aunque comprendía que su excelencia no ostentaba ningún nombramiento oficial por parte del gobierno mexicano, ni mando de tropa en las acciones de defensa, aún respetaba y admiraba a **Don Antonio**, por lo que, consultó también con él la posibilidad de rendir la fortificación. **Santa Anna** sugirió hacer explotar el castillo, antes de abandonarlo a las tropas francesas, pero los demás oficiales no coincidieron con tan peregrina idea y finalmente, después de solicitar una tregua con los franceses para la atención de los heridos, la cual fue rotundamente negada por el contralmirante francés **Baudin**, los defensores de Ulúa, firmaron la capitulación, en la que se acordó que las tropas francesas ocuparían el castillo, permitiendo que los defensores mexicanos lo abandonaran, llevando consigo todos sus pertrechos, armas y estandartes.

Por su parte, el gobernador del puerto de Veracruz, **Don Manuel Rincón**, entendiendo que carecía también de elementos para batir a las tropas francesas, que contaban con 3400 infantes, deseosos de destacar en combate, pues se encontraban acompañados, nada más y nada menos que por **el príncipe de Joinville, Francisco Fernando**, hijo de su majestad el rey **Luis Felipe I**, acordó también la rendición de Veracruz sin combatir, ya que no deseaba que la población fuera arrasada por la artillería gala. Esto sucedió, tan solo horas después de la capitulación del castillo de San Juan de Ulúa.

Santa Anna, aunque también estuvo presente con **Don Manuel Rincón**, durante sus deliberaciones sobre resistir o entregar Veracruz, se abstuvo de opinar y de firmar cualquier documento, pues no quería afectar más, su ya de por sí, deteriorada imagen pública. Antes de retirarse del puerto, evaluó minuciosamente la situación sobre las fuerzas enemigas y al dirigirse a su hacienda Manga de Clavo, con el ansia de revancha y de resarcir su anteriormente gloriosa e impoluta reputación, tuvo el presentimiento de que el destino, muy pronto le brindaría esa posibilidad.

No se equivocó su excelencia. La madrugada del 4 de diciembre de 1838, recibió en su hacienda, una misiva del gobierno de México, donde se le nombraba jefe de las tropas mexicanas en Veracruz, cuya implicación era que, en adelante, sería responsable de las acciones para batir y expulsar a los franceses del puerto.

Cuando se recibió en la ciudad de México, la noticia sobre la capitulación del castillo de San Juan de Ulúa, ante el bombardeo francés, sin siquiera haber tenido lugar un asalto de tropas enemigas a la fortificación, así como la rendición del puerto de Veracruz sin haberse efectuado un solo disparo, los congresistas, ministros y la opinión pública, azuzada por la prensa, pusieron el grito en el cielo y no bajaron de traidores y cobardes, a los defensores de ambas plazas, principalmente a sus comandantes, el general **Gaona** y el general **Rincón**. La caída de la inexpugnable fortaleza de San Juan de Ulúa, ante el solitario bombardeo de una flota enemiga, que no tuvo que realizar ni un solo intento de tomar el castillo con sus tropas para obtener su rendición, causó eco incluso en Europa, quedando para la posteridad la declaración de **Arthur Wellesley**, el famoso **Duque de Wellington**, que logró la derrota definitiva en la batalla de Waterloo, del mítico emperador francés de origen corso, **Napoleón Bonaparte**, en la que expresó su asombro y perplejidad, ante un hecho de tan extraña naturaleza, pues no se había dado nunca en la historia conocida de los combates navales.

El gobierno mexicano, así como el congreso, se negaron a reconocer las rendiciones de Veracruz y de San Juan de Ulúa, pactadas con Francia por **Rincón** y **Gaona** y, declararon la guerra al país galo, nombrando a **Don Antonio López de Santa Anna**, como nuevo comandante del ejército mexicano, con la encomienda de recuperar el puerto, con la fuerza de las armas.

Esta era la oportunidad que había estado esperando **Don Antonio**, desde su retorno de Estados Unidos. Esta vez, se encontraba determinado a actuar con sumo cuidado y liberar la ciudad de Veracruz de la ocupación francesa. No podía darse el lujo de permitirse otro desastre como el de San Jacinto. Así, podría recuperar su imagen de salvador de la nación y, aquellos que lo habían señalado como traidor y cobarde por su trato con los rebeldes texanos, para salvar su vida, se arrepentirían y acudirían a implorarle perdón, de rodillas y humillados, o por lo menos así lo imaginaba el general **Santa Anna**.

Después de recibir el comunicado en su hacienda, su excelencia alistó su caballo y se dirigió velozmente a Veracruz, arribando al amanecer, y tomando rápidamente posesión del mando de todas las tropas acuarteladas en el puerto. La permanencia de las tropas mexicanas en Veracruz, a pesar de la ocupación francesa de la ciudad, se debía a que el general **Rincón**, había pactado con el contralmirante **Baudin**, disponer de una fuerza de seguridad conjunta y en igual cantidad, que se compondría de 1000 soldados franceses y de 1000 soldados mexicanos, para mantener el orden en el puerto. Las tropas mexicanas estaban distribuidas en distintos cuarteles, y apenas llegar, **Don Antonio** ordenó el cierre de todos los accesos y salidas a la ciudad, pues había tenido noticias, de que el **príncipe de Joinville**, se encontraba en la misma y pretendía hacerlo prisionero, como parte de su plan, para dar un primer y fuerte golpe a los franceses, empero, no lo consiguió, pues el **príncipe** había sido prevenido de ante mano del arribo del general **Santa Anna** y logró llegar a tiempo a las embarcaciones francesas, temiendo precisamente caer preso.

Posteriormente, el general **Santa Anna**, envió una comunicación a **Baudin**, en la que le informaba que, el gobierno mexicano, le declaraba la guerra a Francia, por el ataque a San Juan de Ulúa y Veracruz, y no reconocía ninguno de los términos de las rendiciones pactadas con los generales **Rincón** y **Gaona**, habiendo sido encomendado por el **presidente Bustamante**, para intimarle a abandonar el territorio y las costas nacionales, por cualquier vía, es decir, ya fuese por las buenas, o por las malas.

Su excelencia, que gozaba de notables facultades histriónicas y, gustaba de auto percibirse como una especie de Napoleón americano, tras enviar esta comunicación, muy probablemente, debió adoptar ante sus tropas, un talante inmarcesible y glorioso, superior incluso al que pudo haber asumido el general y gran conquistador romano **Julio César,** tras derrotar a las tropas de su archirrival **Pompeyo**, en la batalla de Farsalia.

Pero no le duraría mucho su actitud triunfal a **Santa Anna**, pues en la madrugada del 5 de Diciembre de 1838, una serie de detonaciones de artillería y fusilería, despertaron de forma intempestiva al cuerpo de guardia que vigilaba la residencia donde había instalado su cuartel general **Don Antonio**, en donde hasta ese momento, dormía con una placidez, reservada únicamente para aquellos hombres que carecen de la más mínima mácula en su conciencia, o bien, de la capacidad de sentir vergüenza, opción que seguramente era más acorde con la personalidad de **su excelencia**.

Los disparos correspondían a un ataque ordenado por el contraalmirante francés **Baudin**, en represalia por el desconocimiento, de los acuerdos de rendición, pactados con **Rincón** y con **Gaona**, así como por el intento de **Santa Anna**, de capturar a su alteza real, el **príncipe de Joinville**.

El objetivo principal del ataque francés, era capturar a su excelencia, e inutilizar las piezas de artillería, emplazadas en los distintos cuarteles ubicados dentro de las murallas del puerto. 1500 soldados galos, avanzaron hacia el interior de la ciudad, divididos en tres columnas, una de las cuales, iba comandada por el **príncipe de Joinville**, que se dirigía con determinación hacia la residencia en donde se encontraba pernoctando **Don Antonio**, junto con la mayoría de sus oficiales.

Cuando la guardia de **Santa Anna**, se percató del ataque, los franceses estaban ya encima de ellos, trabándose un fiero y cruento combate de fusilería y también al arma blanca, con sable y bayoneta. Muchos soldados mexicanos murieron, ante la sorpresa y rapidez de aquel embate, y su excelencia, aprovechando aquella confusión, logró escapar, colándose entre la refriega, cuidándose de no llevar puesta su chaqueta y sombrero de general, para pasar desapercibido entre el enemigo. **Don Antonio** se había prometido a sí mismo, nunca más experimentar otro San Jacinto, pero ante aquel ataque, por muy poco se salvó, de repetir aquella vergonzosa tragedia.

La lucha cundió por todo el puerto, pues los franceses habían atacado los puntos en donde se encontraban los cuarteles mexicanos. El general **Santa Anna**, volvió a errar en la dirección de las tropas, ya que en lugar de distribuir patrullas en todo el puerto, para alertar a tiempo sobre cualquier incursión enemiga, y dejar una fuerza de reserva en cada fortificación, ordenó acuartelar a la totalidad de las tropas, dejando una mínima vigilancia, lo que fue magistralmente aprovechado por los franceses, que con la ventaja de la sorpresa, lograron tomar casi sin dificultades la mayoría de los fuertes, a excepción de unos pocos como el fuerte de la Merced, que era defendido con gallardía y valor por los soldados mexicanos, que actuaban casi sin dirección, pues muchos de los oficiales, habían sido muertos, heridos o habían huido a refugiarse en las afueras de las murallas de la ciudad, recalando a un punto llamado el matadero, al que acudiría también el general **Santa Anna**, tras su milagroso escape de las manos del príncipe francés que, aunque sufrió un gran disgusto, al no poder ponerle la mano encima al escurridizo de **Don Antonio**, sí pudo capturar al general **Mariano Arista**, que se encontraba como segundo al mando, entre la oficialidad mexicana.

En el matadero, **Santa Anna** logró reagrupar a la mayoría de las tropas dispersas durante el relampagueante ataque galo, tratando de prestar auxilio, a los soldados que habían permanecido combatiendo en forma aislada en los fuertes que aún no habían sido tomados por el enemigo, sin obtener demasiado éxito. Por su parte, los franceses se dedicaron a inhabilitar cuanta pieza de artillería mexicana caía en sus manos, procurando dejar indefensa la ciudad, ante futuros ataques o bombardeos de parte de la flota de **Baudin**.

Los combates continuaban y el número de muertos y heridos, era considerable en ambos bandos. Los franceses lograron tomar posiciones importantes, sin embargo, al agotarse el efecto sorpresa de su ataque, la lucha empezó a nivelarse y a estancarse en un punto en el que ya no lograban avanzar más, considerando que el número de sus efectivos era reducido, así como por la férrea resistencia de los soldados mexicanos que no abandonaron sus puestos y seguían respondiendo ante el intento de avance francés.

Por su parte, **Santa Anna**, quien se encontraba ya, fuera de peligro, portando elegantemente su uniforme de general en jefe, y deliberando sobre el próximo paso a tomar, ante aquella compleja situación provocada por él mismo, al no instaurar vigilancia suficiente, igual que en San Jacinto, recibió de pronto noticias referentes a un aparente repliegue enemigo hacia el muelle. Ante esto, su excelencia montó su caballo, acompañado de 300 hombres y, protegido por las murallas de la ciudad, fue acercándose a las inmediaciones del muelle, para comprobar los informes sobre la retirada gala. Efectivamente, los franceses retrocedían hacia sus naves, pero no por considerarse derrotados, sino porque el objetivo de su desembarco, sobre inhabilitar la artillería del puerto había sido ya cumplido, únicamente habían fallado en capturar a **Don Antonio**, pero considerando el saldo de los hechos, la incursión había sido todo un éxito para las fuerzas de su majestad el **rey Luis Felipe I** de Francia.

Al contemplar la retirada de las tropas galas, liderados por el **príncipe de Joinville**, quien se hallaba ya, un uno de los botes que le conducirían de regreso a la nave insignia de su flota, y confirmando que únicamente permanecía un grupo aproximado de 80 soldados franceses resguardando el muelle, con una pieza de artillería de a ocho, **Santa Anna** sintió que era su momento para atacar y ataviarse una vez más con la dorada e imperecedera grandeza de los héroes. Ya se imaginaba **Don Antonio**, el parte que daría al **presidente Bustamante**, y la gloria que lo restituiría, como el único y más grande salvador, que nuestra joven patria hubiese podido tener hasta ese momento.

Eso y mil cosas más, pasaron por la mente de su excelencia en aquel breve instante, hasta que, desenvainando su espada, al tiempo que embravecía y hacía relinchar su hermoso caballo blanco, exclamó con gran brío a sus tropas:

HIJOS DE MÉXICO

"Hijos míos, a escasas varas de distancia, sobre el viejo muelle, se yerguen soberbios y orgullosos, los odiosos invasores que amenazan la libertad de nuestra nación y, hallándonos nosotros entre los hijos más caros de esta tierra, hemos de hacerles pagar con sangre, el ultraje que con su sola presencia infieren a nuestra amada patria. Soldados de México, calad prestos vuestro acero, pues en el nombre de Dios y en el de república, vamos todos al ataque".

Acto seguido, el general **Santa Anna**, se lanzó frenéticamente y a todo galope al frente de sus 300 hombres, cargando contra el contingente galo del muelle. Los franceses, al percatarse del ataque mexicano, dispararon la pieza de artillería que tenían emplazada. Dicha pieza no era francesa, sino mexicana, y era una de las más de 60 que habían logrado arrebatar a las posiciones nacionales. El disparo fue certero y brutal, dejando fuera de combate a un puñado de infantes mexicanos, incluyendo al propio **Don Antonio**, quien salió despedido de los lomos de su caballo, rodando a varios metros del mismo. El corcel fue muerto al instante por los impactos de la metralla y **Santa Anna** había quedado gravemente herido de su pierna izquierda y de una de sus manos. Los soldados mexicanos, al ver que su general en jefe había caído, detuvieron el ataque, pero continuaron hostilizando a los franceses con disparos de fusil, hasta que el último soldado galo, hubo abordado los botes para la retirada.

El general **Santa Anna**, fue rápidamente trasladado a los Pocitos, población cercana a Veracruz, para recibir atención médica, no obstante, a pesar de su frágil estado, pues se debatía entre la vida y la muerte por aquella delicada herida, era consciente del inmediato y furioso bombardeo que invariablemente acaecería sobre el puerto de Veracruz, como represalia por parte de la flota francesa, ordenando por tanto, la evacuación general de la ciudad, a excepción de las tropas de artillería, dispuestas en las diferentes fortificaciones para responder lo mejor posible al embate francés.

Como había sido previsto, el contralmirante **Baudín**, ordenó un poderoso ataque de artillería, que devastó buena parte de la ciudad, lanzando más de 8000 bombas sobre Veracruz, pero esta vez, los artilleros mexicanos, a pesar de encontrarse en la ya consabida desventaja de municiones y cañones, contestaron al fuego rabiosamente y con gran puntería, demostrando tal valentía y pundonor, que dejó asombrados incluso a los propios franceses que, a diferencia de lo ocurrido durante el bombardeo del castillo de San Juan de Ulúa, sufrieron las de Caín, para lograr minar las baterías mexicanas.

Debido a sus heridas, **Santa Anna** tuvo que ser amputado de su pierna izquierda, además de perder un dedo de la mano. Pero su ánimo, lejos de decaer, se había elevado al máximo, pues sabía que los hechos ocurridos, lo colocarían nuevamente en la palestra, como el más importante prócer de la patria, en su era independiente. El salvador de México, **Don Antonio López de Santa Anna**, había regresado y, mucho habría de costar a nuestro país, aquella gesta del general jalapeño, ya que, debido a la fama que adquiriría su excelencia con ella, se mantendría muchos años más como uno de los personajes más influyentes en los destinos de la nación. Los episodios más oscuros, por los que tendría que atravesar nuestra querida patria, aún estaban por acontecer.

Días después del bombardeo a Veracruz, se tuvo noticia de que, la **Reina Victoria** de Inglaterra, consternada por la afectación de los intereses de la corona inglesa y de sus súbditos en México, debido al bloqueo comercial francés y al estado de guerra que imperaba en nuestra nación, se ofreció a mediar entre los dos países, para coadyuvar en la consecución de un acuerdo que pusiera fin al conflicto. Tanto México como Francia estuvieron de acuerdo en reanudar las negociaciones con la mediación de Inglaterra y, a finales de diciembre de 1838, una flota de navíos con bandera inglesa, arribó a las costas mexicanas, con la presencia del señor **Richard Packenham**, quien fungiría como representante de Inglaterra durante las pláticas de paz.

Finalmente, después de largas deliberaciones, se llegó a un acuerdo en el que México se comprometía a pagar a Francia, la cantidad de $600,000 pesos, para cubrir la totalidad de las reclamaciones galas. El pago se haría en 3 parcialidades y no se incluía ningún otro convenio de carácter comercial o de privilegios para los súbditos franceses, así como ninguna compensación adicional por los gastos de guerra erogados por la marina francesa que, seguramente, habían superado o se habían acercado a la cantidad referente a las compensaciones reclamadas. El acuerdo de paz fue firmado por ambas naciones, el 9 de marzo de 1839, iniciando Francia el retiro de sus tropas hasta el 7 de abril del mismo año, finalizando así el conflicto que, además de una cuantiosa pérdida de vidas, dejó a México, un perjuicio económico, calculado en más de 3 millones de pesos, considerando los ingresos que se dejó de percibir por el bloqueo naval francés, así como los daños a la infraestructura de Veracruz, más los gastos militares durante la defensa.

Por su parte, Francia, que también sufrió una considerable pérdida de vidas humanas, y un gasto militar importante, no pudo evitar el escarnio de la comunidad internacional, pues de los $600,000 pesos cobrados a México, poco más de $200,000, quedaron en las arcas francesas, debido a la falta de reclamantes, lo que evidenciaba y exhibía, lo exagerado de aquellas reclamaciones, a pesar de que algunas de ellas eran legítimas y de que, el país galo, fue capaz de llevar la guerra a una lejana y débil nación, por nimiedades, dejando entrever que, muy posiblemente, Francia atacó a México, con miras mucho más ambiciosas que cobrarse una simple suma de dinero. Quizá sus pretensiones eran probar suerte en una posible conquista de nuestro país, objetivo del que seguramente desistieron, al medir la fuerte resistencia que se les opuso durante su aventura.

México, aunque derrotado, pues finalmente hubo de ceder al pago de las reclamaciones galas, logró defender y mantener su soberanía por segunda ocasión, ante otra potencia de primer orden, dirigiendo un mensaje al mundo y manifestando que, a pesar de nuestra debilidad económica, militar e inestabilidad política, éramos una nación orgullosa, que no rehuía el combate y era capaz de luchar con valor, a pesar de la superioridad del enemigo, sin embargo, paralelamente proyectábamos también la imagen de una patria dividida y sumida en el caos, lo que no tardaría en ser aprovechado por nuestro vecino del norte, quien propinaría a México, la peor de cuantas derrotas hayamos sufrido en toda nuestra historia, arrebatándonos más de la mitad de nuestro territorio, pero de ello, hablaremos en el siguiente capítulo.

TERCERA INTERVENCIÓN EXTRANJERA. PRIMERA INVASIÓN DE ESTADOS UNIDOS A MÉXICO (1846-1848)

A tan solo 9 años de la firma del tratado de Velasco en mayo de 1836, por los dirigentes del movimiento secesionista texano y, el entonces presidente de la república mexicana, general **Antonio López de Santa Anna**, quien durante la rúbrica de aquél acuerdo, se encontraba en calidad de prisionero de su vencedor, el general texano **Samuel "El Cuervo" Houston**, en el que se reconocía la independencia del territorio de Texas, en detrimento de nuestro país, documento que nunca fue avalado por el congreso ni por el gobierno nacional mexicano; el 28 de febrero de 1845, el congreso de los Estados Unidos de América, aprobaba oficialmente, la anexión de la república de Texas, como un estado más de la Unión Americana.

Esta acción, por parte del gobierno de Estados Unidos, era una abierta declaración de guerra en contra de México, pues a pesar de que el ejército mexicano, se retiró del territorio texano tras la derrota de **Santa Anna** en la fatídica batalla de San Jacinto, el gobierno de la república, no reconoció en ningún momento, la validez del tratado de Velasco, que el general **Santa Anna** pactó con los rebeldes Texanos y, por ende, Texas seguía siendo considerada como parte de México.

Ante esta situación, el lector podría preguntarse con justa razón ¿Por qué si Texas permaneció en forma independiente, por espacio de 9 años, el gobierno mexicano no puso en marcha nuevos esfuerzos para recuperar aquél inmenso y rico territorio, formando un renovado ejército que marchara otra vez contra los insurrectos, y los expulsara definitivamente de nuestra tierra? La respuesta a esta natural interrogante, muy probablemente se haya esbozado ya en el pensamiento y las reflexiones del lector, y no es otra que el caos político, la desunión, las pugnas internas y la falta de conciencia nacional que imperaba en la mayoría de los personajes que conducían los destinos del país, quienes actuaban con gran egoísmo, guiados únicamente por su desmedida y abyecta ambición personal, provocando luchas fratricidas en las que se disputaban el poder a sangre y fuego, debilitando cada vez más a nuestra ya de por sí, inoperante y convulsa patria. En el lapso de 1836 a 1845, México no contó con recursos ni con la voluntad política de recuperar Texas, pues debió enfrentar la invasión francesa de 1838 (Guerra de los pasteles), así como diversas revueltas y pronunciamientos facciosos de los generales mexicanos, en los que una y otra vez, desconocían al gobierno en turno, buscando encumbrarse en el poder, apropiándose de la presidencia de la república. Entre estos generales, estaba por supuesto **Don Antonio López de Santa Anna,** quien fue el principal instigador y protagonista de algunos de aquellos levantamientos, y ocupó y dejó el poder ejecutivo, en más de una ocasión, no obstante, tras unos años de desastroso gobierno, en el que la crisis económica y social, se agudizó más que en cualquier otro momento de nuestra corta historia hasta entonces, debido a los impuestos y préstamos forzosos instituidos por su excelencia, con los que financiaba su política de despilfarro, así como la inaudita extravagancia con que colmaba y agasajaba a su corte y más fieles aduladores, superando incluso, en lujo y oropel, a varias cortes reales europeas, dando cuenta de ello, diversos dignatarios extranjeros que tuvieron a bien participar en los memorables y concurridos banquetes celebrados por **Don Antonio**, fue finamente derrocado y posteriormente exiliado del país en 1845, tras una revuelta popular impulsada por algunos de sus adversarios políticos, en la que las multitudes repudiaron y por momentos clamaron a gritos por la cabeza del caudillo, sin embargo, para desgracia de nuestro querido México, tras un breve período en el extranjero, **Santa Anna** retornó para ser partícipe y consumar, uno de los capítulos más oscuros de nuestra historia, tras la guerra con los Estados Unidos de América, sufriendo la pérdida de más de la mitad de nuestro territorio, de una forma infame y por demás injusta.

Anterior a la decisión del congreso estadounidense, de aprobar la anexión definitiva de Texas, el gobierno anglosajón, continuó sus ofrecimientos al gobierno de México, para que a cambio de una cantidad de dinero contante y sonante, reconociera la independencia de dicho territorio, con miras a brindar legitimidad a la inminente adhesión y evitar el subsecuente conflicto con nuestro país, sin embargo, al negarse las autoridades mexicanas a aceptar dicho acuerdo, se acrecentaron las tensiones entre ambas naciones. Estados Unidos y los rebeldes texanos, realizaban provocadoras incursiones militares a nuestro territorio, con el propósito de detonar un conflicto, que justificara la declaración de guerra a México y la puesta en marcha de su anhelado proyecto de invasión a nuestro país, con el que buscarían no solo obligarnos a reconocer la independencia de Texas, sino a ceder la mayoría de nuestros territorios del norte, que hacían frontera con la unión americana, y que en la actualidad, se traducen en las regiones de Nuevo México, Arizona, California, Nevada, Utah, Oklahoma, Kansas entre otras.

Los Estados Unidos de América, habían sido la primera nación del continente americano en declarar su independencia del yugo europeo, en este caso, del imperio británico en 1776 y, tras algunos años de guerra, consumaron la emancipación de sus 13 colonias en 1783, con la firma del tratado de París. Desde sus inicios, "los americanos", como ellos mismos se autodenominaban, se habían sentido predestinados a ser la nación dominante del hemisferio, y desde entonces, orientaron sus esfuerzos a la expansión de su territorio, principalmente hacia las ricas regiones del sur, que para entonces estaban bajo la potestad de la Nueva España y en menor medida de Francia. En 1803, Estados Unidos compró a la Francia de **Napoleón Bonaparte** los inmensos territorios de Luisiana, que hicieron que los Estados Unidos, pasaran de contar con 2,305,000 kilómetros cuadrados de territorio a 4,631,000 kilómetros cuadrados, duplicando así su extensión territorial, posteriormente, en 1819, tras el tratado Adams/Onís, en el que se fijó la frontera entre los Estados Unidos y la Nueva España, el gobierno estadounidense, negoció con la corona española la cesión de la región de la Florida, aumentando así, las ya de por sí inmensas proporciones de la joven nación angloamericana. Tras las subsecuentes emancipaciones de los demás países de América a principios del siglo XIX, incluyendo México, comenzaron su labor intervencionista, enviando agentes y representantes de su gobierno hacia las nuevas repúblicas, con el objetivo de sembrar la discordia y la división interna de cada patria, por medio de la creación de diversos ritos masónicos, en los que se promovía un enconado enfrentamiento entre las distintas facciones políticas de cada país, provocando rebeliones y golpes de estado, que las debilitaban y dejaban en desventaja, con respecto al poderío e influencia que ejercían los Estados Unidos, quienes a pesar de encontrarse también inmersos en disputas y diferencias internas de diversa índole, que los llevaría a enfrascarse en una guerra civil de 1861 a 1865, entre abolicionistas y esclavistas, habían logrado mantener desde su independencia, un gobierno relativamente estable, logrando importantes avances en sus proyectos para consolidarse como una nación poderosa y de gran importancia en el orbe. En 1824, el gran libertador, **Simón Bolivar**, convocó a las distintas naciones americanas, recién emancipadas de España, a una cumbre, con el objetivo de forjar una confederación, que velara por los intereses mutuos de los países de la región, así como de protegerse en forma conjunta, ante cualquier amenaza de intervención o reconquista europea, mediante la creación de una alianza militar, que abarcara todo el continente americano. Uno de los mayores anhelos del mítico general **Bolivar**, era que todos los países hispanoamericanos, se unieran en uno solo, pues compartíamos la misma cultura, idioma y religión, proyectando así, la creación de una super nación, que habría rivalizado con cualquier potencia europea de la época, sin embargo, era de esperarse que tal concepto, fuese temido y rechazado por los Estados Unidos, quienes no deseaban la unión con los demás países americanos, sino el dominio de los mismos, por lo que durante el **Congreso Anfictiónico de Panamá** celebrado del 22 de Junio al 5 de Julio de 1826, convocado por **Bolivar** y al que asistieron representantes de la Gran Colombia, Perú, Bolivia, Guatemala (Centro América) y México, se enviaron representantes estadounidenses, que finalmente no participaron en el congreso y que, al continuar las deliberaciones en el mes de Agosto del mismo año, en Tacubaya, México, en donde sí estuvo presente un representante del gobierno yanqui, los Estados Unidos, rechazaron la idea de integrarse a los demás países como confederación y a brindar apoyo militar contra España, no obstante, manifestaron su interés de consolidar lazos de índole comercial, dejando en claro su posición de alejamiento en cuanto a sus objetivos y concepciones políticas, con respecto al resto de las naciones de América.

Para México, la vecindad con Estados Unidos, representó desde el principio, una seria preocupación y una situación de riesgo, pues la nación con raíces anglosajonas, aunque aún no demostraba la virulenta beligerancia que la distinguiría en forma emblemática, desde mediados del siglo XIX y durante todo el siglo XX, e incluso hasta la fecha, sí manifestaba ya en forma abierta su voracidad y agresividad, con su insistente interés en adquirir territorios de Nueva España y posteriormente de México. Los

Estados Unidos de América, eran conscientes de su superioridad militar, financiera y de organización, con respecto a nuestro país, lo que les daba una clara ventaja ante un hipotético conflicto armado, no obstante, conocían también la dificultad que representaría México, debido a su basta y estratégica extensión territorial, así como por la beligerancia arraigada tan hondamente en nuestra cultura, pues nuestro país había dado muestras, de que a pesar de las condiciones tan adversas que atravesábamos, los mexicanos no rehuíamos al combate, ni siquiera contra las grandes potencias europeas. Por otra parte, el gobierno estadounidense, abrigaba preocupación, por el gran potencial natural que significaba un país como México, para convertirse en una nación fuerte y poderosa, que rivalizara militar y económicamente con los Estados Unidos, pues nuestra riqueza natural e inmenso territorio, establecían condiciones idóneas para conseguirlo, siempre y cuando lográramos acabar con nuestras perennes pugnas y guerras fratricidas, que nos sumían en la más profunda de las crisis, situación que el país de las barras y las estrellas, buscó por todos los medios evitar, pues bajo ninguna circunstancia, permitiría la existencia de dos gigantes en el continente americano.

Las miras expansionistas de los estadounidenses, se habían dejado entrever desde sus primeros años como nación soberana, y sus proyectos para ampliar sus fronteras, se habían manifestado también ante sus vecinos del norte, es decir, con las colonias canadienses, que aún se encontraban bajo el control de la corona inglesa. En 1812, bajo el pretexto de las restricciones al comercio, que el imperio británico impuso entre sus colonias de Canadá y Los Estados Unidos, además del apoyo que Inglaterra daba a los pueblos nativos de Norteamérica en contra de las fuerzas armadas estadounidenses, que buscaban apropiarse de sus territorios, el gobierno norteamericano, decidió declarar la guerra a la corona inglesa y lanzó una invasión a las regiones fronterizas canadienses, siendo ésta repelida con energía por parte de las tropas británicas que, a pesar de encontrarse en desventaja numérica, debido a la guerra que Inglaterra libraba en aquél entonces en Europa contra el poderoso ejército francés de **Napoleón Bonaparte**, dejaron al descubierto, la falta de pericia de los oficiales estadounidenses, así como la inferioridad en cuanto a adiestramiento que exhibían sus unidades regulares de combate. Durante este conflicto, que duró desde 1812 a 1815 (período en el que México aún se encontraba en la lucha por obtener su independencia), los Estados Unidos de América, sufrieron una de las peores humillaciones militares de su historia, pues en agosto de 1814, las tropas británicas ocuparon su ciudad capital, Washington D.C, incendiando gran parte de los edificios públicos, incluyendo la casa blanca y el capitolio.

El conflicto entre estadounidenses y británicos, finalizó con el tratado de Gante, en el que las fronteras de cada nación, quedaron delimitadas de igual forma, que antes de iniciadas las hostilidades, frustrándose así, la intentona americana, de expandir sus fronteras, a costa de las colonias inglesas en Canadá, quedando de manifiesto que, para los americanos, no sería fácil arrebatar territorios que aún se encontraran en manos de las potencias europeas, lo que provocó que volcaran casi por completo sus energías, en expandir sus fronteras hacia el sur, es decir, hacia México.

En toda guerra, los recursos financieros, la calidad y letalidad del armamento, así como el número de soldados, siempre han sido fundamentales para alcanzar la victoria, no obstante, en el año de 1846, cuando estalló el conflicto entre mexicanos y americanos, las diferencias que existían en los aspectos mencionados, si bien eran considerables y favorecían a los Estados Unidos, no eran tan abismales como en la actualidad. En aquellos años, aunque nuestras tropas contaban con armamento viejo, deficiente y prácticamente inservible, además de carecer de parque suficiente y de recursos para equipar, adiestrar y pagar los sueldos de nuestros soldados, el valor y la fiereza combativa de nuestro ejército, era equiparable al de los mejores soldados del mundo, lo cual había sido probado ya en el campo de batalla, contra España y contra Francia, cuyos ejércitos eran catalogados como dos de los mejores del orbe y, en cierta medida, esto nivelaba las desigualdades y carencias que exhibían nuestras unidades, ante el poderoso, moderno, disciplinado y excelentemente equipado, ejército americano.

Posterior a la anexión de Texas, por parte del gobierno estadounidense, se rompieron las relaciones diplomáticas entre ambas naciones, y los dos países enviaron tropas a sus fronteras, previniendo una incursión militar de represalia. México, desde 1843, había declarado por medio de su representación diplomática, que la anexión de Texas, por parte de Estados Unidos, sería considerada como una declaración de guerra, por lo que la unión americana, era consciente de lo que desencadenaría la decisión de vincular el estado texano con su territorio, y aceleró sus preparativos ante el inminente enfrentamiento, pues juzgaban imposible cualquier arreglo por la vía pacífica, ya que México nunca aceptaría la anexión de un territorio que consideraba suyo por derecho.

Cuando aconteció la anexión de Texas, era presidente de México, el general **José Joaquín de Herrera**, que había sustituido a **Santa Anna**, tras su exilio en 1845. **Don José Joaquín**, hubo de enfrentar aquella precaria e inenarrable situación, con gran entereza y patriotismo. El estado en que se encontraban las finanzas públicas era paupérrimo, el gobierno estaba endeudado hasta las orejas y no había dinero para pagar los sueldos de los soldados y mucho menos para los salarios de los servidores públicos, incluyendo el del propio presidente. La administración de **Santa Anna**, se había conducido con una opulencia y despilfarro, verdaderamente ultrajante, dejando las arcas completamente vacías, así como una innumerable cantidad de deudas con usureros y prestamistas que exigían exorbitantes tasas de interés. El **presidente Herrera**, solicitó al congreso su aprobación para contratar un préstamo de 15 millones de pesos, para la integración de un ejército que marchara a Texas, e intentar recuperarla, no obstante, mientras México apenas iniciaba los preparativos para armarse ante el conflicto, Estados Unidos contaba ya con tropas estacionadas en territorio texano, dispuestas para defender la anexión, además de un ejército considerable, dotado de equipo y armamento de primera calidad, lo que contrastaba con las escasas, mal armadas, y harapientas tropas con que contaba nuestra joven patria. En cuanto a organización, presteza y preparativos, Estados Unidos había ganado ya el primer round de aquella contienda que aún no iniciaba.

James Knox Polk, era el nombre del hombre que fungía como presidente de los Estados Unidos de América cuando estalló el conflicto con México y, orquestó la maquinaria propagandística en territorio americano, para promover la guerra con nuestro país, lo que era rechazado en su mayoría por la opinión pública estadounidense, pues el pueblo americano, no quería enfrascarse en un sangriento conflicto con un país al que consideraban hermano y que en ningún momento había incurrido en un agravio que justificara una declaración de guerra. La guerra con México, no la hizo el pueblo americano, sino su gobierno, que buscó por todos los medios acorralar al estado mexicano, para arrebatarnos por medio de las armas, lo que por derecho no podían.

A pesar de que las relaciones entre ambos países, se habían roto, el presidente **Polk**, envió a México, al señor **John Slidell** en Noviembre de 1845, en carácter de ministro plenipotenciario de los Estados Unidos ante nuestro país, para tratar una vez más de obligar al gobierno de México, a reconocer la anexión de Texas, a cambio de una indemnización, así como para proponer la compra de los territorios de Nuevo México y las Californias, no obstante, el presidente **Polk**, sabía de ante mano que México se negaría nuevamente en forma categórica a aceptar tal acuerdo, y de que la posibilidad de lograr acordar la cesión por la vía pacífica, era prácticamente nula. Lo que el presidente americano realmente buscaba, era tener un *Casus Belli*, para dar inicio al conflicto y justificar sus acciones de guerra ante el congreso y el pueblo estadounidense. Ante la negativa de México, podría esgrimir la excusa de que había agotado todas las vías diplomáticas existentes para la resolución del conflicto, obteniendo su tan ansiada luz verde para movilizar sus tropas y hostilizar al ejército mexicano. El presidente **Polk**, aseguraba que había documentos que probaban, que los primeros en reclamar las tierras texanas, habían sido exploradores ingleses, por lo que consideraba que Texas, había pertenecido originalmente a Inglaterra y, por ende, Estados Unidos tenía el derecho legítimo de reclamarla, lo que, aunque carecía de todo sustento, así como de reconocimiento oficial, sirvió para disfrazar con una aparente legalidad, el proyecto de invasión que promovía con tanta vehemencia. El gobierno estadounidense, se había preparado para la guerra, desde antes de la anexión de Texas, promoviendo la migración constante de sus ciudadanos a las regiones de California y Nuevo México, emulando la estrategia utilizada con Texas, años atrás y, cuando el presidente **James Polk**, comenzó su campaña para provocar la guerra con México, ofreció su apoyo incondicional para dotar con armas, dinero y pertrechos de toda clase a los migrantes estadounidenses y europeos que habían llegado recientemente a los territorios mexicanos deseados, si aceptaban rebelarse y declarar aquellas regiones como independientes de la república mexicana.

Antes del rompimiento definitivo de hostilidades entre México y Estados Unidos, sucedió un hecho que es poco conocido, pues arribó a la capital del país, una comitiva integrada por representantes del estado rebelde texano, quienes buscaban un acercamiento con el gobierno de México, antes de aceptar en forma definitiva su anexión a territorio estadounidense. ¿Qué buscaba aquella comitiva texana al acercarse a México, después de haber peleado por largos años para independizarse de nuestro país y de haber incluso hecho incursiones en nuestro territorio, con fines de expandir su república, más allá del estado de Texas? ¿Se trataba de una burda estratagema, promovida por el gobierno estadounidense del presidente **James K. Polk**, para confundir y dividir aún más a la opinión pública y al congreso mexicano? ¿Qué sucedería si el **presidente Herrera** recibía a representantes de un gobierno al que México no reconocía en primer lugar? Todas estas interrogantes, además de muchas otras, debieron pasar por la cabeza de **Don José Joaquín** y su gabinete, no obstante, el presidente mexicano veía en esta coyuntura, la posibilidad de un hipotético arreglo, evitando el sufrimiento, la ruina y la muerte que con toda seguridad sobrevendrían ante la inminente guerra que acechaba a nuestra patria y, después de reflexionar detenidamente y con total conciencia del rechazo y los airados reclamos que su decisión provocaría en la prensa y en la opinión pública, por todo lo que ello implicaba, solicitó autorización al congreso mexicano para entablar conversaciones con la delegación texana y hacer un último esfuerzo por evitar el conflicto armado, no obstante, el congreso no solo rechazó la solicitud del **presidente Herrera**, sino que llegaron incluso a tildar de traidor a **Don José Joaquín**, por haber osado presentar tal solicitud. Los rebeldes texanos, no podían tener una consideración distinta a la de miserables bandidos subversivos y, bajo ninguna circunstancia se entablaría conversación alguna con ellos, pues al hacerlo, México estaría reconociendo de facto, la legitimidad de dicha representación. La suerte estaba echada, México se encontraba acorralado, pues aceptar la anexión de Texas a cambio de una indemnización, habría sido considerada como una cobarde y oprobiosa postura, que laceraría para siempre nuestra dignidad y orgullo nacional ante los ojos del mundo. No había pues, otro camino que la guerra, empero, si pensábamos que la situación no podía complicarse más para México, tuvo lugar un acontecimiento, que queda como testimonio, de que nosotros mismos, más que cualquier otro factor externo, hemos sido los principales causantes de nuestras propias desgracias.

Mientras el gobierno del **presidente Herrera** emprendía toda clase de malabares, sacrificios y titánicos esfuerzos para tratar de unir a las distintas facciones políticas y conformar un ejército que se encargase de la defensa del territorio nacional, ante el inminente ataque estadounidense, las pugnas por el poder continuaban, y el 30 de diciembre de 1845, en vísperas de año nuevo, la totalidad de las guarniciones militares de la ciudad de México, se levantaron en armas, en contra del gobierno constitucional de **Don José Joaquín de Herrera**, enarbolando como jefe del movimiento, al general **José Mariano Paredes y Arrillaga**. ¿Cómo era posible que, ante tan terrible amenaza, lejos de que el país estuviera más unido que nunca para enfrentar la guerra, aquéllos que se supone serían los encargados de defendernos y de quien se esperaba el más alto ideal de patriotismo, honor y lealtad por su país, incurrieran en aquella infame y deleznable acción? Lo que sucedía era sencillamente inconcebible, y aunque en aquellos años, los pronunciamientos, golpes de estado y rebeliones, eran como el pan y las tortillas, es decir, eran algo de todos los días, ante tales circunstancias era verdaderamente inaceptable.

El **general Paredes**, había sido comisionado por el gobierno mexicano, para ponerse al frente del ejército de reserva que se había logrado integrar, como previsión ante la guerra con Estados Unidos, y se le dio instrucciones de marchar hacia la frontera, para brindar apoyo al ejército del norte, sin embargo, en lugar de cumplir esa orden, se dirigió con las tropas hacia la ciudad de México, y alegando falta de apoyo hacia las fuerzas armadas, proclamó su plan de San Luis, en el que desconoció al gobierno de **Herrera**, así como al congreso. Rápidamente, los distintos mandos militares, se adhirieron al plan, y sin mayor resistencia, el presidente **Herrera** fue depuesto, consumándose así el golpe de estado.

El espurio gobierno de **Paredes**, había hecho el compromiso para brindar su apoyo a un grupo conservador que, buscaba la imposición de una monarquía en México encabezada por un príncipe europeo, pues según sus consideraciones, era la única forma de detener la política expansionista de Los Estados Unidos, así como conseguir la tan ansiada pacificación del país, inmerso en inacabables disputas por el poder entre los distintos grupos. No obstante, la administración de **Paredes**, no logró encaminar dicho proyecto, debido a la urgencia de las múltiples contingencias que demandaban su atención, como la inminente guerra. Además, enfrentó las mismas dificultades que el gobierno del derrocado **general Herrera,** para llegar a consensos entre las diversas facciones políticas, que facilitaran la obtención de recursos que permitieran continuar apuntalando nuestro maltrecho ejército.

Por su parte, desde enero de 1846, Estados Unidos, había movilizado su flota, amenazando y bloqueando los puertos mexicanos del Golfo y del Pacífico, lo que no podía ser impedido en ningún modo, por nuestra insignificante marina de guerra. Así mismo, tropas estadounidenses, al mando del general **Zachary Taylor**, habían ocupado ya suelo texano, ubicándose en los márgenes del río nueces, lo que constituía una invasión a nuestro territorio, pues México aún consideraba a Texas como uno de sus estados.

Los primeros encuentros entre estadounidenses y mexicanos, fueron leves escaramuzas, en las que México sacó la mejor parte, como en la batalla de Rancho de Carricitos, suscitada en Abril de 1846, en la que un contingente de aproximadamente 80 dragones estadounidenses, quienes se hallaban explorando territorio texano, al mando del capitán **Seth Thornton**, fueron sorprendidos y derrotados por unos 1600 soldados mexicanos, dirigidos por el general **Anastasio Torrejón**, padeciendo en aquél encuentro 20 bajas entre muertos y heridos y quedando los 60 restantes en calidad de prisioneros, incluido su capitán. Este combate, sería utilizado por el gobierno estadounidense, como el pretexto idóneo para justificar la guerra que tanto había buscado el presidente **Polk**, alegando que México había invadido territorio americano y derramado sangre estadounidense, lo cual era a todas luces falso, pues México no reconocía a Texas como tierra angloamericana, sino como propia. El congreso de Estados Unidos, declaró la guerra a México el 13 de mayo de 1846 por este incidente, sin embargo, el primer choque de cierta importancia se dio en el ataque que el ejército mexicano realizó al fuerte Brown, instalado por los americanos, en forma casi frontal a la ciudad de Matamoros, en ese mismo mes de mayo.

En marzo de 1846, el **general Taylor**, cruzó el río nueces, internándose en territorio de Tamaulipas, es decir, no solo había ocupado el territorio en disputa, sino que ahora invadía territorio mexicano, reconocido por ambas naciones y se dirigió hacia Matamoros, acampando en una ranchería conocida con el nombre de frontón de Santa Isabel. Ante la llegada de las tropas invasoras, los valientes pobladores de aquella humilde ranchería mexicana, al carecer por completo de cualquier material bélico para enfrentar a los estadounidenses, decidieron abandonar el pueblo, no sin antes destruir y quemar, cuanto pudiera ser de utilidad para el enemigo. Este noble y patriótico acto de aquellos sencillos ciudadanos que, encendidos de fervor patrio, prefirieron quemar sus hogares y pertenencias, antes de verlos en poder del invasor, quedó para la posteridad como uno de los muchos ejemplos de heroísmo y valor que tuvieron lugar durante la invasión norteamericana y del naciente pero intenso sentimiento de conciencia nacional que permeaba entre el pueblo de México, lo que lamentablemente y para nuestra desgracia, no era replicado entre muchos de los hombres de mayor influencia política y militar del país, de quienes dependía en mayor medida la defensa de la patria y que ni ante una amenaza exterior, pudieron hacer a un lado sus diferencias y ambiciones, condenando así a México, a una inevitable derrota.

El **general Taylor**, estableció su campamento general en el frontón de Santa Isabel, y desde ahí planeó su estrategia para capturar la ciudad de Matamoros. Colocó a una parte de sus tropas casi frente a la ciudad, levantando una fortificación a la que con el tiempo, se le conoció como fuerte Brown, en honor a su comandante, el mayor **Jacob Brown**, desde donde se planeaba hostilizar aquella plaza, defendida por 3000 soldados del ejército mexicano del norte, comandados hasta ese momento por el general de origen cubano **Pedro Ampudia**; no obstante, antes de que **Ampudia** ejecutara su plan para batir a las tropas estadounidenses, fue relevado del mando y se designó al general **Mariano Arista**, como nuevo comandante general del ejército norteño. Hablamos del mismo general **Arista** que fue hecho prisionero por los franceses, durante los combates en Veracruz de 1838, en el contexto de la primera intervención francesa en México, conocida popularmente como guerra de los pasteles. **Ampudia** y **Arista**, no mantenían una buena relación y a raíz del nombramiento del segundo como general en jefe, se deterioró aún más.

La mañana del 3 de mayo de 1846, un contingente de 800 soldados mexicanos, dirigidos por el general **Ampudia**, atacó con fuego de artillería y cargó contra el fuerte defendido por 500 estadounidenses. Los invasores se defendieron con valentía, empero, las tropas nacionales, lograron hacerse con el control de la mayoría de los parapetos y baluartes que se encontraban en el exterior, haciendo la resistencia de los enemigos, cada vez más difícil y desesperada. El fuerte era comandado por el mayor **Jacob Brown** que, a pesar de las intimaciones de rendición recibidas, decidió seguir combatiendo, perdiendo la vida instantes después, al sucumbir ante el bombardeo mexicano.

El fuerte estaba por capitular, cuando el general **Ampudia**, recibió una comunicación en la que se le informaba sobre el arribo inminente de un numeroso contingente enemigo, dotado con poderosa artillería, que acudía a toda prisa para auxiliar a los sitiados. Ante esto, **Ampudia** decide concluir el asedio y dirige sus tropas hacia una llanura ubicada entre el camino que comunicaba la ciudad de Matamoros con el frontón de Santa Isabel, en donde el general en jefe **Mariano Arista**, acampaba ya con sus tropas.

Cuando **Arista** llegó a la llanura de la región conocida como **Palo Alto**, las tropas del general **Taylor** se encontraban ya formadas y dispuestas para el combate. Los estadounidenses se habían posicionado en un lugar que brindaba ventajas para la maniobra de sus unidades de infantería y caballería, contrario al ocupado por los mexicanos, que contaban en su flanco derecho con una extensión de terreno con elevaciones naturales y al lado izquierdo con un amplio tramo de superficie pantanosa que desfavorecía cualquier tipo de operación o avance a velocidad. Cuando **Ampudia** se unió con sus tropas al general **Arista**, tras el asedio del fuerte Brown, o Fort Texas como lo denominan algunos historiadores estadounidenses, los efectivos mexicanos alcanzaron un número aproximado de 3000 hombres, contra los 2500 que había dispuesto para el combate el general **Taylor**, no obstante, las diferencias entre ambos ejércitos se destacaban a simple vista. Por su parte, la milicia norteamericana, se encontraba debidamente equipada, con uniformes y calzado apropiados para las extenuantes jornadas de marcha naturales de la actividad, además de estar dotados con armamento moderno y eficiente, así como de abundante parque, una artillería superior y grandes reservas de alimentos, agua y servicios médicos de primera calidad. Los carros de vituallas y pertrechos ubicados en la retaguardia del ejército estadounidense, hacían una fila interminable, y la reposición de todo aquel inmenso tren de suministros, era constantemente proveído por una eficaz red de abastecimiento. Las condiciones del ejército invasor, eran un fiel reflejo del poderío financiero y de la gran capacidad de organización de la nación angloparlante, presentándose ante nuestros ojos, como una tropa disciplinada, sobria y bien armada.

Nuestros combatientes en cambio, aunque valerosos y con ansias de batirse con el enemigo, se encontraban en una situación en la que carecían hasta de lo más elemental, como calzado adecuado, uniformes y raciones suficientes de alimento, sin mencionar la desvencijada artillería y el obsoleto armamento con que contaban. Desde hacía años, los integrantes del ejército del norte mexicano, habían combatido con los indios bárbaros que amenazaban las poblaciones fronterizas, así como con los rebeldes texanos, que incursionaban a nuestro territorio. Eran pues aquellas harapientas y mal alimentadas tropas, soldados veteranos que, de haber contado con pertrechos suficientes y con un liderazgo adecuado, probablemente habrían podido dar una mejor muestra de su verdadera valía. Tristemente, era también nuestro ejército, un eco de lo que acontecía en nuestra patria, soldados pobres, pero nobles y valientes como nuestro pueblo, y generales soberbios, ambiciosos y desleales, como gran parte de nuestra clase política.

Transcurría ya el medio día del 8 de mayo de 1846, cuando los vigías mexicanos avistaron el movimiento de tropas americanas, que principiaron su marcha, buscando un encuentro franco con nuestras unidades, comenzando así, la primera batalla en campo abierto entre México y Estados Unidos. El general **Taylor**, consciente de la superioridad de su artillería, la situó en primera línea, y sin mayor preámbulo, ordenó romper el fuego contra nuestras posiciones. El angosto tramo de terreno en el que se ubicaban nuestros contingentes, hacía que las unidades mexicanas quedaran en una estrecha formación, lo que provocó que el poderoso fuego americano, causara grandes estragos entre las filas nacionales que, a pesar de la carnicería, continuaban en perfecto orden de batalla, gritando vivas a la patria y entusiasmados por poder entrar en combate.

Verdaderamente admirable debió ser, contemplar los arrestos y la serenidad con que se conducían los sodados mexicanos que, al encontrarse bajo aquel infierno de metralla, fuego y muerte, mantenían la disciplina, a la espera de las órdenes de sus oficiales. El general **Arista**, al escuchar las primeras descargas enemigas, ordenó contestar el fuego, con los cañones de mayor calibre con que contaba, empero, el corto alcance de aquellas vetustas piezas, con mucha dificultad alcanzaban los linderos de las posiciones enemigas, convirtiéndose rápidamente en una situación desesperada para nuestras tropas, pues los norteamericanos disparaban de forma inmisericorde sobre nuestras filas, causando una gran mortandad y nuestros cañones no les inferían ni el más leve rasguño, al no poder cubrir la misma distancia que la artillería americana. Era aquél, un espantoso escenario, en el que el olor a sangre, pólvora y muerte impregnó en su totalidad el campamento mexicano, que no daba crédito al hecho de estar siendo masacrados, sin poder siquiera responder. **Arista**, ordenó un ataque de caballería hacia el flanco derecho americano, pero lo agreste y pantanoso del terreno, dificultó el avance de los dragones mexicanos, que tuvieron que regresar al campamento, heridos y maltrechos, por el granado fuego de fusilería y artillería estadounidense.

La batalla continuaba y las tropas mexicanas, clamaban a sus oficiales para que les permitiesen lanzarse en un ataque general a bayoneta calada, pues no deseaban que su sangre siguiera derramándose en forma infructuosa y sin sentido, ante el bombardeo enemigo. Si habrían de morir, que fuera atravesando también el pecho de los americanos con sus sables y bayonetas, haciéndoles pagar muy caro aquella infame e injusta invasión. El comandante mexicano, no deseaba lanzar un ataque general, por temor a ser envuelto y sufrir el aniquilamiento de todo su ejército, y las dificultades del terreno, le maniataban para maniobrar con sus unidades y lanzar ataques por los flancos que pudieran copar y penetrar en las líneas enemigas. Ante esto, como era natural, la artillería y los tiradores yanquis, seguían haciendo un festín disparando a placer contra nuestras formaciones, amparados entre el humo de unos espesos matorrales que el general **Taylor** ordenó incendiar para confundir a nuestra artillería.

Finalmente, después de 4 o 5 horas de resistir el bombardeo enemigo, **Arista** terminó por ceder a las increpaciones de sus oficiales y las súplicas de la tropa, que le exhortaban encarecidamente para que les permitiera lanzarse al asalto de las líneas yanquis, ordenando un ataque frontal contra los americanos. Los soldados mexicanos, enfurecidos por la muerte de sus camaradas a manos de la artillería enemiga, se lanzaron con determinación a bayoneta calada, pero los americanos, al avistar el movimiento, intensificaron aún más el bombardeo y fuego de fusilería, destrozando aún más las filas nacionales, que avanzaban con valentía, al sonido de tambores y trompetas que los animaban al ataque. Por su parte, el general **Taylor**, quien no deseaba diezmar sus tropas con un enfrentamiento prolongado cuerpo a cuerpo y sintiéndose satisfecho con el daño infligido a las fuerzas mexicanas, al caer la noche, ordenó el retiro de su ejército hacia su campamento, dejando el campo de Palo Alto, regado por cientos de cuerpos de nuestros jóvenes y valientes soldados, habiendo sufrido a cambio, un insignificante número de bajas, que apenas si llegaba a 50 hombres entre muertos y heridos tras el desigual combate.

En aquel enfrentamiento, que a la postre sería conocido como la **batalla de Palo Alto**, el ejército mexicano del norte, perdió al 10 por ciento de sus hombres, pues de los 3000 efectivos que participaron, poco más de 300 fueron muertos o heridos y otros tantos desertaron o se dieron por desaparecidos. La indecisión y el mal planteamiento táctico del experimentado general **Arista**, que mantuvo sus tropas inmóviles durante tanto tiempo y que para cuando intentó reaccionar era ya demasiado tarde, se tradujo en la primera derrota formal de México, en aquella inicua guerra, siendo un oscuro presagio de lo que estaría por acontecer.

Ya en la mañana del 9 de mayo de 1846, tras el duro combate del día anterior, **Arista** retiró a su maltrecho ejército del campo de Palo Alto, tomando el rumbo hacia Matamoros, acampando en una barranca rodeada en sus extremos por una zona boscosa, conocida como **Resaca de Guerrero**. Era triste y lastimoso ver la marcha de aquellas derrotadas tropas que no contaban con personal médico ni con el más mínimo material o medicina para dar atención o disminuir la agonía y el dolor de sus heridos. Por su parte, el general **Taylor**, no se había dormido en sus laureles con la victoria obtenida, y al percatarse de la retirada mexicana, envió una partida de dragones americanos, para vigilar los movimientos y atacar nuevamente a las fuerzas de **Arista**, en caso de que las circunstancias lo permitieran.

En el campamento nacional, el general mexicano, quien se encontraba aún afectado y aturdido por la derrota sufrida, desestimó las advertencias de algunos de sus oficiales, que le alertaban de un posible ataque del ejército americano, pues creía imposible que **Taylor** quisiera combatir nuevamente, tras su reciente enfrentamiento, sin haber dado descanso suficiente a sus tropas, y ordenó desenganchar casi toda la artillería mexicana, disponiendo al grueso de sus fuerzas en el extremo interior de la barranca que cubría su flanco derecho, otra sección en el centro y, en su flanco izquierdo, colocó únicamente un regimiento de infantería y dos cañones, para proteger los carros de provisiones y parque, estacionados en las inmediaciones de la zona boscosa que convergía con aquella hendidura.

Los exploradores yanquis, que habían estado observando los movimientos de nuestro ejército, rápidamente advirtieron la debilidad del flanco izquierdo mexicano, y resolvieron lanzar un ataque de caballería, que fue rechazado por la artillería nacional, logrando contenerlos durante un breve período, sin embargo, aún con tal acometida, el general **Arista** seguía dentro de su tienda de campaña, empeñado en que los estadounidenses no se atreverían a atacarlo de lleno, asegurando que solo se trataba de una simple escaramuza para probar sus defensas y se negó a reforzar aquel extremo, que estaba siendo copado ya por la embestida americana. El combate arreció, y los jinetes americanos que habían recibido refuerzos, lograron tomar las baterías nacionales, empero, un escuadrón al mando del general **Díaz de la Vega**, se lanzó rabiosamente contra los invasores a bayoneta calada y, al grito de ¡Viva México! Logró recuperar a sangre y fuego todas las piezas de artillería tomadas por el enemigo. Para entonces, la lucha se tornó cruenta y encarnizada, cayendo soldados de uno y otro bando, atravesados por las balas y la metralla. El impulso de los estadounidenses era incontenible, pues apoyados de su poderosa artillería, iban ganando terreno a nuestras mal dirigidas y disminuidas tropas. El general **Arista**, que seguía dentro de su tienda como abstraído de lo que sucedía a su alrededor; al igual que en Palo Alto, no daba órdenes ni disponía estrategia alguna, los soldados mexicanos, peleaban y se dirigían ellos mismos, con el único apoyo de sus capitanes y oficiales, que aunque valientes como el que más, no lograban coordinar un plan de combate conjunto y cada unidad o batallón ayudaban y se defendían como podían de aquella disciplinada aplanadora que integraba el ejército de las barras y las estrellas.

Tras unas horas de combate, y ante tantos descuidos y falta de acción, juicio y estrategia de parte del general **Arista**, aconteció lo inevitable, el flanco izquierdo mexicano, fue finalmente copado, perdiéndose casi todos los carros de provisiones y parque que habían sido colocados en el bosque. El centro de nuestras filas también fue penetrado y acorralado, consumándose así la trágica derrota, ante la mirada inerte de las tropas que se encontraban en nuestro flanco derecho, imposibilitadas de participar en el combate, por encontrarse en el extremo interior de aquella barranca. La carnicería que hacían los dragones yanquis con sus sables, era espantosa, dejando atestado aquel campo de soldados mexicanos agonizando, con el vientre abierto de lado a lado, y profiriendo terribles lamentos y vituperios a su comandante general **Arista**, tildándolo de traidor, pues sentían que su inacción, era equiparable a haberlos entregado en forma deliberada al enemigo para que los despedazara.

Finalmente, cuando **Arista** decidió salir de su carpa, aún ensimismado y casi indiferente hacia la masacre que estaba teniendo lugar, por causa de sus errores, se puso al frente de la caballería que no había tenido participación en la batalla y dispuso la retirada de las tropas en la forma más ordenada que le permitieron aquellas terribles circunstancias. Se formaron algunos contingentes que seguirían combatiendo a las huestes americanas, para cubrir la retirada de nuestras maltrechas tropas hacia la ciudad de Matamoros, en donde se pretendía reorganizarlas y volver a presentar batalla ante el enemigo.

La desmoralización de aquellos bravos soldados mexicanos, que habían luchado con tanto valor, pero que carecían de un mando a la altura de los acontecimientos, fue total. Sentían que la muerte de sus camaradas había sido en vano, tras la pésima dirección de sus generales, juzgando incierto el desenlace de aquella guerra, en la que en un principio creyeron poder prevalecer, pues, aunque de ante mano conocían sobre la superioridad material del enemigo, el mexicano había estado acostumbrado a luchar en circunstancias adversas desde siempre, empezando por la guerra de independencia, y posteriormente contra las invasiones de España y Francia.

Este sentir, poco a poco fue permeando también en la capital del país, en donde la mayoría de los sectores de la sociedad, así como la clase política, juzgaban poco menos que imposible que México perdiera la guerra ante Estados Unidos, de quien se conocía poco en cuanto a su poderío militar y se creía y confiaba en que el valor de nuestros soldados sería suficiente para vencerlos, sin importar nuestras carencias y las graves deficiencias en cuanto a habilidades estratégicas y de dirección que exhibían muchos de nuestros generales, que contrario a la realidad, se veían a sí mismos como excelsos estrategas, de la más alta ralea, casi a la altura de los grandes conquistadores de la historia, como **Aníbal**, **Julio César** o **Napoleón**.

La derrota sufrida en la **Batalla de la Resaca de Guerrero**, marcó un punto de inflexión, sobre el rumbo que habría de tomar aquella infausta guerra de invasión, en la que se sucedería una tragedia tras otra, con esporádicos atisbos de esperanza, que serían opacados por las conductas incomprensibles de un general mexicano, que volvería de su exilio para sellar con un velo de aparente y execrable traición, el destino del conflicto.

Ya en la ciudad de Matamoros, **Arista** intentó concretar un alto al fuego con los americanos, tratando de pactar un armisticio que el general **Taylor** se negó a otorgar, sabiéndose superior en fuerzas al ejército mexicano, por lo que no contando con elementos suficientes para sostener aquella plaza indefendible, que carecía de fortificaciones y que podía ser fácilmente atacada por diversas vías, resolvió retirarse junto con sus 4000 soldados hacia la población de Linares, dejando tras de sí, bagajes y pertrechos que no pudo llevar consigo. Matamoros fue tomada por los americanos, sin tener que hacer un solo disparo, y las fuerzas mexicanas, padecieron aún más en su marcha de 10 días hasta Linares, en las que fueron diezmadas por el hambre, la sed, las enfermedades, las deserciones y el constante hostigamiento de los norteamericanos.

A los pocos días de que las fuerzas del general **Arista** arribaran a Linares, fue relevado del cargo y se nombró en su lugar al general **Francisco Mejía**, quien se haría cargo del remanente del maltrecho ejército del norte, con la misión de detener el avance yanqui a toda costa, sin embargo, ni siquiera las estrepitosas derrotas sufridas, lograban hacer entrar en razón a la clase política nacional, que continuaba sus eternas pugnas por hacerse con el poder y, esgrimiendo el pretexto de que el presidente

Paredes, apoyaba un proyecto para establecer una monarquía en México, coronando a un príncipe europeo, el partido liberal liderado principalmente por **Valentín Gómez Farías** aliado momentáneamente con el grupo de partidarios de **Santa Anna** que, aún ejercían gran influencia en el ámbito político, planearon derrocar al espurio presidente **Paredes** y traer de nuevo desde Cuba a su excelencia, en donde purgaba su exilio.

Sobre **Santa Anna**, ya se ha dicho, se ciernen las más oscuras sospechas de traición, desde su cautiverio a manos de los texanos, en los que rubricó los tratados de Velasco (no reconocidos por el gobierno mexicano) y durante la entrevista que tuvo con el entonces presidente de la unión americana, **Andrew Jackson**, en la que presumiblemente acordó establecer los medios, para facilitar la cesión de los extensos y ricos territorios, ambicionados por los Estados Unidos, a cambio de una compensación monetaria para México y del apoyo del gobierno americano hacia su administración, empero, durante su exilio en Cuba, **Santa Anna** tuvo contacto con agentes estadounidenses, en los que reiteró su compromiso con los americanos, a cambio de apoyarlo para regresar a México y tomar el poder. Esto queda más que evidenciado, pues cuando **Santa Anna** se embarca en Cuba con rumbo a Veracruz, la flota estadounidense que se mantenía bloqueando el acceso al puerto, permitió que el otrora salvador de la patria, ingresara sin contratiempo alguno a territorio nacional.

Antes de su derrocamiento, el presidente **Paredes**, solicitó permiso al congreso para ponerse al frente de un ejército y acudir en auxilio del ejército del norte para combatir a los invasores, no obstante, cuando **Paredes** deja la ciudad de México, estalla un pronunciamiento para destituirlo, liderado por el general **Mariano Salas**, quien operaba bajo las órdenes del partido liberal con ligas masónicas y de los partidarios de **Santa Anna**. El general **Paredes**, abandonado a su suerte por aquellos que en su momento lo apoyaron cuando derrocó al presidente **Herrera**, cayó víctima de la misma espada, siendo depuesto del cargo y quedando en forma interina en la presidencia, el prócer de la patria **Nicolás Bravo**, que estaría solo unos pocos días en funciones, para posteriormente ceder la presidencia al general **Mariano Salas**, quién fungiría en la práctica, más como un cuidador de la silla presidencial, que como presidente, esperando por supuesto el arribo al país y las posteriores directrices del "Salvador de la Patria" su excelencia,

Antonio López de Santa Anna, que desembarcaría en Veracruz el 16 de Agosto de 1846.

Mientras todo esto acontecía en el interior de la república, en donde se actuaba como si la invasión estadounidense, se tratase simplemente de los relatos de ficción de una entretenida novela de la época, la guerra continuaba y los americanos avanzaron prácticamente sin resistencia por nuestro territorio, tomando plazas como Camargo, Mier y Reynosa, con miras a capturar la ciudad de Monterrey, situando sus fuerzas en un punto conocido como Guadalupe, ubicado en el camino a Cadereyta. Por su parte, las tropas mexicanas reunidas, al mando del general **Pedro Ampudia**, encargado de defender la plaza, habían realizado algunos trabajos para fortificar la ciudad, instalando varios baluartes o fortines en los alrededores, así como estructuras defensivas en el cerro del obispado que dominaba la ciudad, y en un crestón que convergía con el referido cerro, sin embargo, debido a la estrategia enteramente defensiva del ejército mexicano, que no salió a hostilizar al enemigo en su avance, salvo el envío de algunos escuadrones que más que intentar retrasar o detener al enemigo, se limitaban a observar sus movimientos, el ejército estadounidense con 6500 efectivos comandados por el general **Zachary Taylor, David E. Twiggs, Thomas L. Hammer, John A. Quitman y William F. Worth**, se dejó ver en los linderos de Monterrey, el 19 de Septiembre de 1846, dispuesto a combatir y efectuando incursiones de reconocimiento, para identificar los puntos más vulnerables de la plaza. Por su parte, la guarnición mexicana, contaba con 5600 hombres, bajo las órdenes de los generales **Pedro Ampudia, Francisco Mejía, Simeón Ramírez, Manuel Romero y Anastasio Torrejón.**

Durante la batalla de Monterrey, los soldados del ejército invasor, que en su mayoría se habían alistado únicamente por la paga, pues no era un secreto que un amplio sector de la sociedad estadounidense, juzgaba como injusta aquella guerra en la que se pretendía arrebatarle por la fuerza parte de su territorio a una nación soberana y hermana, fueron testigos del valor y la fiereza con que eran capaces de combatir, nuestras tropas, aún en el estado de carestía en que se hallaban, así como de algunos ciudadanos que lucharon con cuanto tuvieron a su alcance, con tal de contener el avance americano. Tras los combates que se extendieron y generalizaron por espacio de 4 días en la ciudad, las fuerzas nacionales, demostraron con hechos, que el ejército enemigo no era invencible y que, a pesar de su incomparable artillería, equipo y armamento, era posible enfrentarlo y hacerle retroceder. Nuestros soldados, peleaban por proteger su tierra, sus familias y su nación y a pesar de que rara vez recibían paga, debido a las paupérrimas condiciones en que se encontraban las arcas del gobierno, lucharon gallarda y decididamente ante los poderosos embates de los contingentes invasores.

Al inicio de la batalla, los americanos emprendieron recorridos de reconocimiento que inmediatamente fueron acometidos por la artillería nacional, obligándoles a replegarse. **Taylor,** confiado de sus relativamente cómodas victorias en Palo Alto y La Resaca de Guerrero, así como en la toma de Matamoros en la que ni siquiera tuvo que combatir, no esperaba encontrarse con la tenaz y empecinada resistencia que el ejército mexicano ofrecería en Monterrey. La intención del general **Taylor**, era tomar el crestón que se hallaba junto al cerro del Obispado que, debido a un error estratégico garrafal de los ingenieros mexicanos, no había sido fortificado adecuadamente, y que, en caso de ser tomado por el enemigo, se podría batir desde ahí al Obispado, que dominaba buena parte de la ciudad de Monterrey. Simultáneamente, **Taylor** envió un poderoso ataque con varias columnas americanas, para intentar capturar las distintas fortificaciones mexicanas, como el fuerte de la Federación, el fortín de la Tenería y la ciudadela y aunque inicialmente tuvo éxito, al capturar el fortín de la Federación, ubicado frente al edificio del Obispado, la situación cambió abruptamente en los demás puntos de resistencia de la ciudad.

Cuando **Taylor** envió tres poderosas columnas, integradas por los mejores y más veteranos combatientes de su ejército, para tomar el reducto de la Tenería, defendido por apenas 200 soldados mexicanos con 4 antiguas y desvencijadas piezas de artillería colocadas a barbeta, al mando de los oficiales **Juan Espejo** y **José María Carrasco**, se trabó un combate con una ferocidad que hasta ese momento no había conocido el ejército invasor. Durante las 5 horas que ininterrumpidamente duró el ataque al fortín de la Tenería, uno tras otro, fueron rechazados con firmeza los embates americanos, por la guarnición mexicana que, con sus antiguos fusiles, causaron innumerables bajas al enemigo, que en vano intentaba refugiarse en las nopaleras y demás parapetos ubicados a las afueras del fuerte. Las tropas nacionales, enardecidas por las duras y dolorosas derrotas sufridas con anterioridad, se hallaban ávidas de vengar a sus camaradas caídos ante los estadounidenses y durante todo el tiempo en que se prolongó el combate, hasta cierto punto lo consiguieron. Ningún ataque americano fue exitoso, a pesar de los refuerzos que recibían tras cada embestida, sin embargo, a pesar de que los defensores de la Tenería habían solicitado auxilio en forma encarecida al general **Ampudia**, para que enviara refuerzos, agua y municiones que permitieran sostener la defensa del fuerte, **Ampudia** decidió no enviar a la reserva mexicana, pues juzgaba más importante, tener esa fuerza a la mano, en caso de necesitarla para la defensa del cerro del Obispado. Cuando el parque estaba a punto de agotarse en la Tenería, los defensores plantearon a sus oficiales lanzar un ataque a bayoneta calada, pero no se les permitió, pues habría sido inútil considerando que quedaban menos de 200 efectivos, que poco habrían logrado ante la nutrida columna de atacantes yanquis. Finalmente, tras la prolongada y encarnizada lucha, a las 12 del mediodía, el parque de los defensores se agotó por completo y los heroicos combatientes mexicanos, no tuvieron más remedio que abandonar aquel reducto que tanta sangre y sacrificio les había costado proteger. Al cesar por completo el fuego de la Tenería, los estadounidenses que se encontraban ya meditando en suspender el ataque de aquel baluarte, por toparse con tan briosa y obstinada resistencia, lanzaron gritos de júbilo y alegría y se dispusieron a ocupar la fortaleza.

Tras lo ocupación de la Tenería, los invasores comenzaron a hostilizar los Fuertes del Diablo y la Purísima con vivo fuego de artillería, pero al lanzarse a la conquista de ambos, fueron rechazados contundentemente por nuestros infantes, que luchaban como leones por mantener sus posiciones. Todo empeño del enemigo por tomar estos baluartes fue inútil y en una última y furiosa carga de las fuerzas americanas, con las que intentaron quebrar en forma definitiva aquella tenaz resistencia, los defensores mexicanos, ya casi sin parque, abandonaron el resguardo de sus fortalezas y liderados por sus valerosos oficiales, se lanzaron también contra el enemigo en una rabiosa carga a sable y bayoneta, provocando pánico y gran desconcierto entre las filas yanquis, pues no esperaban aquel furibundo contra ataque de los mexicanos que los llevó a un terrible choque cuerpo a cuerpo, en el que cientos de americanos pagaron con su vida, aquél intento. **Taylor**, sorprendido, tras contemplar la forma heroica y gloriosa en que se habían batido nuestras harapientas pero bravísimas fuerzas nacionales, que le hicieron más de 500 bajas entre muertos y heridos, no tuvo más remedio que retirar sus tropas del campo, para buscar reorganizarse, e intentar continuar su ataque al día siguiente.

Los americanos, viendo que su estrategia del día anterior no había tenido la efectividad esperada, atacaron ahora en forma directa el Crestón que estaba junto al cerro del Obispado, que rápidamente cayó en sus manos, por no haberse dispuesto fortificaciones y tropas suficientes para su defensa. Desde ahí, los invasores comenzaron a hostigar con fuego de artillería a la guarnición del Obispado que, aunque se defendió lo mejor que pudo al mando del teniente coronel **Francisco Berra**, terminó también cayendo en manos de los invasores, ante su poderoso ataque de tropas y artillería. El general **Ampudia**, que tampoco envió auxilio suficiente y a tiempo a los defensores del Obispado, probablemente por considerar que de haberlo hecho, seguramente habría sido inútil por encontrarse ya tomado el Crestón, e intentar defenderlo ante esta circunstancia, solo habría provocado un mayor número de bajas a sus fuerzas, ordenó entonces el repliegue de las tropas hacia el centro de la plaza, en donde se sitúo una nueva línea de defensa entre los fuertes y las trincheras que se habían preparado para contener el avance enemigo.

Los estadounidenses ya dueños del Obispado, dirigieron desde ahí el fuego de sus cañones contra la plaza de la ciudad, arrasando nuestras líneas y parapetos, tanto como les era posible, sin embargo, nuestra artillería contestaba con denuedo y, aunque **Taylor** envió varias columnas para tratar de tomar nuestras posiciones, los soldados mexicanos los detuvieron en una lucha de trincheras en la que se disputó palmo a palmo cada rincón de la ciudad. Se combatía a la distancia y también cuerpo a cuerpo. Los defensores disparaban desde las azoteas de las casas y hacían pagar caro cualquier leve avance que intentaban las unidades yanquis.

Es en este punto del combate, en el que las crónicas de la época, hacen referencia de la presencia y participación en la batalla de la hermosa y fina joven Doña **María Josefa Zozoya**, quien durante los momentos más encarnizados de la lucha y mientras los americanos embestían con gran brío las posiciones mexicanas, voluntariamente, se dirigió con premura hacia las líneas del frente, repartiendo víveres y municiones a los hambrientos y exhaustos defensores nacionales que, al contemplar tan excepcional e incomparable belleza, aderezada con el noble y delicado trato de aquella extraordinaria y valiente muchacha, que con ternura, les infundía ánimos y palabras de aliento, en medio de las terribles explosiones y de la metralla; deliraban, y conmovidos se preguntaban si acaso era posible que se tratase de un inmaculado ángel, enviado por nuestro señor, para socorrer a nuestra patria, ante tan sombríos y aciagos momentos. Los soldados mexicanos, al ver y escuchar a Doña **Josefita**, recobraban el ímpetu y, reconfortados por las atenciones de tan distinguida joven que, junto con otras mujeres, les ayudaban a curar y aliviar sus heridas, así como a acarrearles comida, agua y parque, se lanzaban aún con mayor vigor e impulso en la defensa de las posiciones. Preferían morir, antes que aparecer como vulgares cobardes, delante de los bellísimos y cautivadores ojos de **Josefita**.

Gran valor y coraje demostraron las tropas de aquel abnegado y digno ejército del norte que, a pesar de tantas privaciones, defendió con todas sus fuerzas nuestra patria, ante el superior ejército de los Estados Unidos. La oficialidad mexicana, desde el rango de capitán hacia abajo, combatieron todos cual simples soldados de línea, luchando cuerpo a cuerpo y con fusil en mano, al lado de sus hombres. Tan brava fue la resistencia de la ciudad de Monterrey, que para el día 23 de septiembre, el general **Taylor** planeaba ya suspender el sitio a la ciudad y replegar sus contingentes a Camargo, pues sus municiones y reservas de alimentos estaban también por agotarse y se hallaba considerablemente alejado de su base de suministros, cuando sorpresivamente, recibió una comunicación del general **Ampudia**, en la que lo invitaba a parlamentar para llegar a un acuerdo y al cese de las hostilidades. **Taylor** encantado con aquella inesperada proposición, canceló su retirada y aceptó el diálogo planteado por el general mexicano. Esto provocó un gran descontento entre las tropas nacionales, pues aunque el enemigo había logrado tomar algunas posiciones, la batalla estaba lejos de decidirse y sentían que podían derrotar a los estadounidenses, pero **Ampudia**, inseguro de continuar la lucha sin refuerzos y con el parque y los víveres ya casi agotados, además de la presión de importantes señores de la aristocracia de Monterrey, que no deseaban ver afectadas aún más sus propiedades e intereses con los destrozos provocados durante aquel cruento enfrentamiento, pactó la capitulación y el 25 de Septiembre de 1846, el ejército mexicano, se retiró de la ciudad a tambor batiente, con sus banderas, armas y equipo, dejando la plaza en manos del general **Taylor**, que no cabía en júbilo, por haber capturado aquella importante plaza, cuando ya prácticamente estaba por ordenar la retirada.

En la batalla de Monterrey, tuvo lugar un suceso que, se convertiría en un símbolo de solidaridad y protesta contra la infame e injusta invasión norteamericana, pues un batallón de aproximadamente 300 combatientes, integrado en su mayoría por soldados irlandeses y en menor medida por alemanes, polacos y otras nacionalidades europeas, que habían desertado de las filas del ejército estadounidense, por encontrarse en desacuerdo con aquella inicua guerra que pretendía obligarles a tomar las armas en contra de un pueblo que compartía su misma fe católica y que en nada había ofendido a los Estados Unidos, se unió al ejército mexicano, estrechando la causa nacional como propia y, en un sublime gesto de hermandad que quedaría plasmado para siempre en los anales de nuestra historia, combatieron en contra de los americanos, destacándose por su gran coraje y valentía.

Los soldados mexicanos y la gente del pueblo, se referían a los integrantes de este batallón como los colorados o los patricios, en alusión a su cabello rojo y al santo Patrono de Irlanda, **San Patricio**, de quien portaban siempre una imagen, en el estandarte de su batallón, así como la frase *"**Erin go bragh**"*, cuyo significado es **"Irlanda por siempre"**. En la batalla de Monterrey, demostraron su bizarría, luchando en las inmediaciones del fuerte de la ciudadela, rechazando una y otra vez a los atacantes yanquis que, al reconocerlos, por sus uniformes y estandartes distintivos, les acometían con incontenible furia por considerarlos desertores y traidores. A este noble cuerpo de valientes irlandeses, se les conocería e inmortalizaría con el nombre de **Heroico Batallón de San Patricio**, y ésta no sería la única batalla en la que tendrían una participación destacada, defendiendo nuestra soberanía y los colores de nuestra bandera, pues habrían de distinguirse en forma gloriosa en muchos otros combates, en especial en la heroica defensa del convento de Churubusco.

Tras la derrota de Monterrey y la pérdida de casi todo el estado de Nuevo León, el general **Antonio López de Santa Anna**, quien había sido elegido nuevamente presidente de la república, posterior al derrocamiento del presidente **Paredes**, solicitó licencia para ausentarse del cargo y ponerse al frente del ejército mexicano que acudiría nuevamente a intentar detener el avance invasor. Lo anterior que, seguramente parecerá inconcebible para el lector, considerando que su excelencia, era el hombre que durante su cautiverio, presumiblemente acordó con el presidente **Andrew Jackson** de los Estados Unidos, establecer facilidades para que la unión americana, adquiriese los territorios de Nuevo México, Texas y la Alta California y que, entró en pláticas con agentes estadounidenses durante su exilio en Cuba, para facilitar su regreso a México, a cambio de refrendar su compromiso con los americanos, se perfilara ahora como comandante general de nuestras fuerzas armadas, con la misión de combatir al enemigo con quien había pactado desde antes, la entrega de aquellos territorios, era a todas luces inaudito desde cualquier punto de vista alineado a nuestros intereses nacionales, pero así era el México de entonces, y si nos detenemos un momento a contemplar nuestro panorama actual, con tristeza podremos constatar que, en muchos de los episodios recientes por los que ha transitado nuestra amada patria, el fantasma de la traición, aún perdura y pulula entre un gran sector de la clase política y gobernante del país, que ha operado a favor de intereses extranjeros o de particulares, en detrimento de la nación, con tal de obtener un beneficio personal.

Como vicepresidente de la república, había sido nombrado **Valentín Gómez Farías**, quien ya había desempeñado este cargo en diversas ocasiones, generalmente durante las administraciones de **Santa Anna**, y al dejar su excelencia la presidencia, tras salir a combatir al ejército invasor, **Gómez Farías** quedó en calidad de presidente interino, no obstante, **Don Valentín**, operó muy poco o nada, en pro del fortalecimiento del ejército y se enfrascó en pugnas internas contra los conservadores y la iglesia, siendo en algún momento recriminado incluso por el mismísimo **Santa Anna**, pues **Gómez Farías** no enviaba ni un solo céntimo para aliviar las carencias y padecimientos del ejército, que prácticamente tuvo que arreglárselas por su cuenta.

El panorama era muy complicado para nuestro México de aquel entonces. No solo debíamos enfrentar a los norteamericanos con nuestros muy limitados recursos, sino que nos diezmábamos nosotros mismos, con

117

las consabidas y eternas pugnas y levantamientos políticos que consumían los pocos caudales con que se contaba, que mucho pudieron haber ayudado si se hubieran utilizado para combatir al invasor y no para luchar entre mexicanos.

En mayo de 1846, ya en plena guerra, hubo levantamientos en Guadalajara y, por otra parte, el estado de Campeche se declaró neutral ante el conflicto, como si no perteneciese a nuestro territorio. Así mismo, el estado de Yucatán, que ya antes se había declarado independiente y buscaba escindirse de la república mexicana, como lo había hecho Texas, pero sin haberlo conseguido en forma definitiva, volvió a proclamar su emancipación en 1846, generando aún más inestabilidad en nuestra ya de por sí convulsa y amenazada patria.

No obstante, la lucha continuaba, así como el avance del invasor y aún ante tan adverso y obscuro panorama, México se aprestaba a proseguir la lucha y, por obra de las gestiones de **Santa Anna**, se logró conformar un nuevo ejército de poco más de 20 mil hombres en San Luis Potosí, para enfrentar nuevamente al ejército estadounidense que comenzó su avance desde Monterrey, hacia el interior de la república.

Cuando hacemos mención de las gestiones del general **Santa Anna**, para la integración de un nuevo ejército, en realidad nos referimos a la odiosa y arraigada práctica de la leva, a la imposición de préstamos forzosos a adinerados señores, e incluso al uso de sus propios recursos para vestir y equipar con lo más básico y elemental a nuestras desnudas y hambrientas tropas, a las que, con sorna, otras unidades selectas y favorecidas por el **general presidente**, apodaban bocas de palo, pues debido a las poquísimas veces que se les alimentaba, se hallaban en un estado de mayor escualidez que el de un asceta o faquir hindú.

Deplorables y desoladoras eran pues, las condiciones que prevalecían entre nuestras famélicas huestes, conformadas mayormente por hombres que no contaban con la más mínima instrucción militar, y de lo que **Santa Anna** trató de ocuparse, durante su permanencia en **San Luis Potosí**. Aun así, nuestros soldados eran nobles y muy valientes, y así lo demostrarían en los combates venideros. Los hijos de México, eran patriotas y luchaban con una abnegación en verdad extraordinaria, pero nuestros generales, enfrascados como lo estaban siempre en sus envidias y rivalidades mutuas, y que, en su mayoría, anteponían sus intereses personales a los de la patria, desarrollaban una mayor habilidad para sus componendas e intrigas políticas, que sus aptitudes como estrategas y comandantes militares, quedando en evidencia con los errores garrafales que se cometieron en la toma de decisiones, durante todo el conflicto, en especial, los de su excelencia, **Antonio López de Santa Anna**, cuyas deliberaciones y disposiciones, contribuyeron en gran medida para la derrota final de México, y que muchos historiadores han coincidido en denominarlos más propiamente como actos de traición, que con el benevolente y eufemístico término de "errores".

Una de estas inexplicables y sospechosas decisiones, fue cuando en Octubre de 1846, **Santa Anna**, ordenó abandonar el importante puerto de Tampico que, al mando del comandante de la plaza, **Don Anastasio Parrodi**, había sido debidamente fortificado desde hacía varios meses, y contaba con una artillería regular, buenas reservas de parque y alimentos, barcos artillados y una respetable guarnición que ascendía a 3000 hombres, entre soldados de línea y de la guardia nacional, que habrían podido hacer una feroz y encarnizada resistencia a los estadounidenses, que buscaban con ansias capturar dicho punto, por considerarlo clave, para echar andar su estrategia de abrir un nuevo frente, desembarcando un segundo ejército al mando del general **Winfield Scott** en las costas de Veracruz, desde donde podrían establecer una zona de apoyo para abastecer y asistir a los contingentes americanos que ejecutarían el avance.

La orden de **Santa Anna**, provocó por supuesto una serie de airadas protestas, en las que el menor de los oprobios y dicterios con que lo injuriaron a sus espaldas fue con el de traidor, no obstante, la disposición de su excelencia, finalmente fue cumplida a finales de Octubre de 1846, en la que al no contar con suficientes animales de carga, se tuvo que abandonar gran parte de la artillería, y material de guerra como municiones y armas, así como alimentos y equipo que terminaron cayendo en manos del enemigo. Todo el esfuerzo y recursos para defender aquella importante plaza, habían sido en vano, dejando así el paso libre al ejército invasor, para ocuparla, facilitando aún más el ataque por mar que los americanos planeaban efectuar en el puerto de Veracruz.

Otro ignominioso hecho sucedió, cuando su excelencia, envió una columna de 2000 hombres al mando del general **Gabriel Valencia**, a la población de Tula de Tamaulipas, la cual iba dotada de buenas piezas de artillería y regulares unidades de caballería, para vigilar los movimientos del ejército invasor de **Taylor** que, al enterarse de que los mexicanos habían abandonado el puerto de Tampico, envió una numerosa columna de soldados al mando del general **John A. Quitman**, para embarcarse en dicho puerto con rumbo hacia Veracruz, en donde se uniría al general **Scott**, para reforzar el segundo frente. El general **Valencia**, quien se hallaba oculto con sus 2000 hombres en la sierra y que, al divisar al enemigo avanzar en desorden por aquellos estrechos y escarpados terrenos que dificultaban mucho cualquier maniobra de un nutrido contingente como lo era aquél, y por ende, los hacía muy vulnerables en caso de un ataque; decide sorprenderlos, y atacarlos con todas sus fuerzas, empero, poco antes de ejecutar el ataque, recibe una comunicación urgente de parte de **Santa Anna**, en la que le prohibía bajo cualquier circunstancia realizar ataque alguno a la columna de **Quitman**, so pena de destituirlo y formarle un consejo de guerra si se atrevía a desobedecer su orden. Esto encolerizó a **Valencia**, y provocó una terrible desmoralización y un profundo disgusto entre la tropa, pues teniendo a su alcance al enemigo, con una inmejorable oportunidad para barrer con ellos, sin explicación alguna se les detenía. ¿Con qué objeto habían sido enviados hasta aquellas estériles y remotas tierras, mediante penosas y extenuantes marchas, si no se les permitía combatir? ¿Para qué haber movilizado a tantos hombres y haber erogado tantos recursos para simplemente dejar escapar al enemigo? Esto no se podía explicar de otra manera más que como un acto de traición o en que su excelencia no deseaba que **Valencia**, obtuviera un gran triunfo que pudiera disputarle el mote de **"Salvador de la Patria"**. Eso jamás lo consentiría. **Santa Anna**, habría preferido mil veces que la nación sucumbiera y se desmembrara, antes que ver menoscabada su vanidad y su orgullo.

Así se las gastaba **Don Antonio** y, buena parte de los generales mexicanos, no eran muy diferentes a él.

Posterior a estos acontecimientos, **Santa Anna**, quien se hallaba molesto y ofuscado por los señalamientos de ineptitud y traición que desde la capital y otras partes de la república le imputaban por sus incomprensibles decisiones como la entrega del puerto de Tampico sin haberse hecho un solo disparo en su defensa, ansiaba la oportunidad de demostrar a todos sus detractores, que se equivocaban y que él, **"El salvador de la patria"**, pronto les haría tragarse, todos y cada uno de aquellos inaceptables vituperios con que injustamente le injuriaban y, tras recibir informes sobre el avance de las fuerzas estadounidenses que, se encontraban ya, en las inmediaciones de Saltillo. Su excelencia decidió cambiar la estrategia defensiva con la que hasta ese momento había combatido el ejército mexicano y dispuso marchar desde San Luis Potosí, con un contingente de 18 mil soldados para sorprender a las fuerzas del general **Taylor** e intentar acorralarlo entre dos fuegos.

El 28 de Enero de 1847, aquél enorme e improvisado ejército, integrado por soldados provenientes de solo unos pocos estados de la república mexicana como **Jalisco, Guanajuato, Querétaro, Michoacán Aguascalientes, el Distrito Federal y San Luis Potosí**, pues los demás estados, no pudieron o no quisieron enviar apoyo de ninguna clase, ya sea por hallarse impedidos de hacerlo o porque sus gobernantes albergaban profundas diferencias ideológicas o partidistas con **Santa Anna** y/o el gobierno en turno, se congregó en San Luis Potosí, junto con el remanente de las valientes tropas que habían combatido en la ciudad de Monterrey, iniciando una penosa y accidentada marcha en pleno invierno, para encontrarse con el ejército invasor que permanecía en Saltillo, en la hacienda de Agua Nueva. Aquella ingente masa de hombres, debió soportar, por más de 20 días, extenuantes jornadas de viaje, acampando en campo abierto y sin contar con víveres, medicinas ni ropa apropiada para soportar aquél frío que calaba hasta los huesos.

Santa Anna, que había enviado en forma anticipada a un contingente de caballería al mando del **general Miñón**, para tratar de rodear a las fuerzas estadounidenses y atacarlas cuando se considerara conveniente por la retaguardia, intentaba ejecutar una maniobra envolvente, presentando batalla con el grueso de su ejército y cortando la retirada del enemigo con los dragones de **Miñón**, no obstante, aunque el plan de su excelencia no era precisamente malo, terminó por no funcionar, pues el general **Taylor**, recibió informes a tiempo sobre el movimiento de las tropas mexicanas, y se trasladó de la Hacienda de Agua Nueva hacia la Hacienda de Buena Vista, en donde estableció su campamento de reserva y antes de que arribaran las fuerzas del general presidente, los americanos tomaron posiciones en un lugar conocido como La Angostura, a escasos 25 kilómetros de Saltillo, en donde convergían dos extremos de la sierra, dominados por un terreno plagado de lomas y colinas que dificultaban cualquier ataque, y que al mismo tiempo servían como parapeto y ventajosa posición defensiva para los invasores, que colocaron su poderosa artillería en ambos flancos de aquella garganta serrana, con la intención de atacar con fuego cruzado a las fuerzas mexicanas que intentaran avanzar por el centro.

Santa Anna, que aún no estaba al tanto del movimiento de **Taylor**, al arribar a la hacienda de Agua Nueva, la encontró abandonada y en cenizas, lo que le hizo pensar que los estadounidenses, al conocer la dimensión del ejército mexicano, habían escapado desordenadamente, pues encontró carros de carga abandonados y algunos pertrechos que los americanos no pudieron llevar consigo, ante esto, ordenó apresurar a toda velocidad la marcha a sus exhaustas tropas por más de 80 kilómetros, intentando sorprender al ejército yanqui al que creía en fuga, pero la sorpresa sería de su excelencia, cuando al llegar a la Angostura, divisó a todo el ejército americano, en perfecto orden de batalla, descansado, bien alimentado y excelentemente posicionado para el combate.

Por su parte, nuestras tropas que ya desfallecían por el esfuerzo de aquella violenta carrera, y por la debilidad de no haber probado alimento durante todo el trayecto, apenas llegar frente al ejército estadounidense, y sin haber tomado el más leve descanso para recobrar el aliento, se dispusieron también en orden de batalla conforme iban arribando todos y cada uno de los contingentes de aquellas huestes, que de 18 mil hombres con que originalmente habían salido de San Luis Potosí, restaban solo 14 mil, pues 4000 habían quedado en el camino, víctimas de las enfermedades, y muchos otros habían muerto de hambre, frío o cansancio, sin mencionar las deserciones, considerando que gran parte de ese ejército, había sido integrado por medio de la leva.

Santa Anna, quien venía a la cabeza del primer contingente mexicano en arribar a la Angostura, de pronto se encontró vulnerable ante el ejército yanqui, pues si **Taylor** decidía atacarle en ese momento con todas sus tropas, sería imposible hacerle frente con el reducido número de soldados que lo acompañaba, no obstante, su excelencia, hizo uso de una estratagema que le permitió ganar tiempo para que el resto del ejército mexicano pudiera incorporarse y ordenó a su secretario que enviara una comunicación al general americano, intimándole a rendirse, haciéndole saber, o mejor dicho, tratando de hacerle creer, que se encontraba rodeado por un ejército de 20 mil soldados. **Taylor**, como era de esperarse, no mordió el anzuelo y respondió con una simple negativa, sin embargo, **Santa Anna** consiguió que su ejército pudiera reunirse en su totalidad y se libró del ataque de **Taylor**, que pudo haber sido catastrófico.

En vísperas de la batalla, la situación era difícil para el ejército mexicano que, si bien contaba con superioridad numérica, al presentarse con 14 mil efectivos contra 8 mil estadounidenses, las condiciones de nuestras tropas eran paupérrimas. Nuestros soldados, además de andar semidesnudos y encontrarse hambrientos y mal equipados, se hallaban exhaustos por aquella ingente marcha, empero, la moral de la tropa era alta y ansiaban batirse y lanzarse contra el enemigo, pues ahora era México quien iba a su encuentro, dejando atrás las estrategias defensivas.

El 22 de febrero de 1847, dio principio una de las más feroces batallas libradas en la guerra contra los Estados Unidos, la famosa **batalla de La Angostura**, en la que los hijos de México, dieron cuenta de un valor extraordinario, venciendo a los americanos en todos los enfrentamientos que se libraron, a pesar de su extenuación, hambre y de su armamento viejo y defectuoso.

Las acciones comenzaron, cuando **Santa Anna**, detectó, que una de las lomas que se hallaban en el flanco izquierdo enemigo, desde la que se podía dominar la mayor parte del campo de batalla, increíblemente no había sido ocupada por las tropas estadounidenses, y de inmediato ordenó al general **Ampudia** y a un batallón ligero de infantería, ocuparla a toda prisa. Los americanos se percataron del movimiento mexicano y de su error y casi al mismo tiempo ordenaron también posicionarse en la cima de aquella elevación. Se trabó entonces furioso combate en la que los rifleros yanquis, aun empleándose a fondo, no lograron contener el avance de los mexicanos, que se exponían por completo a las balas enemigas, tratando de ganar aquella posición. Casi toda la tarde duró aquel enfrentamiento, pero a pesar de que los americanos se empecinaron en conquistar la loma, y enviaron refuerzos para apuntalar su ataque, los infantes nacionales, guiados por los capitanes **Luis Gonzaga Osollo** y **Leonardo Márquez**, quien con el paso del tiempo, se convertiría en general y en un personaje sumamente polémico y muy cuestionado, pero a la vez importante en el acontecer nacional, y que en aquel combate se distinguió por su aplomo y liderazgo, lograron prevalecer, obligando al enemigo a retirarse a sus posiciones, dejando gran cantidad de muertos en el campo, y quedando aquella estratégica e importantísima posición en poder de México, provocando gran júbilo y una algarabía generalizada en las filas nacionales, pues se había derrotado a los americanos en aquel primer combate. La esperanza de asestar un fuerte golpe y de dar un giro al conflicto, estaba a nuestro alcance.

Durante la noche, los mexicanos aprovecharon la oscuridad para avanzar hacia las posiciones centrales del enemigo, con el propósito de lanzar un ataque que sirviera de señuelo para la artillería yanqui, con la intención de atacar simultáneamente el flanco izquierdo americano, que era el más débil, ya que en su centro tenían concentrada la mayor parte de su artillería y por su derecha era prácticamente imposible embestirles, debido a lo agreste del terreno, que impedía ejecutar una ofensiva de infantería a paso veloz o utilizar la caballería y, poco antes de que los primeros rayos del sol, disiparan la neblina de la fría noche en la que poco se había dormido, por la expectación, se ejecutó el ataque de finta por el centro, al que la artillería yanqui contestó, causando una gran mortandad entre nuestros valientes infantes, que sabían que aquel ataque, representaba para ellos un riesgo enorme, pero era necesario para intentar sorprender al enemigo por su izquierda. El escenario era dantesco, caían nuestros soldados, arrollados por aquel espantoso fuego, sucumbiendo desmembrados y agonizantes, mientras sus camaradas sobrevivientes, los miraban con tristeza y con la impotencia de no poder auxiliarles, pero continuaban avanzando sin arredrarse. Simultáneamente, el general **Ampudia**, al ver que el plan había funcionado, se colocó a la cabeza de una nutrida columna, y lanzó un ataque feroz al flanco izquierdo americano, librándose un singular combate, que fue contestado por la poderosa artillería estadounidense restante, y por sus cuerpos de rifleros. Así mismo,

Santa Anna, ordenó reforzar el ataque del centro, para mantener y auxiliar a los valientes soldados que habían ejecutado la ofensiva de señuelo, enviando dos columnas que, a pesar del vivo fuego de artillería, conquistaron una elevación desde la cual podían sostener su ofensiva y colocar cañones para hostilizar a las filas enemigas. A su vez, nuestro general presidente, envió otro contingente para arremeter sobre el flanco derecho enemigo, que aun cuando era inexpugnable por la naturaleza del terreno, más allá de intentar quebrar las filas yanquis, pretendía prevenirse de que el general **Taylor** intentara envolver nuestras tropas, lanzando un ataque sorpresa por ese flanco y, tras algunas horas de combate, ya la batalla se había generalizado en todo el frente, poniendo en graves apuros al comandante estadounidense que, por primera vez, luchaba a la defensiva y se hallaba prácticamente rodeado, pues las tropas de caballería de 1200 dragones al mando del general **Miñón**, se habían colocado en su retaguardia, amenazando la hacienda de Buena Vista y sus filas iban cediendo terreno al empuje de las impetuosas tropas nacionales. Ante esto, el general yanqui, ordenó a uno de sus contingentes de reserva, ejecutar un contra ataque al flanco derecho mexicano, para tratar de romper la ofensiva del general **Ampudia**, y aunque al principio pareció tener éxito, las tropas de infantería ligera mexicanas, que con gran valor y esmero, habían tomado a sangre y fuego la importantísima elevación del día anterior, al mando del capitán **Márquez**, al divisar la columna de reserva americana unirse a la batalla, destacaron una pequeña guarnición en la cima del cerro y el resto se lanzó en una frenética carga a la bayoneta sobre el costado de aquella formación de refuerzo enemiga, trabándose una lucha cuerpo a cuerpo que causó pánico y desconcierto entre las tropas americanas que aunque también luchaban con valor, estaban siendo superadas con claridad por las unidades mexicanas, que las acometían sin misericordia, causándoles innumerables bajas entre muertos y heridos. Es menester hacer mención que, aunque el soldado americano era más fuerte y robusto y contaba con armamento superior, cuando se trababa combate cuerpo a cuerpo, el mexicano lograba equilibrar la situación, pues la habilidad de nuestros infantes con la espada y con el machete era singular, así como la de nuestros jinetes, que no tenían rival cuando cargaban contra el enemigo lanza en ristre, o a sable, provocando asombro y admiración entre las tropas contrarias, que los veían batirse con temerario brío y total desprecio por la muerte, haciendo gala también de su gran destreza con el lazo, pues en plena carrera, eran capaces de sujetar, arrastrar y derribar a los dragones enemigos, prevaleciendo en la mayoría de sus enfrentamientos.

En medio de un gran fragor se hallaba aquella terrible y disputada batalla, inclinándose las acciones de la jornada hacía la causa nacional, cuando tras contemplar el valor de las tropas de infantería ligera, que se habían precipitado del cerro furiosamente contra la columna enemiga que acometía nuestro flanco derecho, y que después de detener el avance yanqui, se habían lanzado decididamente tras de ellos, hacia el interior de las filas americanas, un contingente de caballería nacional, que se hallaba apostado muy cerca de la refriega, contagiados por el arrojo de sus camaradas, acudieron resueltamente en su auxilio y se lanzaron junto con ellos frenéticamente hacia el interior del flanco izquierdo yanqui, al que embistieron con tal decisión, que lograron traspasar las filas del frente estadounidense, internándose hasta su extrema retaguardia, en donde se mantuvieron por algunos momentos, pero al hallarse aislados, rodeados y batidos por todos los flancos, tuvieron que retornar a nuestras filas, sufriendo muchas bajas. No obstante, la caballería nacional había continuado hasta la Hacienda de Buena Vista, en donde sostuvo un vivo combate contra la caballería y los batallones de reserva americana, que se enfrascaron en una espantosa refriega cuerpo a cuerpo. Los jinetes mexicanos se cansaron de atravesar con sus lanzas a los dragones yanquis, pero ante la superioridad numérica del enemigo, tuvieron que emprender la retirada, tras padecer una gran cantidad de bajas, empero, su alegría era grande, pues habían hecho pagar con mucha sangre a los infaustos invasores que buscaban apropiarse de nuestra tierra. La moral de nuestras tropas era alta y tras los combates suscitados, una nueva esperanza inflamaba los corazones de aquellos abnegados y valientes hombres.

Cuando finalmente arribaron de nuevo a nuestro campo, los integrantes del glorioso cuerpo ligero de infantería que había puesto en fuga a las tropas americanas, tras su sorpresivo contra ataque desde el cerro, un estruendoso griterío de júbilo y felicidad se generalizó entre nuestras filas, para recibir con gran gusto y respeto a aquellos valientes, que con tanta bizarría se habían comportado durante la batalla.

La situación del ejército americano era muy comprometida, pues el empuje de las tropas mexicanas, los había hecho retroceder considerablemente en su flanco izquierdo y su resistencia tanto en el centro como en su costado derecho, empezaba a mermar. Ante esto, **Taylor** comenzó los preparativos para una retirada ordenada, pues toda posibilidad de triunfo se había esfumado. Su ubicación privilegiada en el campo de batalla, su superior artillería, sus amplias reservas de parque y su moderno armamento, nada habían podido contra el incontenible avance de nuestras valerosas tropas, que habían sacado fuerzas del corazón, para acometer al enemigo como lo habían hecho, después de su extenuante marcha hasta la Angostura.

Sin embargo, antes de que **Taylor** ejecutara la retirada, nuestro general presidente, **Don Antonio López de Santa Anna**, ordenó una concentración de sus tropas hacia el centro del campo y poniéndose a la cabeza de aquella inmensa masa de hombres, montó su precioso caballo blanco y ataviado con uno de sus más elegantes uniformes, espetó una encendida arenga a la soldadesca que, inflamó el ánimo general, y desenvainando su reluciente espada y encabritando su bridón, ordenó un ataque total contra las posiciones americanas, incluyéndose él mismo en la primera línea de asalto.

Los soldados mexicanos, al ver que su general en jefe los acompañaba y guiaba espada en mano en aquel ataque, exponiéndose temerariamente al fuego enemigo, se engallaron, lanzándose furiosamente a bayoneta calada contra las filas enemigas, exclamando entusiastas vivas a la patria y al mismo **Santa Anna** y, tras olvidar momentáneamente los yerros y faltas imputadas a su excelencia, producto de sus cuestionables e incomprensibles decisiones, se batieron de forma gloriosa, dejando en claro al invasor, que los hijos de México, luchando unidos, podían convertirse en un formidable adversario.

Ante la embestida mexicana, a **Taylor** no le quedó más remedio que detener su plan de retirada y enviar varias columnas para tratar de detener el avance nacional, apoyado de toda la artillería con que disponía, pues de no haberlo hecho así, su ejército habría sido despedazado. Una espantosa carnicería sobrevino tras aquel choque, y de uno y otro bando, caían soldados atravesados por las bayonetas, las balas y la metralla. Majestuosa y atroz fue aquella lucha, en donde jóvenes americanos y mexicanos que no se conocían entre sí, ni se habían proferido la más insignificante ofensa, trataban de darse muerte unos a otros, por las diferencias políticas de sus gobiernos. La guerra es cruel y terrible, y se enfrentan y luchan inocentes contra inocentes, por los intereses y las desavenencias de una clase política que casi siempre les desprecia.

Tras culminar el día, las huestes nacionales le habían arrebatado varias lomas y posiciones al enemigo, así como pertrechos de guerra, banderas y cañones que habían sido abandonados, al retroceder considerablemente en todos sus frentes, en especial en su flanco izquierdo, que había sido prácticamente arrollado por nuestras tropas. Por si esto fuera poco, la retaguardia americana, seguía siendo amagada por la caballería del general **Miñón**, que si hubiese entrado en acción, apoyando a los dragones mexicanos que llegaron hasta Buena Vista, junto con la heroica infantería ligera, tal vez se habría podido barrer a las reservas del general **Taylor** y decidir en aquél momento el destino de la batalla, pero eso no ocurrió y los nobles jinetes mexicanos, tuvieron que volver con sus lanzas bañadas en sangre, rodeando los cerros y gargantas de la Angostura, para posteriormente ser recibidos como héroes en las filas mexicanas.

Al caer la noche, ambos ejércitos se retiraron a sus campamentos, los mexicanos, exhaustos, pero orgullosos por haber capturado las posiciones del enemigo, sabían que al siguiente día se tendría que librar tal vez la batalla definitiva, y aunque carecían de todo, la esperanza y la posibilidad de vencer en toda línea al poderoso ejército americano, los entusiasmaba. Por su parte, los americanos preparaban ya la retirada hacia Saltillo y Buena Vista, preocupados por lo que acontecería al siguiente día, pues si los mexicanos volvían a lanzar un ataque generalizado, eran conscientes de que aun contando con reservas y municiones abundantes para presentar una nueva y sólida resistencia, se hallaban ciertamente rodeados y, lo único que les restaba, era contener el mayor tiempo posible el ataque de **Santa Anna**, para tal vez lograr una tregua, un armisticio o una capitulación honrosa, en lugar de ser arrollados o tener que rendirse en forma incondicional.

Sin embargo, cuando el peor escenario posible cruzaba por la mente del general **Taylor**, sucedió algo incomprensible. Al terminar el terrible combate, mientras los americanos se encontraban en su campamento, preocupados y relamiéndose sus heridas. El general **Santa Anna**, ordenó a su estado mayor, prepararse para una retirada relámpago durante la noche hacia Agua nueva y posteriormente a la ciudad de San Luis Potosí. Los oficiales mexicanos que recibieron aquella orden, no daban crédito a la instrucción de su excelencia. ¿Cómo ejecutar aquella inexplicable disposición? ¿Cómo comunicarles a nuestras valerosas tropas, que la muerte de sus camaradas caídos y que todo su sacrificio y heroísmo mostrado en el campo de batalla, habían sido en vano y ahora debía abandonarse el terreno que tanto esfuerzo y afán les había costado arrebatar al enemigo? Algunos oficiales protestaron y abogaron por que **Santa Anna** reconsiderara su decisión, pero nada era posible contra el orgullo y la soberbia del general presidente. Cuando **Don Antonio** tomaba una decisión, era tajante y no admitía cuestionamiento alguno. La retirada debía ponerse en marcha de inmediato, aunque esto significara, dar paso libre a las fuerzas norteamericanas para dominar el norte y marchar después hacia el centro de la república mexicana, sentenciando desde ese momento el destino de la guerra, en la que pudiendo haber propinado un fuerte golpe al enemigo, destruyendo todo su ejército del norte, para después enfrentar el ataque que se proyectaba por mar hacia Veracruz, al mando del general **Winfield Scott**, quedábamos ahora prácticamente a su merced por ambos flancos, y exponiendo nuestra capital a un ataque conjunto, en el que la defensa sería muy difícil, debido a nuestra falta de recursos. Para México, la mejor estrategia era intentar hacer tan caro el avance del enemigo en bajas y dinero, como fuese posible, con la intención de que el gobierno de Estados Unidos, reconsiderara la invasión que tanto rechazo había provocado entre el pueblo americano, y el haber destrozado a las fuerzas de **Taylor** en la Angostura, habría sido el suceso que pudo desencadenar tal situación, no obstante, nuestros políticos y militares, parecían no enterarse de la grave y vulnerable circunstancia en que se hallaba nuestra república y continuaban minimizando los triunfos estadounidenses, argumentando que al final, nuestras fuerzas terminarían venciendo al invasor, esgrimiendo que nuestra causa era justa, como si la justicia pudiera tomar partido en el conflicto. **Santa Anna** entonces, había entregado en las manos del invasor, la última oportunidad que se tuvo durante la guerra, de cambiar el curso de la misma. Tras la batalla de la Angostura, México no volvió a tomar la ofensiva y nuestras fuerzas se enfocaron infructuosamente en tratar de detener el incontenible avance yanqui.

Es imposible describir el grado de frustración, desesperanza y abatimiento que la noticia causó en nuestras abnegadas tropas que, sin siquiera tener tiempo de probar bocado o de simplemente tumbarse para recobrar fuerzas, tenían ahora que levantar su campamento y emprender una intempestiva y extenuante retirada en medio de la noche a través de desérticas tierras en donde seguramente padecerían más muertes y enfermedades, mientras se regalaba lo ganado a un enemigo al que se tenía prácticamente vencido.

Con un sentimiento de hondo desconcierto y al mismo tiempo de rabia y de tristeza, se inició la marcha. Los heridos, en su mayoría fueron abandonados en el campo, pues no había medicinas ni personal médico para atenderlos. **Santa Anna**, no dio más explicación a sus oficiales sobre la retirada que la falta de víveres para alimentar a la tropa, asegurando que no podría lanzarse un nuevo ataque al día siguiente si los hombres seguían sin probar bocado, empero, esto era a todas luces cuestionable, pues durante la retirada de 400 kilómetros hasta San Luis Potosí, era también menester alimentar a los soldados y se sufriría una extenuación y pérdidas aún mayores, por las penalidades que habrían de padecer durante la marcha por tan áridas tierras. ¿Por qué entonces no atacar con todas nuestras fuerzas teniendo ya herido y acorralado al enemigo? ¿Por qué se retrocedía si se había vencido en todos los combates? Estas y muchas otras interrogantes, permeaban en la psiquis y en el espíritu de nuestros fieros combatientes y, ante la falta de respuestas, nuevamente surgió el vergonzoso señalamiento de: **"Traidor"**, que ya no abandonaría a **Santa Anna** y a otros generales, durante el resto del conflicto. La batalla de la Angostura costó a México mil setecientas bajas entre muertos y heridos y los americanos sufrieron casi ochocientas. Durante la retirada del ejército mexicano a San Luis Potosí, se tuvieron 3000 bajas más, entre muertos y deserciones.

La victoria de la Angostura, que se convirtió en derrota con la retirada ordenada por **Santa Anna**, representó la última oportunidad para México de cambiar el curso de la guerra. Tras el repliegue de las fuerzas nacionales, el invasor se apropió de casi todo el norte y el noroeste del país. Nuevo México fue conquistado casi sin resistencia, por las tropas yanquis, al igual que los puertos californianos de Santa Bárbara, Monterrey, San Diego y Los

Ángeles. Todos estos territorios, carecían de guarniciones y los únicos esfuerzos por resistir al enemigo, los realizaron sus pundonorosos y valerosos pobladores que, a pesar de luchar con todas sus fuerzas contra el invasor, les fue imposible vencer ante tan desiguales circunstancias, no obstante, en un increíble episodio de patriotismo y dignidad, los habitantes de Los Ángeles, lograron retomar dicha ciudad, arrebatándosela al ejército estadounidense por algunos meses, empero, al no recibir auxilio de víveres, armas, ni tropas regulares de refuerzo desde el centro del país, finalmente el importante puerto fue recapturado por el enemigo.

También en el estado de Chihuahua, sus pobladores dieron muestra de un encendido patriotismo, al integrar y equipar un ejército para enfrentar a las fuerzas norteamericanas, que acechaban su territorio, echando mano exclusivamente de sus propios recursos. La gente empeñó sus pertenencias e incluso sus propiedades para reunir la plata necesaria para armar a las tropas y, ante la llegada del poderoso ejército americano, le hicieron frente con gran coraje y valentía, no obstante, la falta de experiencia y adiestramiento de los valerosos chihuahuenses, derivó en que fueran completamente derrotados por las superiores y bien dirigidas escuadras estadounidenses. Cientos de entusiastas jóvenes mexicanos, vieron finalizados sus anhelos y su existencia en aquellos combates, en pro de la defensa de un ideal y de su país. La patria perdía a sus mejores hombres. La guerra, ante todo, cobraba su inexorable y perenne tributo de sangre, diezmando a nuestras nuevas y animosas generaciones que, en lugar de ocupar su importante papel, en la ardua labor de construir un país mejor, quedaban tendidos en los campos de batalla, sepultados y olvidados, en medio de un clamor sin nombre.

Mientras tanto, en la ciudad de México, tras la derrota en la Angostura, sucedía otro acontecimiento inconcebible, pero que seguramente, ya no sorprenderá al lector de este modesto relato, pues en medio de aquella infausta guerra en la que nuestra nación se desangraba, tuvo lugar un nuevo levantamiento dentro del partido liberal, entre la facción de los puros, también conocidos como los "rojos", y el grupo de los "polkos" cuya denominación obedecía a su afición por el popular baile de polka, aunque otras versiones señalan que su apodo se debía a su afinidad con las intenciones del presidente **Polk** de los Estados Unidos de anexar a México a la Unión Americana. Sin dar demasiada importancia a los pormenores de esta rebelión, simplemente mencionaremos que el motivo del conflicto fueron las leyes expedidas a principios de 1847 por el gobierno de **Gómez Farías**, para apropiarse de los bienes de la iglesia con el objetivo de sufragar los gastos de la guerra. **Gómez Farías**, que era maestro masón y archienemigo del clero, durante todas sus participaciones al frente del gobierno, trabajó en forma activa para restar poder e influencia a la iglesia, pero también para favorecer a los intereses estadounidenses de donde provenía su logia madre. Esta rebelión que duró de enero a marzo de 1847, provocó enfrentamientos entre ambos bandos en las inmediaciones de la ciudad, consumiendo soldados, recursos y parque que debían emplearse para combatir la invasión norteamericana y no para enfrascarnos en otra lucha fratricida. **Gómez Farías**, que poco o nada había ayudado en el conflicto, pero que sí había provocado situaciones para debilitar al gobierno mexicano, causando división y enfrentamientos, se hallaba al frente de la presidencia en sustitución de **Santa Anna**, y en lugar de enfocar sus acciones en fortalecer al ejército nacional, se enfrascó en sus pugnas contra las demás facciones políticas.

Tal como es posible apreciar, mi estimado y caro lector, México, lejos de encontrarse unido, conformando un sólido núcleo de defensa, continuaba en una ignominiosa lucha de desmembramiento y poder entre sus propios hijos. El panorama era más que propicio para nuestra derrota y aun cuando hubo grandes patriotas que derramaron hasta la última gota de su sangre por intentar revertir lo inevitable, pudo más el encono, la ambición y la codicia de muchos antimexicanos.

El 9 de marzo de 1847, arribaron a la isla de Los Sacrificios, ubicada frente al puerto de Veracruz, las fuerzas estadounidenses integradas por 13 mil soldados, al mando del general **Winfield Scott**.

Varios días demoró el invasor en desembarcar todo su equipo, víveres y artillería, casi sin ser molestado, pues Veracruz y en general nuestro país, carecía de una marina de guerra que pudiese impedir cualquier maniobra de las naves enemigas. Muy poco fue hostilizado el enemigo, a reserva de algunas partidas aisladas de caballería que le atacaban para después retroceder, pues no contaban con elementos para efectuar una ofensiva importante. La guarnición de Veracruz constaba de poco más de 4400 hombres, considerando a los soldados que guardaban el castillo de San Juan De Ulúa, y aunque se contaba con una cantidad aproximada de 100 cañones, éstos eran muy antiguos y se encontraban en mal estado. Además de que nuestras fuerzas carecían de reservas de pólvora y municiones para abastecerlos.

Muy comprometida era la situación en el heroico puerto de Veracruz que, años antes, había sufrido ya los bombardeos de la escuadra francesa que asolaron a la ciudad. Los estadounidenses habían rodeado por completo la población, prácticamente sin ser molestados por la artillería de Veracruz, y **Scott** evaluaba la opción de lanzar un ataque general, para tomar la plaza a sangre y fuego, sin embargo, finalmente desechó esta idea, pues sabía que tal acción, con seguridad se traduciría en muchas bajas entre sus filas, ya que reconocía el valor de las tropas mexicanas, y sabía que eran capaces de batirse como las mejores, teniendo como prueba de ello, los terribles apuros sufridos para capturar Monterrey, así como en el choque con el ejército de **Santa Anna** en La Angostura.

El general en jefe estadounidense, no podía permitirse otorgar ventaja alguna y utilizaría la superioridad de su artillería para poner de rodillas a Veracruz. Una vez emplazados todos sus cañones, tras un infructuoso ataque de la artillería mexicana, que intentó obstaculizar la maniobra del ejército yanqui, envió emisarios intimando a la rendición del puerto, pero el general **Juan Esteban Morales**, encargado de la defensa de la plaza, se negó a rendirse sin combatir y se dispuso a defenderse con los pocos elementos con que contaba. No es posible dejar de resaltar, el patriotismo y la nobleza de la población de Veracruz, pues viendo que el invasor se disponía a acometer su ciudad y a arrebatarla por la fuerza, surgió una súbita y espontánea organización de todas las clases sociales, en la que, desde el más pobre hasta el más rico, aportaron mano de obra y recursos, para apuntalar las endebles fortificaciones y dotar de vestido y alimento a los defensores. Así mismo, tras un supremo esfuerzo, los pobladores lograron instalar un hospital de sangre. Muchas valientes mujeres participaron en aquella ardua y noble labor, apoyando en la confección de mantas y auxiliando a los soldados y civiles heridos. Por su parte, los varones desde los 12 hasta los 60 años de edad, se enlistaron en las filas para repeler el ataque norteamericano. Las autoridades del ayuntamiento de Veracruz, entregaron todos sus recursos para la defensa y se comprometieron a cubrir todos los gastos de las mercancías que se adquirieran a los comerciantes de la localidad para alimentar a la tropa. El general **Morales**, pidió auxilio con urgencia a la capital de país, solicitando elementos y recursos para apuntalar la defensa, pero su clamor fue ignorado y no recibió un solo peso, pues a los políticos de la ciudad de México, les importaba más el desenlace del levantamiento de los polkos, que el inminente ataque que las tropas yanquis estaban por perpetrar en Veracruz. Era como si fueran ajenos a aquellos sucesos, como si las noticias de las derrotas sufridas, correspondieran a un lejano país desconocido de allende el mar. Los pobladores de Veracruz, se encontraban solos y rodeados por el enemigo tanto por tierra como por mar, sin posibilidad de recibir socorro, no obstante, su ardiente patriotismo, les impulsó a disponer la defensa, a pesar de tan desesperada situación. Una vez más, el pueblo de México, daba muestra de un elevado sentimiento de identidad nacional y de noble dignidad. No dejarían que el enemigo tomase tranquilamente su ciudad. No se rendirían sin pelear.

La tarde del 22 de marzo de 1847, tras las negativas de capitulación del general **Don Juan Esteban Morales**, los americanos iniciaron un inmisericorde bombardeo a la ciudad y al castillo de San Juan de Ulúa, al que nuestros artilleros respondieron con valentía y de la mejor forma posible. Espeluznante fue el aluvión de fuego que iluminó los cielos y arrasó las calles y vecindarios de Veracruz. La población civil fue la más afectada, pues al no haberse evacuado la ciudad, tuvieron que padecer el horror y las penalidades del espantoso bombardeo norteamericano. Los cónsules de España, Prusia, Francia e Inglaterra, solicitaron al general **Scott**, un cese al fuego para evacuar a las mujeres y a los niños de la ciudad, pero el comandante americano se negó rotundamente, y reiteró que, si no había una rendición incondicional de la plaza, el ataque continuaría día y noche, tal como había sido efectuado en las últimas 72 horas. Ni un instante dejaron de caer bombas sobre Veracruz, desde que se inició aquél infame bombardeo. Nuestros artilleros contestaban el fuego furiosamente y con gran puntería y, aunque con menor volumen de disparos, debido a la carencia de pólvora y municiones, en cuanto el enemigo asomaba la nariz, o se ponía a tiro, le hacían pagar con su vida su error. Por las noches, nuestros cañones dejaban de disparar para ahorrar pólvora y proyectiles, y nuestras tropas, tenían que soportar con impotencia, el incesante fuego enemigo, sin poder responder hasta que llegasen las primeras luces del amanecer. Mucho sufrieron los veracruzanos en aquel bombardeo, pero los americanos, también hubieron de derramar su sangre como tributo a su intento de conquista, no obstante, el 27 de Marzo de 1847, tras el inclemente combate entre nuestra artillería y la del ejército invasor, es decir, al cuarto día de lucha, el mando mexicano, al ver que ya no había pólvora para continuar resistiendo, y que, de proseguir la defensa, solo se incrementaría el ya de por sí elevado número de bajas militares, pero sobre todo el de la población civil, decidió capitular, entregando la plaza al general **Scott**, que complacido, la ocupó y comenzó a ejecutar los preparativos para avanzar hacia el centro del país. Las bajas en el bando mexicano, ascendieron a 750 soldados entre muertos y heridos y 500 civiles acaecidos, entre los que se contaban mujeres y niños.

A pesar de la heroica defensa de la guarnición y de los habitantes de Veracruz, la ciudad finalmente había caído.

Mientras esto ocurría, **Santa Anna** que se encontraba en la ciudad de México, en donde fue requerido para poner fin a la vergonzosa rebelión de los polkos, y asumir por novena vez la presidencia de México. Reorganizó lo mejor posible, al resto de las maltrechas tropas que habían combatido en la Angostura, reforzándolas con las que habían llegado desde otros puntos de la república mexicana y se dispuso a marchar hacia Veracruz para enfrentar a las tropas del general **Scott**, no obstante, el ejército que acompañaba a **Scott**, era muy superior en número, equipo y artillería al que había dirigido **Taylor** en el norte y, sus redes de abastecimiento eran mucho más rápidas y eficientes, además de que sus tropas se encontraban descansadas y deseosas de entrar en combate.

El ejército que acompañaba a **Santa Anna** en su marcha hacia Veracruz, se hallaba extenuado y exhausto, habían tenido que marchar desde San Luis Potosí hasta la ciudad de México, tras la retirada de la Angostura y tan solo 4 días después de su arribo, se les ordenó emprender nuevamente la marcha. La situación no había mejorado en absoluto, e incluso era peor, se carecía de todo, y una gran cantidad de soldados iban prácticamente en huaraches o con un calzado en tan mal estado que era como marchar descalzos. Nuestras tropas vestían harapos y el alimento que se les proporcionaba era insuficiente y de poco valor nutricional, empero, aunque no se contara con medicinas, armas ni parque suficiente, y todo fuese total adversidad, el espíritu de la tropa mexicana era inquebrantable. Se habían acostumbrado a sufrir toda clase de penalidades y privaciones y los combatientes veteranos, eran ejemplo de abnegación para los soldados bisoños, recién incorporados al ejército. Dicen que el alcohol hace olvidarse del dolor, el hambre y el frío, y nuestro ejército ponía en práctica esa sentencia popular. Unos cuantos tragos de aguardiente, les hacía recobrar el ánimo y les alentaba a continuar la lucha con la esperanza de finalmente detener y expulsar al odioso ejército invasor.

Un contingente de 9 mil hombres logró otra vez reunir, **Don Antonio López de Santa Anna** y lo hizo solicitando un préstamo a la iglesia y estableciendo acuerdos con comerciantes, a quienes dio en garantía parte de sus bienes personales, pues del gobierno de México, no obtuvo ni un solo peso.

Era en verdad su excelencia, un hombre impredecible, y difícil de escudriñar, confiaba desmedidamente en sus instintos y no profesaba ideología alguna, sino todas al mismo tiempo. Cierto es que muchas de sus decisiones fueron más que reprochables, y que las consecuencias de aquellos actos fueron catastróficas para nuestro país, sin embargo, a pesar de ello, ahí estaba **Santa Anna**, a quien a sus espaldas se le tildaba de traidor, organizando otra vez por su propia cuenta al ejército que había de plantar batalla a las poderosas huestes yanquis. ¿Acaso **Don Antonio** se había arrepentido de sus tratos con los americanos? ¿Pudo haberlos engañado solo para que se le permitiera entrar al país y poder hacerse cargo de la defensa? Si **Santa Anna** era un traidor, ¿Por qué se expuso en el combate a lomos de su caballo en la batalla de la Angostura, dirigiendo en un ataque frontal a las tropas mexicanas? Pero si no era un traidor, ¿Por qué ordenó abandonar el importante y estratégico puerto de Tampico, sin combatir, así como la retirada en La Angostura, cuando ya se tenía al enemigo prácticamente vencido? Difícil, si no imposible, será responder a estas interrogantes con algo más que especulaciones, pero el hecho es que, en aquel momento de gran peligro para nuestro país, era su excelencia, el único que con todo y sus defectos, se aprestaba a marchar contra el formidable ejército yanqui. El destino de México, estaba irremediablemente, en manos de un hombre voluble, ambicioso, soberbio y rencoroso, pero tristemente, no teníamos a nadie más a quien recurrir. **Santa Anna,** aunque obstinado, orgulloso y torpe en sus estrategias de combate, cuando menos demostraba valor y acudía a encontrarse con el enemigo para batirlo. Algo que no podemos decir de muchos otros personajes que, en aquella tribulación, escondieron la cabeza en la tierra como avestruces y se dedicaron a conspirar contra el gobierno para debilitarlo aún más y a luchar por intereses meramente políticos y personales.

Fue así que, en abril de 1847, el ejército mexicano al mando de su excelencia, se estableció en Cerro Gordo, también conocido como Cerro del Telégrafo, el cual distaba a poco más de 30 kilómetros de la ciudad de Jalapa.

La posición elegida por **Santa Anna** para resistir el enemigo, estratégicamente era terrible, y más que brindar una ventaja a nuestro ejército de 9000 hombres, lo metía en una trampa mortal, pues lo agreste del terreno, impedía que nuestra caballería, cuya arma era la única en la que se superaba claramente al invasor, debido a su número y a su habilidad en el combate, pudiera ser desplegada para maniobrar. Por otra parte, no había protecciones ni obstáculos naturales que impidieran que el enemigo pudiera rodear nuestras fuerzas y lanzar un ataque conjunto tanto por el frente como por la retaguardia. Aunado a esto, su excelencia cometió la grave falla de dejar desguarnecido el cerro de la Atalaya, que se ubicaba justo frente a nuestro flanco izquierdo y desde el que se podía bombardear con mucha facilidad al cerro del telégrafo, en cuyas faldas fueron ubicadas nuestras tropas. Los generales y oficiales mexicanos, que habían advertido el peligro y la desventaja de no fortificar dicha elevación, exhortaron encarecidamente al general presidente para que reconsiderara su decisión, en especial el teniente coronel del cuerpo de ingenieros, **Manuel Robles**, quien había sido el encargado de estudiar el terreno y las ventajas y desventajas de plantar batalla en el punto elegido por su excelencia, no obstante, **Santa Anna**, que se auto percibía como una especie de generalísimo, inspirado y dotado por la divinidad, con un talento equiparable al de los grandes estrategas de la historia como **Napoleón Bonaparte**, **Aníbal Barca**, **Julio César** o **Publio Cornelio Escipión**, minimizó y desechó aquellas reflexiones, argumentando que el cerro de la Atalaya era imposible de ser ocupado por los americanos, debido a lo escabroso y accidentado de su composición, y dispuso que se empezaran los trabajos de fortificación alrededor de Cerro Gordo, sin proteger en lo absoluto a la Atalaya, dejando completamente descubierto su flanco izquierdo, y poniendo en bandeja de plata la opción para que el enemigo lo ocupase y pudiéramos fácilmente ser envueltos en dos fuegos. Era como si **Santa Anna**, se saboteara a sí mismo; él buscaba la gloria, ser aquél que logró detener al poderoso ejército yanqui, pero sus decisiones, no iban de la mano con sus aspiraciones. La batalla aún no comenzaba y, sin embargo, ante tales condiciones, la derrota y el desastre, podían vislumbrarse con facilidad, ratificándose así en el desenlace de la misma.

Los americanos, comandados por el general **Scott**, rápidamente advirtieron las deficiencias en la formación mexicana, pues **Santa Anna**, había dispuesto la mayor parte de su ejército en su flanco derecho, y en su centro, había fortificado ligeramente el cerro del telégrafo con algunas baterías, soportadas por algunos cuerpos de infantería ligera que habían sido desplegados en la falda del cerro. En tanto el flanco izquierdo mexicano, había quedado desguarnecido, como lo indicamos con anterioridad y en ese sector concentró su estrategia el general yanqui.

El 17 de abril de 1847, Scott ordenó a sus ingenieros, abrirse camino hacia la cima del cerro de la Atalaya, en medio del mayor sigilo posible. Con grandes y muy extenuantes esfuerzos, los infantes americanos, tuvieron que llevar a cabo aquella misión, pues lo inaccesible del terreno, les obligó a trasladar su pesada artillería sin la ayuda de animales de carga. Mucho les costó a los americanos aquella maniobra, pero en la madrugada del 18 de abril, lograron finalmente coronar la cúspide con un gran cañón, desde el que batirían a las tropas mexicanas en el cerro del telégrafo y brindarían apoyo al contingente que el general **Scott**, enviaría rodeando el cerro de la Atalaya para envolver a las tropas mexicanas por la retaguardia y cortar el camino hacia Jalapa, dejando a nuestras fuerzas totalmente acorraladas.

No obstante, antes de que los americanos lograran ocupar con su artillería el cerro de la Atalaya, un contingente de soldados nacionales, detectaron a un escuadrón yanqui que se ubicaba en las faldas de dicha elevación. El combate inició de inmediato y los soldados americanos, rápidamente fueron batidos por la metralla mexicana. La escaramuza fue creciendo de apoco y ante la llegada de refuerzos yanquis, al mando del iracundo teniente coronel **William Selby Harney**, quien era famoso por su odio al batallón de irlandeses que se habían cruzado al bando nacional, los mexicanos se vieron obligados a retornar a sus posiciones hasta el cerro del telégrafo. Los estadounidenses persiguieron al contingente mexicano, con la intención de aniquilarlo, pero sin advertirlo, en un instante se hallaron rodeados por las tropas nacionales que ocupaban las faldas del cerro del telégrafo. Aquello se tornó en una carnicería, y los yanquis tuvieron que escapar dejando más de 100 bajas en el campo, lo que provocó gran júbilo entre nuestras tropas, que por un momento recobraron la esperanza de finalmente derrotar al hasta entonces, imbatido ejército invasor.

Volviendo al día 18 de abril, en las primeras luces de aquella fatídica jornada, la artillería americana de la Atalaya, rompió en furioso fuego contra nuestras posiciones del centro. Simultáneamente, una nutrida columna yanqui, apoyada de fuego de artillería, atacó con determinación el flanco derecho mexicano, no obstante, esto era solo un señuelo, para engañar a **Santa Anna**, pues el verdadero plan de **Scott**, era lanzar un ataque simultáneo por el centro, mientras envolvía a nuestro ejército por la retaguardia, rodeándolo por un camino que días antes había trazado y desde el que cortaría el camino a Jalapa y por ende cualquier posibilidad de retirada de nuestras tropas en caso de derrota.

El combate inició con gran intensidad, y al ser los americanos los que se lanzaron al ataque, fueron quienes inicialmente sufrieron mayor número de bajas. En el flanco derecho mexicano, fueron rechazados contundentemente por nuestra infantería, cayendo decenas de ellos acribillados por nuestro fuego de fusilería. Nada pudieron por ese flanco, sin embargo, por el centro, las tropas mexicanas apostadas en las faldas del cerro del telégrafo, eran batidas incesantemente por la poderosa artillería de la Atalaya que apoyaban al numeroso ataque por tierra, comandado por el teniente coronel **Harney**. Ahí en el centro de la batalla, el combate fue encarnizado y atroz. Los mexicanos, al ver que los yanquis continuaban avanzando aún con el nutrido fuego que se les lanzaba, decidieron recibirlos cuerpo a cuerpo a sable y bayoneta calada, trabándose una lucha rabiosa y desesperada, como pocas se han visto en nuestra historia. Nuestros nobles soldados que, en el centro, eran muy inferiores en número al del ataque enemigo, pues **Santa Anna**, había concentrado a la mayoría de las tropas en su flanco derecho, aguantaron a pie firme aquella marejada de balas, acero y metralla que los acometía.

Cuan extraordinariamente valientes eran nuestros soldados, su bizarría y su guapeza para combatir, en las circunstancias tan adversas en las que lo hacían, elevaba aún más el valor de su sacrificio. El temple con el que enfrentaban la muerte, era verdaderamente desconcertante para el enemigo. Hasta los soldados americanos, se admiraban al contemplar la empecinada resistencia con que eran combatidos, no se explicaban como aquellos hombres famélicos y desnudos, reunían fuerzas y voluntad para seguir luchando y batiéndose como demonios. Era la sangre de nuestros ancestros, indígenas y españoles que, fusionada, daba pues surgimiento, al indómito y feroz espíritu guerrero de nuestra gente.

El ejército mexicano, aguantó y rechazó a pie firme la embestida de fuego y de bayonetas yanquis, pero tras dos horas de combate, nuestros infantes, fueron siendo empujados por el incesante embate enemigo, hasta que finalmente, hubieron de ceder la cima del cerro del telégrafo. Ahora los invasores, eran dueños de la cumbre de ambos promontorios y desde ahí empezaron a arrollar sin misericordia a toda nuestra línea central y a nuestro flanco derecho. Nos atacaron con nuestra propia artillería, pues nuestros soldados no tuvieron ni siquiera tiempo de inutilizarlas al perder la posición. Una sensación de desesperación y terror fue invadiendo de a poco a todo nuestro campamento, y aunque **Santa Anna** y sus generales intentaron recobrar el cerro del telégrafo, enviando batallones de reserva, éstos fueron despedazados por la artillería y la fusilería yanqui. La batalla estaba perdida y ni siquiera era posible ordenar la retirada, ya que las tropas americanas que habían ejecutado la maniobra de envolvimiento por el cerro de la Atalaya hasta nuestra retaguardia, se hallaban bloqueando el camino hacia Jalapa. Todo estaba perdido, y nuestras fuerzas tuvieron que huir en desorden, sin dirección ni mando, pues su excelencia, al ver el desastre ocasionado por su obstinación e insensatez, emprendió un escape desesperado a caballo, junto con algunos de sus generales. Ni siquiera pudo llevar consigo 16 mil pesos que tenía resguardados en su carruaje, el cual fue inhabilitado por un certero cañonazo enemigo, abandonando junto con aquel dinero su prótesis de madera que, al ser capturada por los soldados americanos, fue llevada hasta la presencia del general **Scott** y, aún en la actualidad, sigue siendo considerada como trofeo de guerra por los Estados Unidos de América. Casi todos nuestros carros de vituallas, equipo, armamento y parque, quedaron en poder de los americanos, tras la batalla de Cerro Gordo, así como buena parte de nuestra artillería, sin contar los casi 3000 prisioneros y más de 1000 bajas entre muertos y heridos que sufrieron nuestras abnegadas fuerzas armadas. El ejército de México, salvo sus contingentes de caballería que habían logrado escapar abriéndose paso, rumbo a Jalapa, había sido totalmente destrozado y ahora no existía obstáculo alguno que se interpusiera, entre las huestes estadounidenses y nuestra capital.

Tristísima jornada fue aquella, en la que si **Santa Anna**, hubiese escuchado a sus oficiales, eligiendo un punto ventajoso para resistir al enemigo, la historia pudo haber cambiado por completo y la entrega y el sacrificio de nuestros valerosos soldados, no habría sido nuevamente en vano. El ejército de los Estados Unidos, tuvo poco más de 430 bajas entre muertos y heridos, pero a cambio, había obtenido paso libre hacia la antigua capital del desaparecido y legendario imperio azteca.

Mientras **Santa Anna** y sus generales, huían a salto de mata atravesando selvas y montes, perseguidos muy de cerca por partidas de soldados estadounidenses, el general **Winfield Scott**, triunfador de Cerro Gordo, ordenó a su ejército trasladarse a la ciudad de Jalapa, inmediatamente después de concluida la batalla, pues temía que las enfermedades del clima tropical de Veracruz, como el vómito negro, se ensañaran con su tropa.

El 19 de abril de 1847, **Scott** llegó a Jalapa y de inmediato inició los preparativos para marchar a la ciudad de Puebla, que era la antesala de la capital mexicana. Con la derrota en Cerro Gordo, se perdió tal vez nuestra última oportunidad de detener el avance enemigo, ya que, tras este suceso, no se le volvería a presentar batalla formal a los americanos, sino hasta los linderos de la capital mexicana, debido a que, en Puebla, considerada como la ciudad más importante del país, después de la ciudad de México, la plaza fue entregada a los invasores sin dispararse un solo tiro.

Santa Anna, tras su intempestiva huida del campo de Cerro Gordo, llegó a Orizaba, en donde reunió algunos restos de sus menguadas tropas y de ahí, marchó a Puebla con un contingente de poco más de 1000 hombres. La moral era bajísima y no había recursos para pensar en engrosar las filas de aquel despojo de ejército, que constituía la única fuerza con que se contaba para continuar la guerra. Ya en Puebla, a donde **Santa Anna** arribó el 11 de mayo de 1847, el gobernador poblano **Rafael Insunza** le comunicó a su excelencia, que la plaza no opondría resistencia por carecer de elementos para la misma, por lo que el 14 de mayo, tras recibir una ayuda en hombres y recursos poco significativa, el general presidente abandonó Puebla, dejando paso libre para que las fuerzas americanas al mando del general **William J. Worth**, la ocuparan el día 15 de mayo de 1847.

La situación en aquella primavera de 1847, era sombría y lóbrega para los destinos de México, cuyas intangibles penumbras, provocaban en la mente de nuestra gente, un triste e irónico contraste, comparado con el bellísimo espectáculo que ofrecían las primorosas campiñas y prados que colmaban de luces multicolores los distintos paisajes de nuestra hermosa tierra.

Lo que quedaba de nuestro ejército, al mando del general **Santa Anna**, poco podía hacer contra el poderoso ejército invasor, y su única opción fue replegarse hacia la capital, para tratar de reorganizarse, fusionándose con las guarniciones de la ciudad de México, que se aprestaban a presentar una última y decidida resistencia contra los americanos, sin embargo, el pueblo mexicano, indignado ante aquella desastrosa situación a la que nos había llevado la ineptitud de nuestros generales y la vileza y egoísmo de nuestra clase política, comenzó a organizarse por su propia cuenta para mermar y obstaculizar los avances de los estadounidenses.

Súbitamente, surgieron múltiples grupos guerrilleros, en diversas regiones del país, que se convirtieron en un auténtico dolor de cabeza para el general **Winfield Scott**. Los guerrilleros mexicanos, armados y avituallados con sus propios recursos, atacaban las columnas americanas, con un gran sigilo y en forma relampagueante, provocando sensibles y terribles bajas al enemigo, causándole grandes pérdidas materiales y disminuyendo su moral. Su conocimiento del terreno, así como su estrategia de golpear y después retirarse, dejaba totalmente incapacitadas a las tropas yanquis para responder a sus ataques y, por ende, ejecutaron una innumerable cantidad de emboscadas que provocaban retrasos y obstaculizaban el plan de avance del general en jefe de las tropas norteamericanas. Entre algunos de los líderes más destacados de estos grupos guerrilleros, se encontraba el fraile y presbítero de origen español **Celedonio Domeco Jarauta**, que había emigrado a México, poco antes del inicio de la guerra contra los Estados Unidos de América. El padre **Jarauta**, como era comúnmente conocido, había participado en las guerras carlistas en España, por lo que contaba con experiencia en combate y conocía el arte de la guerra. Desempeñó sus servicios religiosos en Veracruz y tras el infame bombardeo que el general **Scott** lanzó sobre el puerto, se levantó en armas contra los invasores, empezando a combatirlos al modo de guerrilla. Los estragos que las fuerzas de **Jarauta** provocaron en diversos puntos estratégicos del ejército estadounidense, así como la gran cantidad de bajas causadas, incluyendo a oficiales importantes por su jerarquía y valor, detonaron por parte del comandante norteamericano, la creación de la **Mexican Spy Company**, una unidad formada por espías mexicanos, cuya función principal sería dar caza a estos grupos guerrilleros. Esta infausta y abominable compañía, fue capitaneada por el bandido y salteador de caminos mexicano **Manuel "El Chato" Domínguez**, conocido por su salvajismo y crueldad, quien persiguió con saña a los guerrilleros mexicanos y a sus benefactores, en especial al padre **Jarauta**, adquiriendo una execrable reputación entre la población civil, pero también entre los militares mexicanos, al grado de que, tras la batalla del convento de Churubusco, en la que el general **Pedro María Anaya**, fue hecho prisionero y que, al cruzarse frente a frente con el **Chato Domínguez** que había participado junto con sus hombres en el combate contra las tropas mexicanas, lo increpó llamándole miserable traidor, ante la sonrisa socarrona del **Chato**, que poco o nada le inmutó el denuesto del pundonoroso general mexicano.

La **Mexican Spy Company**, retrataba fielmente a un amplio sector de nuestra población, que poco o ningún apego sentía por la idea de pertenecer a una nación independiente y de defender su soberanía de amenazas exteriores. Era la triste prueba, de que, por una módica cantidad de dinero o beneficios personales, muchos mexicanos se hallaban dispuestos a traicionar a su país y volverse contra su propia raza. Es verdad que los integrantes de esta infame compañía, eran viles forajidos y salteadores de caminos con nula educación y probablemente poco entendían sobre el concepto de patria, sin embargo, en los altos niveles de la jerarquía política y militar, esta situación tristemente era replicada con mucha mayor frecuencia, originando un cáncer que, desde nuestros inicios y hasta la actualidad, ha consumido por dentro a nuestra sociedad, impidiendo el desarrollo de todo nuestro potencial como nación.

Algunos otros guerrilleros que participaron en aquella injusta guerra, fueron **Braulio Flores**, conocido como el Rey Dormido, que operaba en Saltillo y que ajusticiaba a los soldados americanos, mientras dormían plácidamente, tras haberse emborrachado con mujeres mexicanas que trabajaban al lado de Braulio, así como **Juan Clímaco Rebolledo** en Veracruz, quien llegó a luchar al lado del padre **Jarauta**, convirtiéndose en un auténtico demonio cuando caía en forma sorpresiva sobre las tropas estadounidenses.

Por otra parte, los esfuerzos de la ciudadanía, no solo se observaron en la integración de grupos guerrilleros, ya que también se formaron diversos cuerpos de guardias nacionales, en los que participaron integrantes de todas las clases sociales, instruyéndose y armándose sin ningún apoyo del gobierno ni del ejército. Entre algunos de estos cuerpos, se encontraban las brigadas Victoria, Hidalgo, Independencia y Mina.

Así mismo, en la ciudad de México, tras conocerse la ocupación de Puebla por el ejército americano, los ciudadanos manifestaron un ferviente clamor patriota, solicitando armas al gobierno para participar en la defensa activa de la ciudad, sin embargo, nuestras autoridades no contaban con los recursos para dotar de armamento a los capitalinos, pues a duras penas había con que equipar a las guarniciones de la ciudad. Nuestro pueblo anhelaba combatir al invasor, y tenían la certeza de que, si se le brindaba un fusil a cada ciudadano, los americanos no lograrían prevalecer y serían indefectiblemente derrotados.

En cuanto a **Santa Anna**, quien se encontraba ya en la ciudad de México con el remanente de los combatientes de Cerro Gordo, se encargó de dirigir los trabajos de fortificación de la ciudad, dando prioridad a la zona Oriente en el sector del Peñón, pues ahí es donde su excelencia juzgaba que los americanos podrían iniciar el ataque. Los sectores oeste y norte de la ciudad también fueron reforzados, aunque en mucha menor medida y, en el sur, que era donde se encontraba el convento de Churubusco, la instalación de parapetos defensivos fue mínima, ya que el general presidente consideraba que las posibilidades de ataque por ese punto eran escasas, lo que nuevamente se convertiría en una pifia más del comandante mexicano, pues fue precisamente por el sur, por donde el astuto general **Scott**, marcharía para intentar tomar la capital de México.

En agosto de 1847, mientras **Santa Anna** y las autoridades de la ciudad de México, se afanaban en levantar defensas y en equipar y organizar al ejército defensor, arribaron a la ciudad de México, provenientes de San Luis Potosí, el remanente de las heroicas e inquebrantables tropas del infortunado ejército del norte, integrado por aquellos hombres que con tanto valor y fiereza habían enfrentado al invasor, desde el inicio de la guerra, en las batallas de Palo Alto, Resaca de Guerrero, Monterrey y La Angostura. Todos ellos guerreros veteranos, acostumbrados a combatir siempre en desventaja y capaces de soportar toda clase de penalidades y privaciones, sin amilanarse nunca ante el enemigo, se disponían a jugarse una vez más el todo por el todo, en la defensa de la capital de su país. Al frente de este contingente, venía el irascible pero valeroso general, **Gabriel Valencia**, el mismo que en Tula de Tamaulipas, tuvo a su merced a una numerosa columna de soldados americanos al mando del general **Quitman**, que se trasladaba en forma desordenada hacia el puerto de Tampico, pero que, por órdenes de **Santa Anna**, se le prohibió atacar, privando a México y a **Valencia**, de una oportunidad inmejorable de asestar un decisivo golpe al ejército estadounidense. Su excelencia, jamás habría permitido que **Valencia**, su rival político, derrotara contundentemente a los americanos, alcanzando la gloria y el mote de salvador de la patria que solo a él correspondía, ocasionando un distanciamiento irreconciliable entre ambos personajes y, convirtiéndolos en enemigos acérrimos, pues tanto uno como el otro, aspiraban a regir los destinos de la nación, ostentando el cargo de presidente. Tras este incidente, **Santa Anna** relegó a **Valencia** de la contienda, debido a las airadas protestas de **Don Gabriel**, empero, ante la gravedad de las circunstancias, su excelencia optó por llamarlo de nuevo a la acción, entregándole el mando del abnegado y resuelto ejército del norte.

También a la capital mexicana, arribaron las fuerzas de caballería del general **Juan Álvarez**, con las que el general **Santa Anna**, planeaba atacar por la retaguardia a las fuerzas de **Scott**, cuando éste lanzara su ataque hacia las posiciones del peñón, situación que nunca ocurrió, pues el general estadounidense, inteligente y experimentado como era, fue advertido previamente por sus exploradores, sobre las potentes fortificaciones en esa zona de la ciudad y como era natural, decidió emprender su ataque de conquista, por la zona más débil, es decir, por el sur, rodeando la región del peñón, prácticamente sin combatir.

Santa Anna, al enterarse de que **Scott** continuó su avance hacia la capital, rodeando las posiciones defensivas del Cerro del Peñón, ordenó al general **Valencia** y a su ejército del norte, que en ese momento se hallaban acampando en Texcoco, expectantes del avance norteamericano, movilizarse con la intención de amenazar constantemente el flanco izquierdo enemigo y, cerrarle el paso y resistir en caso de ataque, mientras las fuerzas de su excelencia y las del general **Álvarez** arribaban al lugar, para atacar por la retaguardia.

Una vez más, el ejército norteño, acostumbrado ya a las intempestivas marchas forzadas, ordenadas por su excelencia, atravesó la ciudad capital en forma relampagueante, siguiendo de cerca los movimientos de los 12,000 hombres del general **Scott** que, en gran medida se trataban de tropas de refresco, enviadas por el gobierno del presidente **Polk**, para reforzar la expedición y que, marchaban deseosas de entrar en combate y cubrirse de gloria, conquistando la antigua capital del imperio azteca. **Valencia** y su fuerza de 4000 hombres, arribaron el día 17 de agosto a las inmediaciones del pueblo de San Ángel, no obstante, al advertir los movimientos del enemigo, se trasladaron al rancho de Padierna, para cubrir el camino hacia San Ángel, mientras que el ejército americano acampó en Tlalpan y organizaba ya avanzadas de exploradores para el reconocimiento del terreno, desde donde amenazaba con atacar San Antonio, así como el ya citado pueblo de San Ángel.

Don **Gabriel Valencia**, militar práctico, desde un inicio juzgó que, la posición en el rancho de Padierna, sería muy difícil de defender por la composición del terreno, así como por las pocas vías de escape que brindaba en caso de tener que retirarse, y así se lo hizo saber a su excelencia, quien no obstante las observaciones de su general subalterno, ordenó a **Valencia** que mantuviera la posición, lo cual recrudeció aún más las diferencias entre ambos, empero, cuando ya **Valencia** se hallaba efectuando los preparativos para realizar la defensa del punto, llegó a su campamento una contraorden del **general presidente**, en donde le indicaba abandonar Padierna y retirarse hasta Coyoacán, pues **Santa Anna** se hallaba otra vez en la creencia errónea de que los americanos, al haber rodeado el cerro del Peñón, lanzarían su ataque por San Antonio y de ahí amenazarían la ciudad de México, sin embargo, los alrededores de San Antonio, se hallaban fuertemente reforzados y defendidos por el ejército mexicano, lo que había sido constatado ya por los exploradores estadounidenses, que sugirieron al general **Scott**, no atacar dicho punto y tomar el camino hacia el Pedregal, que llevaba al pueblo de San Ángel. **Valencia**, enfurecido por la vacilación y la impredecible forma de dirigir de **Santa Anna**, a quien consideraba un traidor y un incompetente, decidió jugarse el todo por el todo y respondió a **Santa Anna** que ya no había tiempo ni era conveniente abandonar su posición debido a la proximidad del enemigo y al grave riesgo de dejar desguarnecido el camino hacia San Ángel, pues intuía que los norteamericanos, no atacarían por la posición mejor reforzada, sino por la más débil, lo cual es uno de los principios básicos del arte de la guerra, empero, como hemos podido observar en los acontecimientos anteriormente narrados, el **general presidente** no parecía dirigirse con demasiado apego a dichos preceptos, sino todo lo contrario.

Juzgo innecesario narrar el singular arrebato de furia que poseyó al hasta entonces salvador de la patria, **Don Antonio López de Santa Anna**, al enterarse de la respuesta del general **Valencia**. Su excelencia despotricó largo y tendido contra **Don Gabriel** y lo menos de lo que lo tildó en presencia de sus oficiales, fue de traidor y subversivo. Desde ese momento, **Santa Anna** dictó órdenes a todas las fuerzas cercanas a Padierna, que no auxiliasen en el combate al ejército del norte, en caso de ataque a dicho punto, condenando así a su rival político a ser arrollado por las fuerzas norteamericanas, cuyo número triplicaba a las del general **Valencia**.

Mientras tanto, como si **Scott** se hallara al tanto de las enconadas rivalidades y diferencias que existían en el interior del círculo de mando de nuestro ejército, ordenó a sus generales, aprestarse para presentar combate en las Lomas de Padierna, en donde el general **Valencia**, se hallaba ya dispuesto para la batalla, con sus 4000 valientes del bravísimo ejército del norte y su artillería lista para defender la posición a todo trance. En el fondo, **Don Gabriel** se hallaba convencido, de que, si conseguía detener a los americanos lo suficiente, indefectiblemente las fuerzas que dirigía **Santa Anna**, cuyo número ascendía casi a los 10,000 hombres, podrían atacar por la retaguardia en el momento preciso, logrando envolver así a las huestes yanquis, y destrozarlas por completo, no obstante, el desarrollo de los acontecimientos, sería muy diferente como veremos a continuación.

El 19 de agosto de 1847, el general **Scott**, ordena a su artillería, romper el fuego contra las posiciones del general **Valencia**, en las lomas de Padierna, principiando así la batalla.

Apenas escuchar la primera detonación de los cañones yanquis, responden furiosa y decididamente nuestras baterías, gestándose una espantosa lluvia de proyectiles que arrasaban el campo dominado por ambas facciones.

Simultáneo a su ataque de artillería, los americanos enviaron nutridas columnas de infantería, con el objetivo de desalojar a los mexicanos del lomerío adjunto a los alrededores del rancho de Padierna. El ataque yanqui fue feroz. Los reciben los mexicanos con poderoso fuego de fusilería y, aunque los estadounidenses se detienen momentáneamente, resguardándose en los parapetos naturales que les ofrecía el terreno, se rehacen rápidamente y continúan resueltos el avance en medio de un torrente de balas y de muerte. Cientos de soldados americanos caen en aquel violento intento, pero lo numeroso de sus contingentes, disimulan y minimizan sus pérdidas. Logran finalmente atravesar el campo los invasores y se traba la lucha cuerpo a cuerpo, en la que los heroicos soldados de la división del norte, los reciben a punta de machete y bayoneta. Se envalentonan los yanquis y buscan empujar a las fuerzas de **Valencia**, fuera del lomerío, pero los mexicanos empecinados en la defensa, no ceden ni un ápice de terreno y arrecian la resistencia, consiguiendo finalmente la retirada de las tropas enemigas. Un grito de júbilo generalizado y de vivas a la patria se extienden entre las filas mexicanas, que celebran aquella primera victoria con gran entusiasmo, empero, la batalla apenas estaba comenzando e instantes después, **Scott** ordena un poderoso ataque a las posiciones de ranchito de Padierna, el cual se encuentra escasamente defendido por las tropas mexicanas, así como la ocupación del Bosque de San Jerónimo que, por descuido u omisión, del general **Valencia**, decidió dejar desguarnecido, lo que constituía un grave error, pues el bosque, en caso de ser tomado por los invasores, los proveería de un inmejorable punto para envolver al ejército mexicano. Tal vez **Valencia**, decidió no destinar hombres ni recursos en la defensa de esta posición, con el objetivo de concentrar sus fuerzas en su centro, e intentar contener lo más posible el embate yanqui, en lo que las divisiones de **Santa Anna**, se lanzaban al ataque de la retaguardia enemiga, sin embargo, esto nunca sucedió y finalmente las fuerzas de **Scott**, lograron ocupar el bosque sin mayores dificultades, así como el ranchito de Padierna, del que nuestras tropas hubieron de retirarse, pues no contaban con elementos para defender el punto, del monstruoso ataque estadounidense.

El combate continuó, y **Valencia**, al ver que las tropas de su excelencia no aparecían por ningún lado, ordenó a sus fuerzas de caballería atacar el bosque para recuperarlo, pero esto solo provocó una carnicería sobre nuestros dragones, debido a la gran cantidad de soldados que **Scott** desplegó en este punto, rechazando y masacrando con sus cuerpos de rifleros a nuestros pundonorosos jinetes, que poco podían ejecutar en aquel terreno agreste e inadecuado para las maniobras a caballo.

Mientras tanto, en el centro de la batalla, a pesar de su poderío y gran superioridad numérica, las fuerzas estadounidenses que atacaban decididamente los contingentes mexicanos de las lomas, no lograban avanzar, sufriendo cuantiosas pérdidas en su intento, lo cual desesperaba a **Scott** que, desde su posición, gritaba desaforadamente a sus oficiales, urgiéndolos a redoblar los esfuerzos para quebrar la terca resistencia del general **Valencia** y sus veteranas tropas del ejército del norte. Multiples veces fueron rechazados los embates americanos, distinguiéndose los nuestros por su fiereza y heroísmo, batiéndose como auténticos guerreros, y brindándose de lleno por salvar el honor y la integridad de nuestra patria.

Posteriormente, tras varias horas de intenso y mortal combate, a lo lejos, pero perfectamente visible entre las lomas del Toro que flanqueaban el campo de Padierna, apareció la tan esperada división comandada por **Santa Anna**, que se hizo notar, lanzando sendos cañonazos a las posiciones americanas, causando una terrible ofuscación entre las líneas enemigas, pues temieron ser rodeados y envueltos por aquella renovada fuerza que los amenazaba. La emoción y el sentimiento de esperanza que este suceso despertó entre nuestras filas, fue indescriptible. A pesar de todo lo que se había sufrido y todo lo que se había perdido, la providencia nos sonreía una vez más y nos daba la posibilidad de aniquilar en forma definitiva al odiado ejército americano. Si **Santa Anna** se lanzaba sobre la retaguardia de **Scott**, los yanquis estarían perdidos y no tendrían posibilidades de escapar.

Cuando el general en jefe estadounidense, observó desplegada a la división de **Santa Anna**, amenazando su flanco y retaguardia, sintió un escalofrío que le recorrió todo el cuerpo, pues sabía que, poco podría hacer para contener un ataque por ambos frentes y, aún si lograse abrirse paso para escapar por entre las filas mexicanas, seguramente sufriría una gran cantidad de bajas y pérdidas que darían un violento giro al curso de la guerra.

El general **Valencia** que, en ese instante luchaba junto a sus hombres, se hallaba eufórico y gritaba entre el fragor del combate, mientras disparaba con gran ímpetu al enemigo: ¡Ahora sí, gringos hijos de la chingada, hasta aquí llegaron!, ¡Vamos todos sobre ellos, a darles duro, ya los tenemos, ya los tenemos!

La situación que momentos antes era comprometida para **Valencia**, a pesar de la bravía resistencia de sus tropas, de pronto se tornó a su favor, no obstante, aunque la división de **Santa Anna**, disparaba su artillería en forma intermitente contra las posiciones americanas, permanecía estática, lo que desconcertaba a **Don Gabriel**, pues era el momento idóneo para envolver y aniquilar a los estadounidenses, además si la batalla se prolongaba por más tiempo, sin recibir apoyo o refuerzos, su inferioridad numérica, lo obligaría a ir cediendo terreno.

Al caer la noche, **Don Gabriel Valencia** que, aún abrigaba la esperanza de recibir auxilio de las tropas de **Santa Anna**, resolvió lanzar un fuerte ataque a bayoneta calada para recuperar el rancho de Padierna que, tras una encarnizada lucha logró reconquistar, expulsando a los estadounidenses que lo ocupaban. Empero, la alegría y el ánimo generalizado que aquella victoria momentánea infundió en nuestras tropas, súbitamente se transformó en abatimiento y desilusión, pues de forma incomprensible, la división del general presidente, emprendió la retirada de las lomas, desde donde prácticamente se tenía acorralado al enemigo. Los patriotas y valerosos combatientes del ejército del norte, una vez más, sentían clavado en su pecho, el artero aguijón de la traición. Nuevamente se habían batido, y habían vertido su sangre luchando con denuedo contra el poderoso invasor, y otra vez de forma inexplicable, el general **Santa Anna**, decidía perdonar al ejército yanqui y se retiraba con sus fuerzas, abandonándoles a su suerte, ya casi sin parque y cercados por las huestes de **Scott**.

Valencia que, a pesar de conocer la forma en que se las gastaba **Santa Anna**, se negaba a aceptar el infame abandono de su excelencia, precisamente cuando la patria más lo necesitaba y cuando se tenía rodeado al invasor, terminó por aceptar aquella trágica situación tras recibir una comunicación en la que, el general presidente le ordenaba retirarse del punto, abandonando bagajes y pertrechos en caso de ser necesario.

Don **Gabriel**, enfurecido, se rehusó a acatar la orden de su excelencia y dispuso junto con sus oficiales, resistir y tratar de abrirse paso luchando a través de las líneas enemigas.

Por su parte, el general **Winfield Scott**, quien se hallaba desconcertado y aliviado al mismo tiempo por la retirada de la división de **Santa Anna**, que pudo haber destrozado su ejército, ordenó en la mañana del 20 de agosto de 1847, un ataque general contra las fuerzas de **Valencia** que, a pesar de hallarse rodeadas, presentaron una furiosa resistencia, peleando y tratando de abrirse paso entre las numerosas filas yanquis.

Entre los valientes combatientes mexicanos, y en medio de aquel infernal escenario, atestado de humo, fuego y metralla, destacaban los gritos y las acciones del joven oficial **Agustín Jerónimo de Iturbide**, primogénito del padre de la independencia de México, **Agustín de Iturbide**, quien a pesar de la comprometida situación en que se hallaban nuestras tropas, iba y venía recorriendo el campo de batalla, con pistola y sable en mano, dirigiendo y alentando a los hombres, y peleando en primera línea al frente del batallón de Celaya, exclamando entusiasta: "**¡Conmigo muchachos, conmigo; mi padre es el padre de nuestra independencia, alistar vuestro acero y aprestad vuestras bayonetas,** pues a mi señal, todos a la carga! ¡Viva México!". Así les gritaba a sus hombres el otrora príncipe del extinto primer imperio mexicano, pero a pesar de sus esfuerzos y del de todos nuestros bravísimos combatientes, el cerco se fue consumando y nuestras fuerzas fueron batidas por todos los flancos. Una gran mortandad sufrió el heroico ejército del norte del general **Valencia** que, prácticamente fue destrozado tras culminar la batalla de Lomas de Padierna. Tan solo la caballería y algunos otros contingentes de infantería lograron abrirse camino entre las fuerzas de **Scott**, el resto huyeron en forma desordenada, quedando dispersos. México sufrió 700 bajas entre muertos y heridos y tuvo casi 850 soldados capturados. Por su parte, los Estados Unidos, también hubieron de pagar con sangre aquella victoria, pues sus bajas ascendieron a casi 800 soldados entre muertos y heridos.

Así se selló la batalla de Lomas de Padierna, en donde una vez más nuestro ejército fue derrotado, no por falta de valor o entrega de nuestros soldados, sino por la inquina entre nuestros generales que, anteponían siempre sus intereses personales, por encima de los de la patria y de nuestro pueblo. **Santa Anna**, prefirió pues, que el general **Valencia** y sus hombres, fueran destrozados, con tal de anular a uno de sus principales rivales políticos, aun cuando eso significase la ruina de nuestra nación. Tras la derrota en Padierna, las puertas de la antigua Tenochtitlan se abrían de par en par, dejando a la capital del país, a merced del invasor, no obstante, la defensa continuaría, teniendo todavía lugar, algunas de las batallas más heroicas y sangrientas de aquel amargo conflicto.

El mismo día 20 de agosto de 1847, en que culminó la dolorosa derrota de Lomas de Padierna, el general **Winfield Scott**, ordenó continuar el avance, aprovechando la coyuntura de su triunfo y el aturdimiento de nuestras menguadas tropas que, huían, procurando ponerse a resguardo para rehacerse. **Santa Anna**, quien se hallaba en San Ángel, se retiró con su ejército hacia las garitas de la ciudad de México, y al mismo tiempo también dio instrucciones de que las fuerzas que protegían las posiciones de San Antonio, abandonaran la plaza. Durante el trayecto, en el que, era seguido y hostigado muy de cerca por las fuerzas estadounidenses, llegó a las inmediaciones del puente y del convento de Santa María de Churubusco, único punto que se interponía entre las tropas estadounidenses y la capital.

Ahí, dio instrucciones a los generales **Manuel Rincón Calcáneo** y **Pedro María Anaya Álvarez**, comandantes de la guarnición del convento, de resistir a toda costa el avance enemigo, con objeto de ganar tiempo para que sus fuerzas, así como las de San Antonio y los remanentes del derrotado ejército del norte que huían desde las lomas de Padierna, pudieran entrar en la ciudad de México para organizar y disponer la defensa de la ciudad.

El convento, aunque era una construcción recia y de gruesos muros, no había sido fortificada adecuadamente para resistir el embate de una fuerza tan superior como la estadounidense, pues las columnas atacantes ascendían a poco más de 8500 efectivos, apoyadas como ya sabemos, de poderosa artillería y abundante parque.

La guarnición mexicana distribuida entre los contornos del puente de Churubusco y en el interior del convento, estaba constituida por poco menos de 1400 hombres, integrados en gran parte por reclutas bisoños cuya experiencia en combate era nula. Por otro lado, la reserva de municiones del convento era escasa, y las endebles fortificaciones exteriores, eran poca cosa comparada con la gigantesca ofensiva que se avecinaba.

Dentro del convento, se disponían a la defensa, los batallones **Bravos** e **Independencia**, formados exclusivamente por 680 civiles voluntarios de los cuerpos de guardia nacional, muchos de los cuales nunca habían tenido participación en combate, empero, a pesar de ello, su gesta quedaría inmortalizada con letras de oro en las páginas de nuestra historia, por la enconada y empecinada resistencia que ofrecieron al invasor, en aquel aciago día 20 de agosto de 1847. La Guardia Nacional, había sido creada en México por decreto en 1846, ante la amenaza de guerra con los Estados Unidos de América. Inicialmente, fue integrada por las clases más acomodadas de la ciudad de México, pero con el tiempo, se fueron integrando también ciudadanos de los sectores más pobres y marginados de la sociedad, no obstante, los combatientes que constituían los batallones **Bravos** e **Independencia**, eran individuos cultos e ilustrados, que gozaban de una alta posición y prestigio. Dentro de estos batallones, se hallaban personalidades como las del poeta y escritor **Manuel Eduardo de Gorostiza** que, a pesar de ser ya un sexagenario, comandaba el batallón de **Bravos** y luchó valientemente en Churubusco, siendo hecho prisionero, al finalizar la batalla. Otro importante intelectual y escritor, que participó en el combate y que, tras las heridas recibidas, moriría días después en un hospital de la ciudad de México, fue **Luis Martínez de Castro**, quien fungía como capitán del batallón **Independencia** y que, a pesar de haber tenido la oportunidad de trasladarse fuera de la ciudad de México, debido a su acomodada posición, decidió, al igual que sus compañeros, quedarse y detener al invasor, aunque empeñara la vida en ello.

Otro de los contingentes que se distinguieron y se cubrieron de gloria en aquella batalla, por el coraje y el valor demostrado en combate, fueron los irlandeses del **batallón de San Patricio** que, junto a su comandante **John Reilly**, se batieron noble y denodadamente, defendiendo los colores de nuestra bandera y de nuestra patria, con el mismo fervor y entrega que los mexicanos. En los momentos en que el combate se tornó más enconado, se destacaron por su aplomo y fiereza, defendiendo los parapetos y muros del convento, con gran puntería e incluso luchando cuerpo a cuerpo, al grito de *¡Erin go bragh!* (*Irlanda por siempre*). Los colorados de San Patricio, como los llamaba la gente del pueblo, en su mayoría eran de nacionalidad irlandesa, pero dentro del batallón, había también polacos, alemanes y de otras nacionalidades europeas, por lo que en ocasiones se referían a ellos como la legión extranjera. Los patricios habían desertado del ejército de Estados Unidos, debido a la persecución y discriminación de la que eran objeto, dada su fe católica, pues los americanos, en su mayoría protestantes, no veían con buenos ojos, sus ritos y creencias, relegándolos y marginándolos en el ámbito social. Así mismo, otra razón que les impulsó a pelear por México, fue precisamente las similitudes que encontraron entre el pueblo mexicano y el suyo, pues compartíamos su fe y creencias, además de considerar un brutal ultraje, la guerra que, sin justificación alguna, los Estados Unidos de América, le hacían a nuestro país. Fueron pues los irlandeses de San Patricio, hermanos de armas que, ofrendaron sus vidas, por defender una causa que consideraron justa, a pesar de la dificultad que representaba para México, poder ganar aquella guerra que cada vez se inclinaba más del lado americano.

El combate por Churubusco, principió pasado el mediodía, del 20 de agosto de 1847, cuando la artillería estadounidense, rompió el fuego masivamente contra las defensas del puente y del convento, acompañando tal acción con un ataque a paso veloz de la infantería yanqui que fue detenida por los defensores mexicanos de la brigada ligera de infantería del **general Francisco Pérez,** parapetados en las inmediaciones del puente, entre los que se hallaban también, una de las dos compañías pertenecientes al **batallón de San Patricio** y parte de los **piquetes de Tlapa,** integrados casi en su totalidad por españoles avecindados en la ciudad de México que, al conocer sobre la cercanía del invasor en los linderos de la capital, se organizaron en un batallón para ayudar en los combates. El tiroteo que se trabó en aquel punto, fue tremendo y, a pesar de lo granado del mismo y de la gran cantidad de bajas que los invasores sufrían, la intensidad de su avance no cejaba, tratando de hacerse a toda costa con el control de la posición. Los estadounidenses, apenas divisar los colores del estandarte del batallón irlandés, se lanzaron furiosamente tras de ellos, pues les consideraban traidores, por haber desertado del ejército americano, y haberse pasado al bando mexicano.

Los valerosos Patricios, al ver que los soldados yanquis, cegados por la ira, cargaban contra ellos en forma desordenada, aprovecharon magníficamente la ocasión, y se dieron gusto a sus anchas, causándoles innumerables bajas, pues eran consumados tiradores y utilizaban el mismo armamento moderno que los estadounidenses.

El embate de los miles de asaltantes americanos sobre las posiciones del puente y también sobre los parapetos que se ubicaban alrededor del convento, era en verdad avasallador, y se asemejaba, al de una colmena entera de hormigas, abalanzándose sobre una presa aislada, que se defendía, pero que tarde o temprano, habría de ceder a la superioridad numérica.

Cuando **Scott** ordenó el ataque a las posiciones de Churubusco, no contaba con la terca y rabiosa resistencia que habría de sostener aquel reducido número de defensores mexicanos. La cantidad de bajas que estaba sufriendo su ejército, era inaceptable, y optó por intensificar el ataque, enviando al combate un mayor número de efectivos, e incrementando el fuego de artillería, echando mano también de los cañones mexicanos que había capturado en la batalla de lomas de Padierna. Las baterías yanquis tronaban en forma ensordecedora, cimbrando terriblemente las murallas del convento, en cuyo interior, los artilleros mexicanos dirigidos por los generales **Anaya** y **Rincón,** respondían al fuego furiosamente, causando estragos entre las filas yanquis, originando tras cada cañonazo, grandes boquetes entre la marejada de atacantes que asediaban la fortaleza.

Poco antes de iniciar el combate, el **general Anaya** había enviado constantes comunicaciones a **Santa Anna**, solicitando parque, pues sus reservas eran prácticamente inexistentes y las municiones con que contaba, no le durarían más de una hora ante un ataque generalizado por parte de las fuerzas invasoras.

Santa Anna, envió una carreta de parque al convento, despertando cierta esperanza entre los defensores, pues eso les daría la posibilidad de hacer una mejor defensa y resistir por más tiempo al enemigo, sin embargo, tras repartir los cartuchos entre la tropa, de a poco, fueron constatando con rabia e impotencia, que las municiones eran de un calibre distinto al de los fusiles que portaban. El calibre que su excelencia había enviado, era el que utilizaban los rifles de los americanos. ¿De dónde habría obtenido **Santa Anna**, parque para fusiles estadounidenses? No sorprenderá al lector mencionar, la desmoralización que esta situación provocó entre los valientes defensores que, por supuesto, conocían de ante mano "los errores" que caracterizaban al general presidente, no obstante, los pundonorosos generales **Rincón** y **Anaya**, así como sus oficiales que, a pesar de saber que de no recibir municiones, no resistirían por mucho tiempo más el ataque, se sobrepusieron y arengaron a la tropa para mantener la defensa y rápidamente se enviaron nuevos correos informando sobre la confusión con el parque, solicitando el calibre adecuado, empero, las anheladas municiones nunca llegarían.

Mientras tanto, el combate arreciaba y se generalizaba. En la hacienda de los Portales, ubicada en las cercanías del convento, se trabó también recio y encarnizado combate, entre las avanzadas de los invasores que pretendían envolver a las fuerzas de Churubusco y algunos contingentes dirigidos por el mismo general **Santa Anna** para defender la posición.

Por otro lado, el convento de Santa María de Churubusco, era ya atacado desde todos los puntos y los asaltantes americanos, se precipitaban sobre los parapetos exteriores, en donde fueron una y otra vez rechazados gallardamente por las compañías de guardias nacionales de los batallones **Bravos** e **Independencia**. La fortaleza de Churubusco, de pronto se halló cubierta por una espesa e inmensa nube de humo, producida por las incesantes descargas de la artillería mexicana y de los tiradores ubicados en las aspilleras de los muros.

En el puente, la situación era desesperada. Los defensores mexicanos se hallaban prácticamente rodeados por el inmenso ejército americano, pero a pesar de ello, no cedían ni un ápice en su posición. La brigada de infantería ligera del **general Pérez** junto con una de las compañías del **batallón de San Patricio** y los españoles **del piquete de Tlapa**, habían hecho una carnicería con los atacantes yanquis que se volcaban contra ellos en oleadas interminables. Aquella coalición integrada por mexicanos, irlandeses y españoles, habían logrado detener y rechazar a los atacantes del puente, con nutrido fuego de artillería, fusilería y aún a punta de bayoneta y espada, pero tras poco más de dos horas de lucha, el parque finalmente se terminó, y sin elementos para proseguir la defensa, se tornó imposible mantener la posición ante el rabioso embate estadounidense. Era pues menester, replegarse hacia el interior del convento para continuar la lucha, por lo que, batiéndose en retirada, los mexicanos fueron retrocediendo hasta quedar el puente en poder del invasor. No obstante, los americanos al tomar el punto, se entusiasman y cargan en persecución de los valientes defensores que, aunque, se retiran en orden, son acosados duramente por el fuego enemigo y, es en este momento, que se suscita un acto de extraordinario valor, ejecutado por los 200 españoles que integraban los **piquetes de Tlapa**, pues, tras contemplar la caída del puente, y de que los defensores mexicanos en retirada, estaban siendo batidos por los americanos, deciden lanzarse en una relampagueante carga a la bayoneta contra las posiciones americanas, para dar oportunidad al resto de los defensores del puente de reagruparse hacia el convento. Los **piquetes de Tlapa**, integrados en su mayoría por españoles avecindados en la capital, se habían unido voluntariamente a la defensa, equipándose y armándose con sus propios recursos y, a pesar de que, a esas alturas del conflicto, el resultado de la guerra, prácticamente estaba zanjado a favor de los Estados Unidos, mostrando un gran sentido de pertenencia y de amor por nuestro país, se dispusieron a combatir, entregando su vida en aquella desigual lucha.

Los soldados estadounidenses, al presenciar aquella inconcebible carga suicida, no cabían en su asombro y, aunque al principio vacilaron, finalmente accionaron sus armas contra los gallardos integrantes del **piquete de Tlapa**, que al grito de *¡Viva México!* y *¡Viva España!*, se volcaron furiosamente sobre las filas americanas, que los diezmaron al recibirlos con intenso fuego de fusilería; sin embargo, consiguieron con su sacrificio, ganar tiempo para que el resto de los defensores, se retiraran al interior del convento en donde la lucha se encarnizó aún más.

Tras perderse la posición del puente, el general **Scott**, centró sus esfuerzos en doblegar a los defensores del convento, aglomerando más y más tropas en el asalto, pero los mexicanos, esta vez bien dirigidos por los generales **Anaya** y **Rincón**, no cedían terreno y acrecentaban el número de bajas estadounidenses, exasperando aún más al general en jefe estadounidense, pues no concebía que su poderoso ejército, estuviese siendo detenido por aquel puñado de patriotas que carecían de elementos para defenderse en forma adecuada.

Tras algunas horas de incesante combate, tuvo lugar una fatídica explosión en el depósito donde se almacenaba la escasa reserva de pólvora con que contaba el convento para continuar la defensa. Los artilleros mexicanos, quemados de la cara y de las manos por la frenética pelea que habían brindado al invasor con sus cañones, trinaban de la impotencia, por no poder seguir batiéndose ante la falta de municiones. A su vez, la infantería se había quedado también sin parque para seguir disparando sus fusiles, y de a poco, el infernal fuego que el convento había vomitado en forma mortal contra los estadounidenses, fue amainando, hasta que únicamente se distinguían y permanecían las aisladas descargas de los irlandeses del **Batallón de San Patricio**, pues solo ellos pudieron servirse del parque que había sido enviado por **Santa Anna**, ya que utilizaban los mismos fusiles que los del ejército americano.

Al terminarse el parque, el **general Anaya**, ordenó a las tropas que luchaban en los parapetos exteriores del convento, abandonar las posiciones que con tanto coraje y valor habían defendido, para que se refugiasen en el interior de la fortaleza, con la esperanza de prolongar la resistencia, en caso de que finalmente llegaran las municiones solicitadas al **general Santa Anna**, no obstante, el **teniente coronel Francisco Peñuñuri** del batallón **Independencia**, al ver que el invasor se aproximaba y que muy probablemente el parque no llegaría a tiempo, caló la bayoneta a su fusil y colocándose al frente de sus hombres, cargó contra los asaltantes del convento, lanzando vivas a la patria, y arengando a sus hombres para que lo siguieran. En aquella muestra de temeridad y valor excepcional, se resumía la frustración y la impotencia generalizada de todos los defensores del convento de Santa María que, apelaban al **general Rincón** y al **general Anaya** para que les permitiesen abandonar los muros del fuerte para lanzarse también a bayoneta calada contra los invasores y morir atravesándoles también el pecho, antes que rendirse por falta de parque.

El teniente coronel **Peñuñuri** y sus hombres, cayeron heridos por las balas americanas en aquel desesperado intento por contener la avalancha yanqui que bien pudo haber sido detenida en Monterrey, la Angostura, Cerro Gordo y Padierna, pero que, tras tantos errores, intrigas y negligencias, se erguía ahora gigantesca y avasalladora, imposible de dominar.

Finalmente, tras extinguirse por completo las descargas en el interior del fuerte, efectuadas por los colorados del **batallón de San Patricio** que, lucharon hasta consumir sus últimos cartuchos, o tras caer muertos o heridos, las tropas americanas ingresaron al recinto, encontrando en su interior al general **Manuel Rincón** como comandante de la posición y al general **Pedro María Anaya**, quien había sufrido diversas heridas por quemadura, producidas por las explosiones de aquel infernal combate.

El general estadounidense **David Twiggs**, quien fuera uno de los primeros oficiales americanos en entrar al convento, constató con asombro, la gran destrucción causada por el fuego de su artillería sobre aquella improvisada fortaleza y, al divisar en el atrio del recinto, al **general Anaya**, quien permanecía formado al frente de sus tropas, le saludó con respeto y tras un breve instante en el que intentaba dilucidar, cómo había sido posible que aquellos hombres mal equipados y escasamente armados, hubiesen podido ofrecer tan feroz y empecinada resistencia, se dirigió por medio de un intérprete hacia **Don Pedro María**, y le increpó preguntando:

—**General Anaya**, ¿en dónde se halla el parque?

Al escuchar esto, el bravo y pundonoroso general mexicano, permaneció sereno e inmutable y, tras recordar brevemente las repetidas y encarecidas solicitudes de municiones efectuadas a **Santa Anna**, y el envío de parque equivocado, suspiró hondamente y, esbozando un leve gesto que denotaba cierto grado de ironía, respondió en forma lacónica, pero también con verdad al general yanqui:

-General **Twiggs**, si aún hubiera parque, no estarían ustedes aquí.

Así concluyó aquella memorable batalla, en el convento de Santa María de Churubusco, en la que los bravos combatientes mexicanos, nuevamente dieron muestra de una abnegación y de un valor a toda prueba, a pesar de que, en su mayoría, no se trataba de soldados de línea, sino de civiles, que pelearon con denuedo, hasta quemar el último cartucho en defensa de su patria.

Grandes fueron las pérdidas para México, pues los invasores nos hicieron un total de 1155 soldados prisioneros, además de 238 bajas entre muertos y heridos. Por su parte, el ejército americano, sufrió 250 bajas aproximadamente, considerando también, muertos y heridos.

Tristemente, entre los soldados capturados en el interior del convento, se hallaba buena parte de los irlandeses de las compañías del **batallón de San Patricio**, quienes serían condenados a morir en la horca por traición, salvo aquellos que lograron demostrar, que habían desertado del ejército americano, antes de estallar el conflicto contra México, siendo estos últimos azotados y condenados a prisión, además de ser marcados con la letra "D" de desertor en el rostro, como fue el caso del líder del batallón irlandés, **John Reilly**.

En la actualidad (año de 2023) en el edificio del exconvento de Churubusco, se ubica el **Museo Nacional de las Intervenciones**, instaurado desde 1981, en donde aún se conserva un monumento dedicado a los héroes caídos en batalla contra el ejército americano, el cual fue inaugurado en el año de 1856, por el entonces presidente de México, el general **Ignacio Comonfort**. La inscripción del monumento dicta lo siguiente:

"A la memoria de los ilustres y esforzados mexicanos que, combatiendo en defensa de su patria, le hicieron el sacrificio de sus

vidas en este mismo lugar el día 20 de agosto de 1847. La nación mexicana consagra este monumento de gratitud, de honor y de gloria, siendo presidente de la república, Ignacio Comonfort".

Con la derrota de Lomas de Padierna y de Churubusco, ya no había obstáculo que se interpusiera entre el ejército americano y la ciudad de México, por lo que, si **Scott** hubiese ordenado continuar la ofensiva hasta capturar la capital, es muy probable que hubiese tenido éxito, ya que las tropas nacionales se hallaban dispersas y en retirada, pero, la intensidad de aquellos combates, también habían mermado considerablemente a las tropas estadounidenses que, se encontraban exhaustas y habían sufrido más de 1000 bajas, entre muertos, heridos y enfermos, además de que empezaban a sufrir escasez de alimentos por hallarse considerablemente alejados de su base de operaciones en Puebla.

Es por ello que, a pesar de las airadas protestas de sus generales, oficiales y de la tropa estadounidense en general, **Scott** celebró un alto al fuego por medio de un armisticio con el general **Santa Anna**, con el objetivo de dar descanso a sus tropas, reabastecerse e iniciar conversaciones de paz, no obstante, sus subordinados, creían que esto era un error, pues se daba oportunidad a que los mexicanos se rehicieran, y pudieran meterles en graves aprietos, pues se hablaba de que, considerando los efectivos con que contaba la guarnición de la ciudad de México, más las fuerzas dispersas y la división comandada por el propio **Santa Anna**, México podría tener hasta 15 mil hombres en armas, contra los 7000 soldados en condiciones de combatir, con los que contaba **Scott**.

El armisticio se pactó el día 22 de agosto de 1847 y en general ambas facciones beligerantes, se comprometían a no avanzar más allá del punto en que se encontraban estacionadas, ni ejecutar trabajos de fortificación, reconocimiento ni movilización de tropas, sin embargo, hubo un punto que indignó sobre manera a la sociedad y al pueblo de México, pues en el pacto, también se estipulaba que México, se obligaba a vender alimentos y víveres al ejército estadounidense, por todo el tiempo que durara el alto al fuego, es decir, sería nuestra obligación, alimentar y proveer de todo lo necesario a aquellos hombres que habían invadido nuestra tierra, derruido nuestras ciudades y matado a nuestros mejores hombres y mujeres, incluyendo a niños, como durante el terrible bombardeo del puerto de Veracruz.

Ante esta situación, el señalamiento de traición hacia **Santa Anna**, se generalizó todavía más, y se llegó al extremo de un enfrentamiento entre la ciudadanía capitalina y las fuerzas castrenses mexicanas, pues cuando un grupo de comerciantes y soldados americanos, ingresaron tranquilamente a la ciudad de México, para abastecerse de toda clase de víveres, la indignación de la gente fue tal que, espontáneamente cargaron contra ellos con palos y piedras, rodeándolos con la intención de lincharlos y, es aquí que, apelando al armisticio pactado con los estadounidenses, las autoridades mexicanas envían tropas para detener a la población civil y defender la integridad de los invasores yanquis, matando e hiriendo a mexicanos dignos y valientes que, al margen de los acuerdos militares y políticos, veían como una traición a la patria y un ultraje a su orgullo nacional, permitir que los americanos entraran como Pedro por su casa en su ciudad, y se llevasen víveres y bagajes de los cuales carecían los propios soldados mexicanos.

Este vergonzoso episodio que, sirve de muestra de los sucesos insólitos e irracionales que pueden llegar a suscitarse durante una guerra, fue otra mácula más en el poco prestigio que le quedaba a **Don Antonio López de Santa Anna**, si es que aún le restaba algo de ello a su excelencia en aquellos momentos y, aunque se excusaba, argumentando que no habría sido posible continuar la defensa sin aquella tregua, aquel suceso apuntalaría aún más el halo de traición que envolvería su figura con el paso del tiempo.

Finalmente, tras dos semanas de tregua, el general **Scott**, comunica al general **Santa Anna**, su decisión de dejar sin efecto el armisticio, esgrimiendo que, el ejército mexicano, no había respetado los puntos tratados en el documento, pues tenían pruebas de que nuestras tropas habían continuado los trabajos de fortificación a pesar de lo acordado, lo cual era cierto, pues **Santa Anna**, prácticamente no respetó lo convenido y continuó con la movilización de tropas y de reforzamiento de los puntos donde pensaba que atacarían los americanos. La tregua había terminado, dando paso nuevamente al atroz y siempre sombrío escenario de la guerra. Todavía, habrían de morir por ambos bandos, varios miles de hombres más, antes de finalizar aquel inocuo conflicto.

El 7 de Septiembre de 1847, las fuerzas americanas al mando del general **William J. Worth**, segundo del general **Scott**, se situaron frente a la edificación conocida como molino del Rey, constituida por dos molinos, el del Salvador, destinado a la molienda de trigo y, el molino del Rey, antiguo molino de pólvora. Ambos edificios, se hallaban divididos por un acueducto y formaban una excelente posición defensiva, ubicada en los linderos del bosque de Chapultepec, en cuya retaguardia, tras del bosque, se erguía imponente el hermoso castillo de Chapultepec, que en aquél entonces, fungía como sede del colegio militar.

La intención de los norteamericanos, era capturar a como diera lugar esta posición, ya que el general **Scott**, había recibido informes de que el ejército mexicano, almacenaba una gran cantidad de cañones y de pólvora en el interior del molino del Rey y de la Casa Mata, antigua construcción ubicada muy cerca del molino, hacia su flanco derecho. **Scott** pensaba que, al apoderarse de las reservas de pólvora y de los cañones de **Santa Anna**, a los tercos y tozudos mexicanos no les quedaría más remedio que rendirse, conquistando la capital azteca sin necesidad de combatir en el interior de la misma, no obstante, previendo el movimiento de los invasores, **Santa Anna** destacó en este punto, cerca de 4000 hombres para su defensa, ubicando en el flanco izquierdo del molino y, en parte del centro, a los batallones de Guardia Nacional: **Mina, Querétaro, Libertad y Unión**, al mando del general **Antonio de León**, quien lamentablemente moriría combatiendo valientemente en aquella sangrienta jornada. Reforzando también el centro y, cobijadas tras densos campos de maguey, colocó varias piezas de artillería, sostenidas por algunos contingentes al mando del general **Simeón Ramírez** y, cubriendo el flanco derecho del Molino y la Casa Mata, se colocó a la brigada de infantería del general **Francisco Pérez**, quedando como reserva en la retaguardia del Molino, protegidos por la espesura del bosque, dos batallones a las órdenes del teniente coronel **Miguel María Echegaray**, empero, como un as bajo la manga, **Santa Anna** dispuso que, 4000 jinetes dirigidos por el general suriano **Juan Álvarez**, se situaran en las inmediaciones de la hacienda de los Morales, muy cerca de la Casa Mata, para que se lanzasen sobre el flanco izquierdo y la retaguardia enemiga cuando el momento fuera propicio.

Por su parte, los estadounidenses contaban con 4500 soldados, mandados por el general **Worth**, dispuestos en varias columnas y apoyados por su poderoso y efectivo fuego de artillería, cuyos cañones habían sido emplazados en las alturas de las lomas de Tacubaya, que miraban hacia las edificaciones del molino del Rey. De los 4500 efectivos yanquis, 300 eran dragones de caballería.

Todo el día 7 de Septiembre, ambos ejércitos permanecieron dispuestos frente a frente pero sin efectuar movimientos hostiles, sin embargo, al caer la noche, **Santa Anna** dispuso que casi la mitad de las tropas que guarnecían el centro y el flanco izquierdo de las defensas del molino, se retiraran a las garitas del sur de la ciudad de México, en particular a la de San Antonio Abad, pues su excelencia supuso que, la inactividad de las fuerzas de **Scott,** situadas frente al Molino, obedecían a un señuelo para cubrir el verdadero ataque que lanzaría por el sur. Esto puede parecer inconcebible, sin embargo, para **Santa Anna**, el Molino del Rey, no representaba la misma importancia que para **Scott**, pues aunque era una posición que junto con el castillo de Chapultepec, protegían el poniente de la ciudad, en contraste con la información con la que contaba el general estadounidense, de que, al hacerse con el molino, quedaría en poder de todas las reservas de pólvora del ejército mexicano, la situación era muy distinta, pues, si bien el Molino y la Casa Mata, sí almacenaban pólvora, de ninguna manera se trataba de las cantidades que los americanos creían, no obstante, esta acción nuevamente despertó sospechas de traición por parte de su excelencia, aunque en realidad se tratase de un error más, dentro del cúmulo de trágicas decisiones tomadas por el general presidente.

La mañana del 8 de septiembre de 1847, el general **Scott**, ordenó romper el fuego de su artillería, contra las posiciones del Molino del Rey, acompañando el ataque con el empuje de tres nutridas columnas, al mando del general **William Worth**. Los cañones americanos, rugían atronadoramente, protegiendo el veloz avance de la infantería yanqui que, se lanzaba con decisión a bayoneta calada sobre nuestras posiciones. Responde entonces con firmeza y determinación la artillería mexicana colocada en la parte central de las afueras del molino, apoyada por el fuego de los cañones del Castillo de Chapultepec que, intentaban contener la impetuosa oleada de atacantes.

A pesar del nutrido fuego de fusilería, y del gran número de bajas sufrido en aquel arriesgado ataque, los estadounidenses lograron llegar hasta los parapetos exteriores de la fortaleza, trabándose un feroz combate a sable y bayoneta, en el que el ímpetu de los yanquis, se impuso a la denodada resistencia de los defensores mexicanos que, al ser superados en número, hubieron de abandonar las piezas de artillería bajo su resguardo, quedando éstas en poder del enemigo.

Ante esto, los soldados americanos, eufóricos por su hazaña, enganchan los cañones mexicanos y emprenden la carrera a toda prisa hacia sus filas, exclamando gritos de júbilo y victoria por su inicial triunfo, empero, antes de que pudieran unirse al grueso de sus tropas, uno de los batallones de reserva mexicanos comandados por don **Miguel María Echegaray**, se lanza tras ellos, alcanzándolos y atacándoles por la retaguardia, mientras los invasores intentaban huir con nuestros cañones. Los americanos, sorprendidos, se detienen, y forman en línea de tiro para defenderse, pero los mexicanos no se arredran y se enfrascan en una lucha cuerpo a cuerpo con los invasores, en la que, con el apoyo de un piquete de soldados del **Batallón Mina**, de la Guardia Nacional, al mando del coronel **Lucas Balderas**, se logra finalmente arrebatar al enemigo, los cañones perdidos, no quedando más opción a los americanos que batirse en retirada para tratar de reorganizarse. De igual forma, el ataque en el flanco izquierdo del molino y en el sector derecho, donde se ubica la Casa Mata, es exitosamente rechazado por nuestras tropas, quedando cientos de soldados americanos muertos en el campo, provocando algarabía y elevando el ánimo entre los defensores mexicanos que, nuevamente vuelven a creer en la posibilidad de triunfo, sin embargo, rápidamente vuelven a enfocar sus esfuerzos en la defensa, pues a poco de haber rechazado el ataque enemigo, los americanos se rehacen y otra vez cargan contra nuestras posiciones, con renovados bríos y con un fuego de artillería mucho más intenso que el del ataque inicial. Vuelven a responder entonces los cañones del Castillo de Chapultepec y la artillería del molino, y otra vez se traba una dura refriega generalizada en todos los frentes, con fuego de fusilería y también cuerpo a cuerpo.

La batalla es sangrienta y muchos americanos mueren, pero también cientos de patriotas mexicanos, caen combatiendo, en defensa de nuestra soberanía, como el general **Antonio de León** y el coronel **Gregorio Vicente Gelati**, acaecidos combatiendo ferozmente, al frente de sus hombres, así como el coronel **Lucas Balderas** que, tras un choque con tropas enemigas, es herido de gravedad en el vientre, pero dando un gran ejemplo de valor y coraje, continúa luchando y alentando a los integrantes del **Batallón Mina** que, conmovidos al presenciar la bravura con que aún se batía su coronel, se lanzan tras de él, imbuidos de fervor patrio, barriendo a los americanos, sin embargo, tras finalmente verle desplomarse en el suelo por las heridas sufridas, es retirado del campo hacia el interior del molino, en donde muere en brazos de su hijo, que también se hallaba combatiendo en aquella cruenta batalla.

Múltiples actos de heroísmo y sacrificio, tuvieron lugar en la batalla del Molino del Rey y, ante aquél segundo ataque generalizado de la infantería yanqui que, con redoblados esfuerzos intentaba hacerse con el control del edificio, los defensores mexicanos, ofrecieron una rabiosa y decidida resistencia, pues eran conscientes de que los 4000 jinetes del general **Juan Álvarez**, estacionados en la Hacienda de los Morales, en cualquier momento podrían caer sobre el flanco izquierdo y la retaguardia enemiga, siendo pues menester, rechazar a todo trance al enemigo, para que al retirarse, la caballería mexicana los atacase y despedazara y, luchando bajo esta convicción, los heroicos defensores del molino, ya casi sin parque y sin municiones para su artillería, saltan los muros y parapetos del fuerte, y se lanzan en una frenética carga a la bayoneta que sorprende y llena de pánico a los atacantes estadounidenses que, poniendo pies en polvorosa, vuelven a retirarse ante tan inesperado contra ataque, en el que muchos de ellos son atravesados por el acero de los mexicanos que les persiguen arrebatadamente haciendo la mayor cantidad de bajas posibles.

Al verlos retirarse, los mexicanos, exclaman con júbilo, sendos vivas a la patria y observan en forma expectante hacia el horizonte, esperando que la caballería del general **Álvarez**, se haga presente y cargue contra el enemigo que huye desordenadamente en retirada, sin embargo, el ataque de los jinetes nunca llega, causando un gran desconcierto entre los bravos defensores del molino que, a pesar de haber sido disminuidos en número, por las tropas que el general **Santa Anna** había retirado la noche previa, habían logrado detener y hacer huir en dos ocasiones, al poderoso y engreído ejército estadounidense. No se explicaban pues, por qué los jinetes del general **Álvarez**, permanecían inmóviles en la hacienda de los Morales, dando oportunidad a que los americanos se reagruparan.

Finalmente, heridos en su orgullo, por el gran número de bajas sufridas y por el hecho de haber sido rechazados por segunda ocasión, los americanos se reorganizan y haciendo uso de sus cuerpos de reserva, se lanzan en un último ataque para tomar a como dé lugar las edificaciones del molino, con las ansiadas reservas de pólvora y cañones de **Santa Anna** que, el general **Scott**, suponía encontraría en su interior.

Los mexicanos, a pesar de la rabia y la desilusión de saberse nuevamente traicionados, pues la caballería del general **Álvarez** no solo no cargaba contra los americanos, sino que comenzaba a retirarse del campo, se dispusieron a resistir nuevamente el ataque, con el poco parque y municiones de artillería que les quedaba.

Esta vez, la defensa fue desesperada y, los americanos, furiosos por sus pérdidas y el infierno que habían tenido que pasar a manos de los defensores mexicanos, se volcaron de lleno, capturando poco a poco, cada una de las edificaciones del molino. En este trance, nuevos episodios de heroísmo y patriotismo tuvieron lugar, como fue el del capitán **Margarito Zuazo** del **Batallón Mina** de la Guardia Nacional que, al percatarse de la caída del abanderado de su escuadrón, se apresuró a levantar el estandarte y, abriéndose paso con su espada entre multitud de enemigos que lograron herirle con sus bayonetas, se dirigió hacia el interior de la fortaleza, en donde tinto en sangre y, tras retirarse su enrojecida y empapada chaqueta, se ciñó la bandera mexicana al torso para protegerla mientras continuaba la lucha contra los invasores, empero, al salir del molino, fue rodeado por varios enemigos, a los que se enfrentó espada en mano, matando e hiriendo a algunos, pero sufriendo esta vez heridas fatales. En su agonía, el valeroso capitán **Zuazo**, todavía logró ocultarse, para que, al entregar su alma al creador, el estandarte no fuera encontrado por los americanos, pues seguramente cometerían toda clase de vejaciones con su querida bandera. Tras finalizar la batalla, el cuerpo de **Margarito Zuazo**, fue encontrado por su madre y, envuelta aún en su torso, yacía roja y ennegrecida la bandera de su batallón a la que había protegido hasta su último aliento.

Volviendo al desarrollo de la batalla, los mexicanos, al ver que la situación estaba perdida, con tristeza, comenzaron a retirarse en orden de las fortificaciones, no sin antes inutilizar todas las piezas de artillería que había en el interior para que no pudiesen ser reutilizadas por los yanquis.

Los americanos, al ingresar al recinto, buscaron con avidez las ansiadas reservas de pólvora de **Santa Anna**, pero no encontraron gran cosa y, como si esto fuera poco, al encontrarse reunidos dentro de la fortaleza, un cañonazo disparado desde el castillo de Chapultepec, cayó dentro de la edificación, haciendo estallar varios sacos de pólvora, desencadenando una mortal explosión que mató al instante a varios oficiales y soldados yanquis, dejando heridos y fuera de combate a otros más.

Así finalizó la batalla por el molino del Rey, en la que otra vez las tropas mexicanas de línea y las de la guardia nacional, dieron muestra de un valor superior, rechazando en un par de ocasiones en forma gloriosa a los miles de atacantes estadounidenses pero que, al no recibir el apoyo convenido de la caballería del general **Álvarez**, no tuvieron más remedio que abandonar las fortificaciones.

Por su parte, el ejército yanqui, aunque victorioso, sufrió poco más de 800 bajas entre muertos y heridos, pagando un costo altísimo, a cambio de conquistar las posiciones mexicanas que terminaron por no ofrecer la cuantiosa recompensa de pólvora y cañones que **Scott** esperaba. Esta victoria pírrica de los estadounidenses, redujo sus fuerzas a solo 6000 hombres en condiciones de combatir y produjo gran malestar entre la tropa y la oficialidad americana que consideraron un gravísimo error estratégico de su general en jefe, por haber sacrificado tantos recursos y hombres en capturar un punto que carecía de demasiado valor, el cual, al terminar la jornada, optaron mejor por abandonar. Del lado mexicano, las pérdidas también fueron altas, pues se perdieron 770 hombres entre muertos, heridos y prisioneros.

¿Qué habría pasado si **Álvarez** y sus jinetes atacan el flanco izquierdo americano cuando los invasores se encontraban en franca retirada, tras ser perseguidos por los defensores del molino? Esta simple acción, habría cambiado el curso de la batalla y probablemente también el de la guerra, pues habría sido una derrota catastrófica para los estadounidenses que les habría obligado a replantear la situación, sin embargo, esto no fue así y finalmente, los americanos, quedaron en poder del molino, restando como único obstáculo en su camino, el imponente castillo de Chapultepec, hogar de los cadetes del colegio militar de México.

Álvarez, al ser tachado de cobarde y traidor, por no haber cargado contra los estadounidenses cuando se hallaban más vulnerables, argumentaría en su defensa que, el terreno no era propicio para una carga de caballería, sin embargo, esto era discutible, pues los 300 dragones yanquis de **Worth**, sí participaron en la batalla, apoyando los ataques al molino, demostrando que la versión del general suriano, era más un pretexto que una razón de peso, levantando aún más sospechas y suspicacia en torno a su figura, pues en 1846, ya en plena guerra contra los Estados Unidos de América, el general **Álvarez** que, había apoyado la rebelión en contra del entonces presidente **Mariano Paredes**, obstaculizó en Acapulco el envío de tropas mexicanas hacia la alta California y recibió en el mismo puerto de Acapulco, así como en Zihuatanejo, armas y municiones, procedentes de Norteamérica, para ayudar a derrocar al gobierno de **Paredes**. Es decir, **Álvarez** que era masón, al igual que **Valentín Gómez Farias**, había entrado en tratos con los estadounidenses en pleno conflicto entre ambas naciones, por lo que su conducta en la batalla del molino del Rey, fue mucho más que sospechosa.

Por su parte **Santa Anna**, quien permanecía con su división intacta, pues había participado muy poco en las acciones, desde la llegada de los invasores a los linderos de la capital, acabada la batalla en el molino del Rey, muy a su estilo, transformó la derrota sufrida, en gloriosa victoria, haciendo repicar las campanas de los templos, e insistiendo que a nada habían estado las armas mexicanas de despedazar por completo al enemigo, lo cual hubiese sido cierto si el general **Álvarez**, se hubiera lanzado atacando el flanco izquierdo enemigo, en el momento preciso, pero esto no ocurrió. Para colmo, como si su excelencia se encontrase fuera de sí y totalmente abstraído de la realidad, el día 11 de septiembre, ordenó organizar y celebrar un banquete en su honor, en conmemoración de su victoria en la batalla de Tampico, sobre la expedición de reconquista española de 1829, comandada por el general **Isidro Barradas**.

Para **Don Antonio**, su ego estaba por encima de cualquier cosa y, aunque los americanos trabajaban afanosamente en los preparativos para atacar el castillo de Chapultepec, su excelencia se entregaba al placer de las lisonjas y adulaciones que hacia su persona ofrecían, el grupo de militares, funcionarios y señores de la alta sociedad, que deseaban congraciarse y conseguir el favor del caudillo.

Mientras tanto, el general **Scott**, tras una acalorada y difícil discusión con sus generales, sobre la viabilidad de lanzar su ataque definitivo a la ciudad por el sur, punto menos fortificado, pero que se hallaba defendido por un mayor número de tropas mexicanas, o atacar por el poniente, intentando tomar el castillo de Chapultepec, considerado como inexpugnable por los americanos, pero cuya guarnición era mucho menor, finalmente decidió jugarse el todo por el todo y ordenó a sus lugartenientes, prepararse para un ataque general contra Chapultepec, juzgando que aunque sería difícil la conquista de aquella formidable fortaleza, si lo conseguía, la ciudad prácticamente sería suya, ya que desde ese punto surgían las calzadas de Belén y San Cosme que se comunicaban en forma directa con la tan codiciada capital de México, no obstante, el general yanqui ejecutó su plan, sin dejar de amagar las garitas del sur de la ciudad, a donde también envió un contingente, para intentar confundir al general **Santa Anna**, quien se obstinaba en su idea de que el ataque definitivo de los americanos, terminaría siendo por el sur, y fue precisamente ahí en donde concentró la mayor parte de sus fuerzas, desguarneciendo casi por completo Chapultepec, en donde solo había una guarnición de poco más de 800 soldados, más los 50 cadetes del colegio Militar.

Desde tiempos ancestrales, el área y los alrededores del cerro de Chapultepec, cuyo significado en náhuatl es ***Cerro del Chapulín***, había sido considerado un lugar sagrado y de gran importancia dentro de la cultura de nuestros antepasados. Los antiguos habitantes de las cercanías de Chapultepec, creían que la pureza y belleza incomparable de sus aguas, podían aliviar las cargas del corazón y de la conciencia, así como curar las enfermedades físicas de todo aquél que se sumergiese en ellas.

Las historias y registros del cerro de Chapultepec, aparecen en varios textos y códices antiguos, escritos en náhuatl, elaborados pocos años después de la conquista de Tenochtitlán.

En Chapultepec, fue donde **Huémac**, señor de los toltecas y gobernante de la ciudad de Tula, se suicidó, poco antes de la ruina definitiva de su pueblo, a causa de la sequía y el hambre y, fue también el lugar en donde, aproximadamente en el año 1250 D.C., se asentarían los mexicas, en su llegada al valle del Anáhuac.

Así mismo, fue en Chapultepec en donde se inició la construcción de un acueducto, con la intención de dotar de agua limpia a la ciudad de Tenochtitlán, por el año de 1465 D.C., en tiempos de **Moctezuma Ilhuicamina**, señor de los aztecas, y del rey poeta **Netzahualcóyotl**, señor de Texcoco. Y fue también en ese mismo lugar en donde tras conocer sobre el arribo de los conquistadores españoles a quienes se les consideraba dioses, el hueitlatoani mexica, **Moctezuma Xocoyotzin**, pensó en refugiarse, utilizando la antigua cueva de Cincalco, la misma en donde siglos atrás, se había suicidado **Huémac**, antiguo señor de los toltecas. Paradójicamente, el gran tlatoani **Moctezuma Xocoyotzin**, visitó por última vez Chapultepec, en calidad de prisionero, pues el capitán español, **Hernán Cortés**, tras apresar al monarca durante su estancia en Tenochtitlán, le permitía acudir a Chapultepec bajo custodia, para recrearse y practicar la cacería.

Durante el período colonial, el castillo, fue construido como casa de recreo y descanso para los virreyes de la nueva España, iniciando su edificación en 1785 por orden del virrey **Bernardo de Gálvez**, quedando las obras de construcción a cargo del arquitecto **Manuel Agustín Mascaró** y, con el paso del tiempo, ya en nuestra época independiente, se convirtió en sede del Colegio Militar, también conocido como "El nido de los aguiluchos" cuya creación se dio por decreto del mismísimo **Antonio López de Santa Anna**, en 1833, sin embargo, el establecimiento de la academia en el castillo, tuvo lugar hasta 1842, cuando el gobierno finalmente destinó recursos para adaptar y equipar el edificio debidamente. Inicialmente, la escuela contaba con espacio para 200 alumnos, divididos en 2 compañías, en la que cada unidad contaria con 1 capitán, 2 tenientes, 1 sargento primero, 4 sargentos segundos y 8 cabos, siendo el objetivo principal de la institución, formar a los futuros oficiales de todas las armas del ejército mexicano. En las décadas posteriores, el castillo se convertiría en hogar y residencia de varios presidentes, entre ellos el general don **Porfirio Díaz** e incluso, unas décadas antes, durante la segunda intervención francesa a México, serviría de morada para los emperadores

Maximiliano de Habsburgo y **Carlota de Bélgica**, fungiendo en la actualidad (año de 2023) como museo nacional de Historia.

Volviendo al relato de los hechos, la mañana del 12 de Septiembre de 1847, el general **Scott**, que con antelación había enviado una brigada para amenazar las garitas de Niño Perdido, La Candelaria y San Antonio Abad, ubicadas al sur de la ciudad, con el objetivo de hacer creer al general **Santa Anna** que el ataque efectivamente se realizaría por ese sector, ordenó iniciar un devastador bombardeo sobre el castillo y el bosque de Chapultepec, emplazando sus baterías en Molino del Rey, Tacubaya y otros puntos, de tal forma que la fortificación y sus alrededores fueran batidos desde todas las direcciones posibles. El poderío de la artillería americana, se dejó ver en todo su esplendor en aquella jornada, pues desde que salió y hasta que se ocultó el astro rey, no dejó de disparar, provocando gravísimos daños sobre las paupérrimas e improvisadas obras de defensa del castillo, así como en la guarnición defensora que, poco podía hacer para guarecerse de tan infernal ataque.

Las 7 baterías con que contaba el castillo, cuya defensa había sido encomendada al héroe de la guerra de independencia y venerable general, **Don Nicolás Bravo**, respondían lo mejor que podían, sin embargo, desde el inicio del bombardeo americano, uno de los cañones quedó inutilizado y los 6 restantes, eran simplemente insuficientes para contrarrestar la poderosa ofensiva estadounidense que, se servía también, de los cañones arrebatados a nuestras tropas en anteriores batallas, batiéndonos con nuestras propias armas.

El general **Bravo**, solicitó con insistencia al general **Santa Anna**, que se le enviara una cureña para volver a emplazar el cañón dañado, además del envío de tropas de refuerzo, pues tras aquel inmisericorde bombardeo, era cosa segura que los americanos se lanzarían con todo para capturar la posición, pero **Santa Anna**, obstinado como era, nunca envió la cureña solicitada y respondió al general **Bravo**, que enviaría refuerzos, solo si él juzgaba que la situación así lo ameritaba y lo haría en el momento decisivo, pues no quería exponer a las tropas de refuerzo al fuego de la artillería yanqui.

Don Nicolás Bravo, indignado por la respuesta de **Santa Anna**, pues su excelencia, a pesar de estar al tanto de los acontecimientos, sostenía su postura de que los americanos atacarían por el sur, manteniendo el grueso de sus tropas en las garitas de ese sector y, retirando incluso algunos contingentes destinados a la defensa de Chapultepec, para reforzar la posición por donde juzgaba avanzaría el general **Scott**, no tuvo más remedio que disponerse a luchar con los pocos elementos con que contaba. Previo al ataque americano, el **general Bravo** había ordenado fortificar los accesos al castillo, edificando parapetos en el exterior del mismo, así como en el bosque y, de igual manera, se inició la construcción de un foso que no fue posible terminar, dada la proximidad del indefectible ataque enemigo y, a la poca importancia que **Santa Anna** prestó a la defensa del punto. De igual forma, se colocaron minas en los trayectos por los que se esperaba avanzaría el ejército yanqui y se blindaron lo mejor posible los techos de los depósitos de pólvora y municiones, así como los de las habitaciones de los cadetes del Colegio Militar, ubicadas en el alcázar, pues a pesar de la insistencia del general **Bravo** y del rector de la academia, general **Mariano Monterde**, para que los 50 alumnos se retirasen a sus casas, con la finalidad de proteger su integridad del inminente ataque americano, los cadetes se rehusaron tajantemente y, a pesar de la instrucción de mantenerse en sus habitaciones en caso de ataque, se aprestaron a defender su Colegio en contra del invasor, pues, para aquellos jóvenes, imbuidos del más alto sentido de responsabilidad y patriotismo, era poco más que inaceptable, retirarse en paz a la seguridad de sus casas, mientras existiera la posibilidad de que el invasor profanara con su presencia el suelo patrio, así como el recinto de su amado Colegio, en el que por largo tiempo se habían preparado para convertirse en futuros oficiales del ejército mexicano, con el compromiso irrenunciable de defender y servir a la patria, fungiendo como ejemplo de disciplina, rectitud y valor ante sus tropas

De esta manera, los 50 cadetes, cuyas edades oscilaban entre los 13 y los 20 años, sin tener la obligación de quedarse a combatir y habiendo tenido la oportunidad de retirarse a salvo, apelaron a su honor y patriotismo, permaneciendo en las instalaciones del Colegio, dispuestos a batirse contra el enemigo, siendo en su mayoría, apenas unos niños.

Mientras tanto, al caer la noche de aquél fatídico 12 de septiembre, tras más de 12 horas disparando sin descanso sobre las posiciones del castillo, el mortal fuego de los cañones estadounidenses finalmente cesó. Los estragos provocados en la fortificación, habían sido muy grandes y, muy poco pudo hacerse para efectuar las reparaciones más indispensables durante la noche, pues la mayor parte de la guarnición hubo de dedicarse a auxiliar y recoger a los muertos y heridos de aquel inmisericorde ataque.

Por su parte, los estadounidenses, que tras el terrible combate en el Molino del Rey, estaban convencidos de que su intento por tomar el castillo, representaría una misión mucho más peligrosa y arriesgada en la que existía una gran posibilidad de ser derrotados, pues concebían a Chapultepec como una posición inexpugnable y de incomparable importancia estratégica, que seguramente sería defendida con gran fiereza por los mexicanos, decidieron atacar utilizando el máximo poder de su artillería, además de emplear casi a la totalidad de las tropas en posibilidad de combatir con que contaban, es decir, con un número aproximado de poco más de 6000 hombres, pues se hallaban en la creencia de que **Santa Anna**, dispondría a una cantidad importante de soldados en el exterior del castillo para detener su avance, o intentaría atacarles por el flanco o retaguardia cuando se trabase el enfrentamiento con los defensores, por lo que, apelando a esta consideración, destinaron un cuerpo de reserva con la finalidad de mantenerse a la expectativa y entrar en combate, solo en caso de presentarse la necesidad de contener el avance de posibles refuerzos por parte del ejército mexicano, lo cual juzgaban prácticamente inevitable. El plan del general **Scott**, consistía en lanzar un ataque a bayoneta calada por todas las vías posibles hacia el castillo, organizando sus fuerzas en tres columnas, al mando de los generales **Worth**, **Pillow** y **Quitman**, mientras su avance era apoyado por su vigorosa artillería, coronando su victoria con la captura a sangre y fuego del alcázar.

Mucho se prepararon para aquel combate los norteamericanos, empleando casi todos los elementos con que contaban, pues si Molino del Rey había representado una cruenta y espantosa carnicería, en Chapultepec esperaban un combate mucho más enconado, equiparable tal vez al de un dantesco infierno, sin embargo, gran sorpresa habrían de llevarse los invasores yanquis, al comprobar que su cálculo había errado, pues de los aproximadamente 800 y pico de soldados que defendían el castillo, más de la mitad desertaron durante la madrugada del 13 de Septiembre, tras sufrir el horror desatado por los cañones americanos y constatar que el general **Santa Anna**, una vez más los había abandonado a su suerte, al no enviar refuerzos ni material de guerra alguno en su auxilio, de la misma forma en que había sucedido en Molino del Rey, Churubusco y Lomas de Padierna, no obstante, este episodio aunque es poco conocido, probablemente para evitar cualquier mancha en la heroica gesta de los defensores de Chapultepec, lejos de ser una mácula, enaltece aún más el sacrificio y el valor de los que se quedaron a combatir, pues a pesar del desaliento de ver a sus camaradas huir, hallándose en total desventaja y sin la más mínima posibilidad de victoria, decidieron permanecer en sus puestos y plantar batalla al soberbio invasor, al que hicieron pagar con ríos de sangre el desenlace de aquella lúgubre jornada.

Apenas clarear los primeros brazos de sol del día 13 de septiembre de 1847 que, indiferentes a las vicisitudes humanas, iluminaban y colmaban de hermosura y brillo las copas de los árboles del primoroso bosque de Chapultepec, el ensordecedor estruendo de los cañones estadounidenses, anunció la reanudación del terrible bombardeo que los yanquis iniciaran desde el día 12, sobre las posiciones del Castillo.

Los habitantes de la ciudad de México, testigos de aquél funesto escenario, presenciaban los acontecimientos con impotencia, acrecentando su preocupación, pues a pesar de las rimbombantes proclamas del general presidente, en las que aseguraba que se detendría a los invasores a cualquier coste, eran conscientes de que, si Chapultepec se perdía, muy poco podría hacerse para evitar la caída definitiva de la capital.

Innumerables veces, habían solicitado armas a las autoridades de la ciudad y al ejército de **Santa Anna**, para sumarse a la defensa, pues comprendían que, si el pueblo se unía a la lucha como en los tiempos de la guerra de independencia, los 6000 hombres y los modernos cañones del general **Winfield Scott**, nada podrían hacer para detener la avalancha de mujeres y hombres patriotas que se plantarían ante ellos, pero, como ya hemos mencionado, esto no sucedió, debido a la paupérrima situación económica de nuestro gobierno que, ni siquiera era capaz de proveer de armamento y equipo adecuado a nuestras menguadas y harapientas tropas, cuya desesperada y valiente lucha por defender el honor y el patrimonio de nuestra nación, no cejaba, a pesar de la desigualdad y la adversidad en que se hallaban obligadas a combatir.

Mientras tanto, en el castillo, Don **Nicolás Bravo y el general Monterde**, al constatar con cierto abatimiento que su guarnición se había reducido a menos de la mitad, debido a las bajas originadas por el bombardeo yanqui y a la deserción masiva de los reclutas que, sin más, huyeron en medio de la noche; probablemente sopesaron la posibilidad de rendir la posición, considerando que no contaban con elementos suficientes para ejecutar una defensa efectiva, empero, tras breves deliberaciones, el pundonor, vergüenza y patriotismo que habían observado durante toda su carrera militar, los impulsó a determinar la imposibilidad de rendirse ante el invasor sin pelear. Si habrían de sucumbir, sería dándole un infierno de batalla al enemigo, haciéndole pagar con la vida de cientos de sus soldados, su osadía. **Don Nicolás** y **el general Monterde**, reunieron pues a sus oficiales y, tras pronunciar una breve pero encendida arenga a toda la tropa, se dispusieron a defender el castillo a todo trance.

Entretanto, tras algunas horas de haberse reanudado el bombardeo, aproximadamente a las 8:00 de la mañana del 13 de septiembre de 1847, el general **Scott** da la orden a sus columnas de iniciar el asalto, cubriendo su avance con el furioso fuego de su artillería.

El general **Bravo**, dispone de inmediato que el fuego de los cañones de Chapultepec, se concentre contra las columnas enemigas y sitúa alrededor de 200 hombres en los parapetos exteriores del castillo y en las inmediaciones del bosque para intentar detener el alud de atacantes, compuesto por 6000 infantes yanquis, que atravesaban el campo a toda prisa, intentando evitar los proyectiles de la artillería mexicana.

Al tener a tiro a los estadounidenses, los defensores mexicanos de los parapetos exteriores, dirigidos por el **general Pérez**, abren fuego, tratando de detener el avance enemigo, pero, aunque muchos americanos caen, su superioridad numérica es avasalladora, logrando llegar a la primera línea de defensa mexicana, en donde se traba tremenda refriega cuerpo a cuerpo, en la que unos a otros se traspasan violentamente a sable y bayoneta.

La situación para los defensores era desesperada, y el **general Bravo**, que tras recibir una negativa de envío de refuerzos por parte del **general Rangel** quien se hallaba ubicado con tropas de reserva en las cercanías de la parte oriental del Castillo, pues **Santa Anna**, había prohibido el movimiento de esa tropa, salvo orden expresa firmada por él mismo, finalmente recibió el apoyo de una reducida fuerza enviada por su excelencia. Se trataba de 400 hombres que integraban el **Batallón Activo de San Blas**, cuyo comandante era el valeroso **teniente coronel Felipe Santiago Xicoténcatl**, quien había sido herido en combate en la sangrienta batalla de la Angostura, y que acudía ahora a combatir en una lucha desesperada, en la que, comprendía, que muy probablemente, él y sus hombres encontrarían la muerte, pues el monstruoso ataque americano, compuesto por 6000 soldados, era imposible de ser detenido con el reducido contingente de su batallón y el de los defensores del castillo, no obstante, **Xicoténcatl**, alistó a sus hombres y tras una breve oración, seguida de una vehemente arenga, se colocó a la cabeza de los bravos soldados del **Batallón de San Blas** y marchó a toda prisa hacia la posición.

En el bosque la batalla era brutal y feroz y, al ir cayendo los defensores dispuestos por el general **Bravo**, debido a la poderosa y numerosa ofensiva yanqui, la resistencia poco a poco fue mermando, hasta que de pronto, en el momento más crítico del combate y cuando nuestras líneas estaban siendo ya rebasadas, aparecen en la cercanía, marchando a paso veloz con banderas desplegadas, entre redobles de tambores y vivas a la patria, los gallardos integrantes del **batallón de San Blas**, que apenas llegar, se lanzan a la carrera a bayoneta calada sobre los atacantes yanquis, sorprendiéndoles y causándoles sensibles y terribles bajas que los obligan a replegarse momentáneamente, empero, instantes previos a la entrada en acción del **batallón de San Blas**, el oficial **Manuel Alemán**, encargado de accionar la mecha de las minas dispuestas por el general **Bravo**, al observar que la resistencia de la primera línea de defensa mexicana, estaba siendo casi superada, acude con urgencia a encenderlas, pues la columna estadounidense atravesaría la zona minada en cualquier momento, no obstante, al cargar el **batallón de San Blas** y unirse también al contra ataque el resto de los defensores mexicanos, el campo queda ocupado por soldados de ambos bandos, y ante la disyuntiva de activar las minas y poner fuera de combate a muchos soldados americanos, pero al grave costo de asesinar también a muchos mexicanos, el oficial **Alemán**, opta por no accionarlas, perdiéndose por la mala fortuna, una oportunidad inmejorable de asestar un duro golpe al ejército de **Scott**.

Los estadounidenses, al ver arribar al **batallón de San Blas**, temían se tratase de un plan de contra ataque, efectuado por las fuerzas de **Santa Anna**, ya que se hallaban en conocimiento de que su excelencia, contaba con un número de efectivos cercano a los 10,000 hombres, incluyendo a los 4000 jinetes de caballería del general **Álvarez**, sin embargo, tras comprobar que el refuerzo del **batallón de San Blas**, no venía acompañado de un contra ataque mexicano general, sino que se trataba de una fuerza que entraba a combatir en forma prácticamente aislada, rápidamente reorganizan sus tropas y se lanzan nuevamente al ataque, mientras **Santa Anna**, se limitaba a ubicarse con parte de su tropa en el acceso a la calzada de Belén.

Para los estadounidenses, era en verdad incomprensible, la forma de dirigir de los generales mexicanos, especialmente la del general presidente, pues en muchas ocasiones, se habían hallado en aprietos, quedando en una posición mortalmente vulnerable y, por razones o motivos que desconocían, los mexicanos nunca las aprovechaban. No comprendían, como es que aquella tropa carente de todo, hambrienta y famélica, podía luchar tan terca y endemoniadamente, rayando en la más inconcebible temeridad y obcecación, pero sin observar sus comandantes el más mínimo atisbo de sentido común en sus planteamientos y estrategias de combate. Para ellos, era un misterio, el por qué los mexicanos permanecieron inmóviles durante tantas horas de espantoso bombardeo en Palo Alto, aguantando en forma estoica y sufriendo indecibles pérdidas, al igual que el inaceptable descuido del general **Arista**, al no establecer una adecuada posición defensiva en Resaca de Guerrero. Tampoco entendían, por qué los mexicanos se habían rendido en Monterrey, cuando el **general Taylor** estaba ya por dictar la retirada, tras casi 4 días de combate, así como el por qué el ejército de **Santa Anna**, optó por retirarse durante la noche, tras tenerlos acorralados y casi vencidos en la batalla de la Angostura. Era de igual forma un enigma, el motivo por el que **Santa Anna** había ordenado abandonar el importante puerto de Tampico, clave para su invasión por mar desde el puerto de Veracruz, y la razón por la que no fortificó el cerro de la Atalaya durante la batalla de Cerro Gordo, desde donde pudieron batir fácilmente al valeroso ejército mexicano. No era tampoco lógico en un general militar, abandonar una importante ciudad como Puebla, para ser tomada sin hacer un solo disparo y, tampoco lo era el motivo por el que **su excelencia** decidió no atacarlos por el flanco y retaguardia, cuando los tuvo a su merced en la batalla de Lomas de Padierna. El envío de parque incorrecto al convento de Churubusco, la inacción de la caballería del general **Álvarez** en Molino del Rey y las pocas fortificaciones, así como el reducido número de tropas mexicanas asignado a la defensa de Chapultepec, cuando **Santa Anna**, aún disponía de mayor número de soldados que los propios estadounidenses, eran circunstancias que les hacían sentir como si se encontrasen combatiendo contra un león ciego, que se defendía lanzando zarpazos mortales, pero sin conocer la dirección hacia donde los dirigía. Para los americanos, cuya naturaleza era práctica, resuelta y determinada, este tipo de situaciones, eran sencillamente inexplicables, y no cabían siquiera dentro de la definición de ineptitud o estupidez, iba mucho más allá, y se hablaba de un consentimiento tácito del general mexicano, así como de contubernio y corrupción, lo cual no era una visión puramente unilateral, sino que era también compartida por un amplio sector de la sociedad y el pueblo de México que, al igual que los americanos, se planteaban las mismas interrogantes.

Volviendo a la batalla por Chapultepec, tras el nuevo embate de las columnas americanas, el teniente coronel **Felipe Santiago Xicoténcatl**, al frente de su batallón, dispone ahora una formación defensiva ubicándose a las faldas del cerro, apoyado de los restos de la guarnición del castillo al mando del general **Pérez**, empero, al trabarse nuevamente el choque, la injundia y superioridad numérica de los americanos, poco a poco va empujando y mermando la resistencia de los defensores que, al ir cayendo, dan lugar al inminente ascenso enemigo por la rampa y muros del castillo. El general **Bravo**, que no es ajeno a los sucesos, ordena a sus tropas, abandonar los parapetos exteriores, para que apoyasen en la defensa de las murallas de Chapultepec, pero al retirarse en orden, son seriamente diezmados por los hábiles tiradores yanquis, sufriendo los nuestros sensibles bajas, reduciéndose aún más, el ya de por sí ínfimo número de defensores.

En la retirada, cae muerto el **general Pérez**, quien con tanto valor, había enfrentado a los estadounidenses en numerosas y duras batallas, al igual que el **teniente coronel Felipe Santiago Xicoténcatl** que, con su batallón desplegado en las faldas del cerro, cubría el acceso a la rampa del castillo, siendo alcanzado por varios impactos de bala y, aunque los integrantes del **San Blas**, luchaban y continuaban disparando incesantemente, no pudieron evitar ser rodeados por las inmensas fuerzas americanas, que de a poco los fueron cercando. Ante esto, los soldados del batallón de **San Blas**, forman en línea de tiro, a modo de rectángulo defensivo, ubicando en su centro a su comandante **Xicoténcatl**, quien yace herido de gravedad, así como al abanderado del batallón, hasta que, tras una lluvia de balas vomitada por los fusiles yanquis, es herido el joven abanderado, cayendo el estandarte de **San Blas** al suelo. Al percatarse de ello, el teniente coronel **Xicoténcatl** que, apenas podía sostenerse en pie, con dificultad y apoyado de la culata de su rifle, avanza hacia el cuerpo del joven, toma la bandera, la saluda con deferencia y la envuelve cuidadosamente en torno a su cuerpo. Después, tras un breve instante, en el que contempla impotente, el avance incontenible del enemigo que, empieza a ascender con sus estandartes por la parte noroeste del castillo, arroja al suelo el rifle del que se hallaba apoyado y, desenvainando su espada, cuya hoja se hallaba completamente bañada en sangre enemiga, se coloca al frente de su batallón y ordena así:

- ¡Atención, soldados de San Blas! ¡Calad vuestras bayonetas y formad en línea de ataque, pues este día, las armas de la patria, habrán de anegarse en sangre enemiga! ¡Menester es que os reconcilies con vosotros mismos y con el creador, poniendo en paz vuestra conciencia y vuestro corazón, pues a mi orden, todos conmigo!

Y tras mencionar estas palabras, el bravo coronel **Xicoténcatl**, da la orden de cargar de frente contra las líneas enemigas, que los reciben con una terrible descarga de fusilería, matando o hiriendo a casi todo el heroico batallón nayarita.

Suceso más que gloriosos debió ser presenciar al teniente coronel **Santiago Xicoténcatl**, cargar al frente de sus hombres, antes que rendirse con la bandera de su batallón ante el enemigo, cuando la defensa ya no era posible.

Incrédulos, los soldados americanos, presenciaron aquel hecho con estupor y desconcierto. ¿Por qué los mexicanos luchaban con tal arrojo y valentía, a pesar de hallarse perdidos? ¿por qué entregar la vida así, por una causa que, desde su punto de vista, estaba por demás perdida? ¿de dónde nacía aquel desprendimiento tan frío de la propia existencia, a cambio de salvar a todo trance el honor? Eran preguntas que, durante toda la guerra con México, se habían formulado una y otra vez. El pragmatismo angloamericano, chocaba de lleno con el romanticismo y la orgullosa forma de ser de los mexicanos, para quienes el dinero y los bienes materiales, nada valían sin el honor.

Xicoténcatl y sus hombres, decidieron cargar contra las inmensas columnas enemigas, antes que rendirse y, como este suceso, tuvieron lugar muchos otros similares, durante todo el conflicto.

Cayó pues **Xicoténcatl**, al lado de sus bizarros soldados, en aquella épica carga. Casi todos los 400 hombres del batallón de San Blas, murieron en esa acción y los pocos sobrevivientes, se retiraron al interior del castillo para continuar la lucha, mientras que el resto, trasladó a su agonizante comandante, fuera de la zona de combate, en donde finalmente expiró, tras recibir, más de 14 disparos de bala. Su cuerpo y la bandera del batallón que protegiera con su vida, parecían haber quedado entrelazados, en un abrazo de amor mutuo, sellado con el rojo encarnado de su sangre que, quedaría impregnada en el lábaro patrio, como perenne tributo del sacrificio de sus hijos, los hijos de México.

Momentos después de la caída de los heroicos combatientes del **batallón de San Blas**, los estadounidenses ya sin obstáculo alguno, se vuelcan de lleno con gran determinación sobre las murallas y las elevaciones del cerro de Chapultepec, utilizando escalas y en algunos casos escalando por las peñas y rocas que ofrecía el terreno.

El principal ascenso se daba por el Noroeste y el sector de la rampa del castillo, pues eran las sendas de más viable acceso. Mientras tanto, por la parte norte y oeste, los hábiles tiradores estadounidenses, acosaban sin cesar a los defensores mexicanos de las murallas que, superados en número, intentaban multiplicarse, disparando en forma desesperada, tratando de detener aquella avalancha de soldados enemigos, que trepaban con destreza y velocidad, apoyados de sus largas escaleras.

Al conseguir exitosamente el ascenso, los soldados yanquis se enfrentan cuerpo a cuerpo a sable y bayoneta contra los abnegados defensores mexicanos y, es en este momento, en donde el bizarro coronel **Juan Crisóstomo Cano**, veterano militar que había combatido y sobrevivido a la desastrosa derrota de **Santa Anna** en Cerro Gordo, cae asesinado por las balas y las bayonetas enemigas, al intentar detener su avance. El coronel **Cano**, espada en mano, luchaba como una auténtica fiera al lado de sus soldados que, alentados e inspirados por su ejemplo, ponen fuera de combate a una gran cantidad de atacantes, deteniendo por algunos instantes la colosal mancha azul que asemejaban en su conjunto, el color de los uniformes de los asaltantes yanquis. Tras vencerse la resistencia en el cerro y las murallas de Chapultepec, muchos soldados mexicanos que no alcanzan a retirarse a tiempo hacia los parapetos de los jardines del castillo, son arrojados desde las alturas de los muros, mientras que otros sucumben trágicamente ante el acero de las bayonetas enemigas.

Es en este punto del combate, cuando entran en escena, los valientes cadetes del colegio militar de México, pues al ver que el enemigo casi ha tomado los parapetos de los jardines y se aproxima ya amenazadoramente a las cercanías de la academia, ubicada en el edificio del alcázar, ascienden a las azoteas de la escuela, portando sus fusiles y llevando consigo la mayor cantidad de parque que pudieron cargar. Ahí, se despliegan en línea de tiro y alentándose unos a otros y, exclamando vivas a la patria, se disponen a resistir con todas sus fuerzas al poderoso invasor, que prácticamente, se había apropiado ya, del mítico y legendario, castillo de Chapultepec.

Al eliminar, capturar o hacer huir a los últimos defensores apostados en los jardines, las tropas americanas, se dirigieron hacia las instalaciones del colegio, pues algunos de los mexicanos que se retiraban, se habían dirigido hacia allá, pero apenas acercarse, los yanquis son recibidos por un nutrido fuego de fusilería, proveniente de las alturas del edificio, que les provocó sensibles bajas. Se trataba de los cadetes del colegio que, en cuanto tuvieron a tiro a los americanos, abrieron un endemoniado fuego, turnándose para recargar con rapidez sus fusiles, intentando mantener una lluvia de proyectiles constante.

Ante esto, los estadounidenses rápidamente enfocan sus esfuerzos en capturar la posición, tratando de ingresar por la puerta principal, así como por las bardas del colegio, sin saber que los últimos defensores del imponente castillo, a los que habrían de enfrentarse, eran apenas unos niños.

Por algunos momentos, los cadetes cuyas edades oscilaban entre los 13 y los 20 años de edad, detienen el avance de los invasores, llegando incluso a luchar cuerpo a cuerpo, al momento de romperse la resistencia en la puerta principal, así como al enfrentar a los soldados yanquis que ascienden a las azoteas para tratar de reducirlos.

En ambos bandos, se producen muertos y heridos y aunque los americanos atacan con determinación, los cadetes mantienen la resistencia, a pesar de su reducido número y de los obsoletos rifles con que luchaban.

En los momentos en que se daba el último ataque hacia el edificio del Colegio, el general **Nicolás Bravo**, ya había sido hecho prisionero, y solo algunos pocos soldados que habían logrado replegarse hasta la escuela, apoyaban en la resistencia a los heroicos cadetes, que luchaban como leones, resueltos a salvaguardar el honor de su escuela y de su nación. Aquellos jóvenes, peleaban imbuidos por un espíritu de auténtico amor por México, pues, aunque muy seguramente, los alumnos de mayor edad, simpatizaban con diferentes corrientes e ideologías políticas, sus diferencias no les impidieron organizarse y unirse para la defensa de un bien común, que era la defensa de la patria, dando ejemplo de verdadera nobleza, valentía y patriotismo a algunos de nuestros generales y gobernantes que, al contrario de ellos, prefirieron la ruina de la patria, antes que permitir el éxito de sus adversarios políticos.

Brutalmente conmovedor, es rememorar la gesta de aquellos nóveles cadetes que, sin reserva alguna, decidieron enfrentar al poderoso ejército invasor, aun cuando más de la mitad de los soldados de la guarnición, cuya encomienda había sido precisamente defender el castillo de Chapultepec, desertaron en vísperas del ataque.

ESTEBAN CABRERA MEDA

Quienes debían quedarse a pelear, se marcharon, y quienes podían haberse retirado, decidieron quedarse, engrandeciendo aún más su acción y sacrificio.

En medio del rugir de cañones, metralla, y de los gritos de los soldados y alumnos que protegían el Colegio, podía escucharse la voz serena y determinada de los jóvenes oficiales de las compañías de cadetes, que dictaban órdenes e instrucciones a sus compañeros:

¡Valor muchachos, valor, aquí nos haremos fuertes, aquí detendremos al invasor, mantened vuestras posiciones, asegurad vuestros tiros y disparad con puntería, no podemos desperdiciar parque, recargad vuestros rifles con rapidez, continuad luchando! ¡Vamos a por ellos! ¡Viva México! ¡Viva nuestra independencia! ¡Proteged nuestra bandera, protegedla con vuestras vidas, no debe caer en las impías manos de los americanos! ¡Fuego cadetes, fuego! ¡Seguid disparando, seguid! ¡Por nuestro señor Jesucristo, por vuestra patria, por vuestras familias, por vuestra tierra, continuad peleando! ¡No les permitiremos avanzar! ¡Luchad con el corazón cadetes! ¡Resistid, resistid!

Inmersos en aquella lluvia de metralla y atestado el alcázar por el humo de las detonaciones, los cadetes del colegio militar, continuaban batiéndose con denuedo. La lozanía de sus rostros, y el fulgor en la mirada que solo puede conceder la hermosa flor de la juventud, proyectaban con vehemencia, la nobleza y la inocencia que aún prevalecía en sus corazones. Ya fuese por su corta edad o por el idealismo característico de los seres humanos durante la mocedad, en la que no se duda en empeñar la vida, en pro de un bien común, los niños soldados de Chapultepec, combatían sin reservas y sin hallarse corrompidos por la ambición ni por ningún interés ajeno o extraño, siendo su única y principal motivación, defender el honor y la soberanía de su patria. Aquellos niños cadetes que, a pesar de su instrucción militar, y de conocer el manejo de las armas, nunca habían estado en combate, ni habían tenido que disparar contra otro ser humano hasta ese momento, lejos de combatir con desorganización y nerviosismo, luchaban con gran fiereza y determinación. La desventaja con que se veían obligados a pelear, no los amilanaba y resistían lo mejor que podían el embate de los americanos, que poco a poco iban ganando terreno, reduciendo gradualmente, la valiente defensa de los jóvenes militares.

Finalmente, cuando el parque estaba ya por terminarse y al ser abismalmente superados en número, hubieron de cesar la resistencia, retirándose hacia el jardín botánico, en donde antes de ser hechos prisioneros, destruyeron los rifles con los que, con tanto valor, habían hecho tan brava y valiente resistencia a los estadounidenses.

En las afueras del colegio, así como en las azoteas y en el interior de la escuela, yacían los cuerpos de muchos soldados americanos abatidos por la excelente puntería de los jóvenes alumnos que, también hubieron de ofrendar su sangre, para detener el ataque invasor. Muchos de ellos resultaron heridos, pero pasarían a la posteridad los nombres de los 6 cadetes fallecidos durante aquél heroico combate. Los nombres de **Juan Escutia, Agustín Melgar, Fernando Montes de Oca, Francisco Márquez, Vicente Suárez y Juan de La Barrera**, quedarían inscritos con letras de oro en los anales de nuestra historia, y cada 13 de Septiembre se les rinde solemne homenaje en todo el territorio nacional, recordando su sacrificio y la heroicidad de su gesta, empero, aunque la mayoría de los nombres de los cadetes sobrevivientes que lucharon en defensa de Chapultepec, se han ido perdiendo con el tiempo, no debemos olvidar que, su servicio y su sacrificio a la patria, fue igual de invaluable que el de los cadetes acaecidos.

Uno de los alumnos heridos en combate, y que, sobrevivió a la batalla de Chapultepec, fue **Miguel Miramón**, quien, con el paso de los años, llegaría a convertirse en general y en el líder más destacado y temido del partido conservador, llegando incluso a ostentar el cargo de presidente de México a la escasa edad de 28 años.

Durante el desarrollo del asalto al castillo, como dijimos, **Miramón** fue herido y estuvo a punto de ser rematado por un soldado estadounidense, empero, salvó la vida gracias a la intervención de un oficial yanqui, que al notar que **Miramón** era solo un niño, detuvo al instante al soldado americano, tomándolo únicamente como prisionero. En ese momento, **Miguel Miramón**, contaba con solo 15 años de edad.

ESTEBAN CABRERA MEDA

Los soldados del ejército estadounidense, tras finalizar la batalla y contemplar los cuerpos de los cadetes muertos y heridos, así como al resto de los prisioneros, no pudieron más que mostrar pena y desconcierto y no cesaban de preguntarse unos a otros: ¿En dónde se hallaban los bravos hombres del ejército de **Santa Anna**, mientras aquellos valerosos y aguerridos niños les habían ofrecido tan feroz y singular resistencia? ¿hasta qué grado llegaba pues, la abnegación y bizarría del mexicano que, incluso los niños, se hallaban prestos a ofrendar la vida en defensa de su patria? El valor del mexicano, era pues objeto de admiración de los estadounidenses que, al poseer también un corazón indómito, heredado de sus orígenes ingleses, sabían reconocer y admirar dicha cualidad, cuando tenían la oportunidad de observarla en sus semejantes, en este caso, en los nobles defensores de Chapultepec.

La gesta de los jóvenes cadetes de la academia militar de México, se convirtió con el tiempo, en un símbolo y en un ejemplo del más alto grado de patriotismo, y no solo conmovió los corazones del pueblo mexicano, sino que fue motivo de admiración y respeto en diversos países del extranjero.

En 1910, con motivo del centenario de la guerra de independencia de México, arribaron al país, compañías de cadetes de varias partes del mundo, con la finalidad de rendir homenaje a nuestros héroes y, en 1947, dos años después de finalizada la segunda guerra mundial, y con motivo de la conmemoración del centenario de la batalla de Chapultepec, el entonces presidente de los Estados Unidos de América, **Harry S. Truman**, depositó una ofrenda en el obelisco levantado en honor a **Juan Escutia**, uno de los cadetes fallecidos en la gesta del 13 de Septiembre de 1847 y, a quien la historia oficial, le atribuye el haberse arrojado desde las alturas, envuelto en una bandera mexicana, para evitar que fuese capturada por los americanos, no obstante, aunque existe cierta dificultad al tratar de documentar y dar fe de tal hecho, el sacrificio del joven cadete, no es menos valioso, con independencia de si tuvo lugar o no tal acción, pues al igual que sus compañeros, luchó con valentía, al grado de ofrendar su vida en defensa de la nación.

Así mismo, en 1950, un grupo de cadetes, provenientes de la prestigiosa academia militar estadounidense de West Point, efectuó la entrega de 12 banderas arrebatadas en combate al ejército mexicano, durante el conflicto, siendo recibidas solemnemente por sus pares, los cadetes del Colegio Militar de México.

Otro de los cadetes sobrevivientes a la batalla de Chapultepec, fue el cabo **José Tomás de Cuellar**, quién posteriormente se convertiría en periodista, escritor y dramaturgo y, en cuyos escritos iniciales, relata algunos aspectos y sucesos de lo vivido durante el combate, como cuando contempló como **Vicente Suárez**, uno de los 6 famosos niños héroes caídos el 13 de Septiembre de 1847, en lo más duro del ataque estadounidense, al ver que los soldados enemigos estaban ya encima de sus posiciones defensivas, cargó furiosamente contra los atacantes que descendían por una escalera y, enfrentándolos resueltamente, atravesó a uno de ellos en el vientre con la bayoneta de su rifle, encarando inmediatamente al resto de los infantes americanos que, estupefactos, miraban con incredulidad, la frenética forma de combatir de aquel diminuto joven que aunque contaba con escasos 14 años de edad, debido a su baja estatura y a la escualidez de su complexión, aparentaba tener no más de 10 o 12 años.

La épica gesta de la batalla de Chapultepec que, con el paso del tiempo, ha ido adquiriendo tintes legendarios, rayando casi en lo mítico, debido a los adornos y exageraciones que se le han ido atribuyendo por parte de la historia oficial, pero también a raíz de los relatos orales que se han ido transmitiendo de generación en generación, a casi 176 años de haber tenido lugar, no deben ser motivo para demeritar, ni restar valor, al irreprochable ejemplo de devoción y patriotismo, demostrado por los valerosos defensores del castillo, en especial, el de los jóvenes cadetes del Colegio Militar.

Más allá de cuestionar si **Juan Escutia** se arrojó o no hacia el vacío, envuelto en nuestro lábaro patrio, con el objetivo de que no fuese capturado por el invasor, o si uno u otro hecho, ha sido exaltado o magnificado por los historiadores oficiales para engrandecer un acto que por su propia naturaleza, ya es inconmensurable, y no requiere de ningún aderezamiento, ni su valor se pierde, en función de si ocurrió o no tal suceso, la gesta del 13 de Septiembre de 1847, debe tenerse en consideración, como un recordatorio y un ejemplo para nuestra generación y todas las venideras, del más alto grado de amor, compromiso y patriotismo para con nuestra nación y, al igual que otros hechos heroicos y gloriosos, suscitados a lo largo de nuestra atribulada epopeya como pueblo independiente, servirá en forma perenne para apuntalar los cimientos de nuestra identidad y de nuestra conciencia nacional, siendo nuestro deber como mexicanos, transmitir y hacer del conocimiento de las nuevas generaciones que, desde mucho pero mucho tiempo atrás, había ya, niños, mujeres y hombres, conscientes de su condición como ciudadanos de un pueblo libre que, con determinación, tomaron las armas y dispusieron de todo cuanto tuvieron a su alcance, para defender ese ideal de libertad, sin dudar en empeñar su vida por ello. Es por eso que, a aquellos que con frialdad y desdén, sentencian que en los primeros años de nuestra etapa como país soberano, se carecía de un sentimiento de identidad nacional, restando mérito a la valerosa y denodada defensa que el pueblo de México efectuó en total desventaja y adversidad contra los poderosos ejércitos extranjeros que invadieron nuestro territorio, sería válido preguntarles, si consideran que en la modernidad de nuestra época, nos hallaríamos prestos también, como buenos mexicanos, a desembarazarnos de todas nuestras posesiones y comodidades, dejando nuestros trabajos, oficios, profesiones y familias, para unirnos a las filas del ejército o al de las guardias nacionales, emulando el decoro y la vergüenza mostrada por nuestros antepasados, tomando también las armas para proteger nuestro suelo, contra una nueva e hipotética invasión extranjera.

Dicta el dicho popular, que no hay mejor forma de enseñar que con el ejemplo, y son precisamente este tipo de hechos, los que contribuyen a forjar el carácter y la idiosincrasia de los pueblos, siendo pues nuestra responsabilidad y nuestro deber como mexicanos, conocer y preocuparnos por aprender sobre nuestro pasado, pues solo conociendo nuestra historia, seremos capaces de comprender y dilucidar nuestro presente, para posteriormente lograr desarrollar y establecer las circunstancias y los medios, que ayuden a proyectar un futuro colmado de progreso, paz y prosperidad.

Volviendo al desarrollo de los hechos, al finalizar la batalla de Chapultepec, las fuerzas norteamericanas, sintiendo ya muy cerca su triunfo final, al haber conquistado el último baluarte que se interponía entre la capital mexicana y ellos, enfilaron rápidamente sus esfuerzos para capturar las calzadas y las garitas de Belén y San Cosme, que conducían a la fortaleza militar de la ciudadela, en el interior de la ciudad de México, sin embargo, antes de continuar con el desarrollo de estos sucesos, volvamos nuestras miras hacia otro lugar, muy cercano al castillo de Chapultepec.

En el pueblo de Mixcoac, en una loma desde la que se lograba divisar con claridad, la evolución de la batalla suscitada en Chapultepec, 30 prisioneros irlandeses, ex integrantes de las compañías del **heroico batallón de San Patricio**, también conocido como la legión extranjera de México, se hallaban colocados de pie, encima de unos carromatos, con las manos maniatadas a la espalda y con una soga al cuello con nudo corredizo, el cual sellaría en forma siniestra el lastimero final de los valerosos colorados irlandeses, que con tanta devoción habían combatido, por la defensa de nuestra patria.

La construcción de la rudimentaria y tosca estructura con la que se llevaría a cabo la ejecución, había sido ubicada específicamente, con el objetivo de que los prisioneros tuviesen la vista fija hacia el alcázar del castillo, y pudiesen contemplar el momento justo en que fuese arriada la bandera mexicana y simultáneamente fuese izado el estandarte de las barras y las estrellas. Los americanos, odiaban tanto la participación de los irlandeses en el bando mexicano, que querían humillarlos y sembrar aflicción y la mayor de las desesperanzas en el encendido y orgulloso corazón de aquellos indomables guerreros que, les habían hecho sufrir las de Caín, en todos los combates en los que habían tenido la desgracia de enfrentarlos, pues los irlandeses de San Patricio, eran expertos artilleros, además de excelentes tiradores y habían sido responsables de causar un gran número de bajas americanas.

Como mencionamos anteriormente, la deserción de los patricios de las filas del ejército americano, se debió principalmente, al injusto e irrespetuoso trato que recibían, además de la persecución de la que eran objeto por el solo hecho de ser católicos, así como por cuestiones raciales, pues no es un secreto que, desde su fundación, en un amplio sector de la unión americana, predominó y aún subsiste, un profundo sentimiento de prejuicio racial. Los irlandeses, junto con otros inmigrantes europeos, como los alemanes, sufrieron rechazo por su credo, pues la población de los

ESTEBAN CABRERA MEDA

Estados Unidos de América, tras haber surgido de una colonia inglesa, era predominantemente protestante, no obstante, los irlandeses, al contemplar la injusticia de la invasión norteamericana hacia nuestro país, no solo decidieron dejar de defender los colores estadounidenses y marcharse, sino que, compartiendo el sentimiento de ultraje, por la infame invasión que el país americano emprendía contra México, nación a la que consideraban muy similar a su amada Irlanda, pues compartíamos la misma fe católica, decidieron enlistarse en las filas de nuestro ejército y dejaron plasmada su huella durante gran parte del conflicto, por su furiosa y bravísima forma de combatir, provocando terror y al mismo tiempo un encarnizado odio entre las tropas norteamericanas.

Ahora, sin embargo, tras el largo y extenuante camino recorrido durante toda la campaña en la que se habían batido igual que fieras, se hallaban frente al patíbulo, serenos y con la mirada fija en el horizonte, contemplando con pesadumbre, como de a poco, las tropas estadounidenses, conquistaban el castillo de Chapultepec, ante la sonrisa socarrona de los oficiales y la soldadesca americana que, escudriñaban con avidez sus rostros, en busca del más mínimo gesto de debilidad, para poder burlarse con sorna y ufanarse de ello con la mayor de las satisfacciones.

Finalmente, cuando la bandera de México era arriada del castillo y se izaba al tiempo la de los Estados Unidos de América, el oficial encargado de la ejecución, da la orden para efectuar la sentencia, empero, antes de que el verdugo hiciese avanzar las mulas que jalaban los carromatos en donde se posaban los condenados, para que se consumasen los ahorcamientos, instantáneamente y casi al unísono, los 30 soldados irlandeses del glorioso y heroico **Batallón de San Patricio**, lanzan su característico grito de batalla exclamando: ***¡Erin go bragh!*** (Irlanda por siempre); acto seguido, la ejecución es consumada y los valerosos patricios son colgados, observando en su agonía, la irremediable y triste derrota de México, pueblo y tierra por la que habían luchado y ofrendaban ahora su vida.

La descripción del ahorcamiento de los colorados del **Batallón de San Patricio**, quedó retratada en una acuarela efectuada por un soldado estadounidense de nombre **Samuel Chamberlain**, siendo inmortalizado para la posteridad, el sacrificio de los combativos irlandeses que, defendieron sin reservas, los colores de nuestra bandera y murieron por la noble causa de nuestra patria.

Tras este hecho, los nobles hijos de Irlanda, se convirtieron pues, también en hijos de México y cada 17 de marzo, se efectúan en nuestro país, actos y celebraciones para rendir solemne homenaje a los héroes irlandeses del legendario **Batallón de San Patricio**.

Continuando con los acontecimientos, al consumarse la toma del castillo, el ejército estadounidense, inició su avance por las calzadas que conducían a la ciudad de México. El general **Quitman**, se dirigió con sus tropas hacia la garita de Belén y el general **Worth**, destacó a sus hombres a través de la de San Cosme.

Con gran determinación continuaron su avance los americanos, pues a nada estaban ya de conquistar la antigua y legendaria capital azteca. El general **Quitman**, recibió orden del general **Scott**, de probar las defensas mexicanas de Belén, pero el ímpetu y las ansias del general americano, lo llevaron a sobrepasar esa orden y volcó de lleno sus fuerzas contra las tropas mexicanas que se hallaban parapetadas detrás de una barricada improvisada en la calzada. Los defensores mexicanos, eran comandados por el general **Andrés Terrés**, quien defendió con decisión la posición, recibiendo con un infernal fuego de metralla a las tropas de **Quitman** que, al principio, hubieron de retroceder ante la férrea resistencia mexicana, sin embargo, al percatarse los artilleros invasores, que las posiciones defensivas nacionales, se ubicaban justamente debajo de los arcos de la garita de Belén, dirigieron el fuego de sus cañones hacia dicha estructura, provocando derrumbes y haciendo caer un alud de escombros sobre las tropas mexicanas, que no tuvieron más remedio que abandonar el punto y refugiarse tras las puertas de la garita. Este fue otro error más, cometido por los ingenieros y los oficiales mexicanos, que no repararon en el peligro de levantar barricadas defensivas en dicha posición, quedando en manos de los invasores, con relativa facilidad, lo que fue celebrado eufóricamente por el general **Quitman** y sus hombres, pues no esperaban lograr desalojar a los mexicanos con tal rapidez, no obstante, muy poco duró el júbilo entre los estadounidenses, ya que, al enterarse su excelencia de la caída de la garita de Belén, se puso furioso y, tras recriminar e insultar severamente al general

Terrés, por haber abandonado el punto, envió a un nuevo contingente para intentar recuperar la garita.

Las tropas mexicanas atacaron con tal intensidad la garita de Belén, que los americanos poco pudieron hacer para defenderse y ni su superior artillería, logró contrarrestar el empuje de los cañones mexicanos que barrían a diestra y siniestra a los soldados yanquis, quienes a pesar de estar siendo vigorosamente batidos, no abandonaban la posición, pues el general **Quitman**, tras la toma de la garita, deseaba poder resistir hasta que cayera la noche, con la esperanza de que los mexicanos cesasen su intento de recuperar Belén y tener también la posibilidad de recibir refuerzos.

Mientras esto acontecía, el general **Worth**, al mando de una columna, recibió también la orden de avanzar con sus tropas a través de la calzada de San Cosme, la cual era defendida por el general **Rangel** que, con su brigada, había apoyado en el combate de Chapultepec, conteniendo a las tropas americanas que buscaban rodear la posición.

Los estadounidenses atacaron vigorosamente, pero **Rangel** y sus hombres mantuvieron la posición con determinación hasta bien entrada la tarde. Los intercambios de fuego de artillería y fusilería, por momentos estancaron el desarrollo del combate, hasta que, llegado cierto punto, los estadounidenses lograron hacerse con el control de un templo y de algunos edificios, en los que, aprovechando la altura de los mismos, colocaron varios cañones de grueso calibre, batiendo de forma inmisericorde a las fuerzas mexicanas que, de a poco fueron mermando la resistencia y, cuando el parque empezó a escasear y la cantidad de muertos y heridos tornó insostenible la defensa, finalmente hubieron de abandonar la garita, replegándose hacia la ciudadela. Posterior al repliegue de **Rangel** y sus hombres, un contingente de caballería al mando del general **Torrejón**, intentó retomar la garita de San Cosme, pero la poderosa artillería americana, le hizo fuego de forma tan furiosa, que fue obligado a desistir de su intento, retirándose también hacia la ciudadela, en donde **Santa Anna** y su estado mayor, sopesaban las pocas opciones que les quedaban, pues aún no finalizaba la jornada de aquel fatídico día 13 de Septiembre de 1847 y el ejército americano era dueño ya de las posiciones del castillo de Chapultepec y de las garitas de San Cosme y Belén, la cual aunque amenazada seriamente por las fuerzas enviadas por el general presidente para recuperarla, tuvo que dejarse también en manos de los americanos, pues debido a una confusión, al escucharse en las cercanías un toque de trompetas que ordenaba la retirada, los soldados mexicanos que sitiaban a las fuerzas de **Quitman** en Belén, creyendo que la orden iba dirigida hacia su contingente, cesaron el ataque y se retiraron también hacia la ciudadela.

Ciertamente, como bien afirma un muy querido y apreciado escritor, originario de la hermosa ciudad de Saltillo, **Armando Fuentes Aguirre**, en su libro: **La otra Historia de México, Antonio López de Santa Anna**, era como si hasta el azar, estuviese del lado de los estadounidenses.

Por su parte, tras esfumarse los últimos rayos de sol del 13 de septiembre de 1847, **Scott** sintiéndose prácticamente ya dueño de México, pues solo quedaba la ciudadela como último punto de resistencia para tomar la ciudad, avanzó hacia el convento de San Fernando, en donde estableció parte de sus fuerzas y, ordenó a sus avanzadas emplazar su artillería, con miras al ataque final que pensaba ordenar al despuntar el alba. Los americanos ensayaron con sus cañones, efectuando algunos disparos durante la noche, que surcaron e iluminaron los cielos de la urbe nacional, sembrando tristeza, espanto y desesperanza entre los habitantes de la capital, que nunca creyeron posible, que su hermosa y legendaria ciudad, otrora metrópoli del extinto imperio azteca, pudiera ser conquistada por los odiosos yanquis, a quienes inicialmente juzgaban como inexpertos en el arte de la guerra y sin las agallas suficientes para culminar su intento, empero, los fulgurantes destellos de las descargas de los cañones americanos, terminaron finalmente por desnudar todas nuestras carencias y debilidades, arrancando de tajo el velo de romanticismo que nos hacía sentirnos invencibles por haber derrotado a España en la guerra por la Independencia en 1821 y rechazar su expedición de reconquista en 1829, al igual que por haber enfrentado a la poderosa Francia, en su ataque al puerto de Veracruz en 1838, conflicto en el que, aunque oficialmente fuimos derrotados, al haber cedido en el pago de $600,000 pesos por las reclamaciones galas, en la conciencia colectiva de un sector de la población, prevalecía la idea de que se tuvo la capacidad de detener el empuje de uno de los ejércitos más poderosos del mundo y luchar de tú a tú contra ellos.

Si bien, el valor del pueblo de México, así como la bravura y la legendaria resistencia de nuestros soldados, era en verdad inobjetable; a una nación disciplinada, pragmática y unida en pro de la consecución de un objetivo común como los Estados Unidos de América, que además, poseía cuantiosos recursos materiales y financieros para sostener su aventura, no era posible vencerle solo con el valor de nuestros soldados, aunque la verdad sea dicha, si nuestros generales y políticos hubiesen obrado en forma distinta, el milagro pudo haber sucedido, pues en varias batallas y momentos, tuvimos al enemigo a nuestra merced, sin embargo, los oportunidades que tuvimos, no fueron aprovechadas y ahora los americanos, se hallaban a las puertas de nuestra capital, con el paso libre, y tan solo les restaba estirar el brazo para finalmente hacerse con el preciado botín.

Cuánto hubieron de costar a nuestra patria, las interminables disputas y conflictos entre sus hijos, así como nuestra profunda división. Ya fuese por ideales políticos, intereses partidistas, diferencias entre las logias masónicas, o simples y llanas pugnas por la siempre perversa ambición del poder, nuestro país fue sometido a un permanente estado de postración, prácticamente desde su fundación, traduciéndose en pobreza, ruina económica, y en un insondable estado de vulnerabilidad, que nuestro vecino del norte, no desaprovechó.

Ahora, en los postreros momentos de nuestra derrota final, **Santa Anna** ocupaba aún el edifico de la ciudadela, y con talante desencajado y actitud hosca, llamó a una reunión de emergencia a sus generales y oficiales, al gobernador del estado de México, **Francisco M. de Olaguíbel** y a los representantes del ayuntamiento de la capital. El tema, continuar la resistencia o evacuar la ciudad de inmediato.

Las fuerzas con las que aún contaba el general presidente, ascendían a 5000 efectivos, sumados a los 4000 jinetes del general **Juan Álvarez** que poco o nada habían participado en la campaña de defensa de la capital. México aún contaba con 9000 hombres en armas, que integraban el llamado ejército de reserva de **Santa Anna**, sin mencionar al gran número de voluntarios capitalinos que deseaban sumarse a la defensa, pero su excelencia y sus oficiales, considerando que su posición era muy vulnerable, pues además de hallarse ya con las reservas de parque casi agotadas, no quedando material de guerra más que para 1 día de combate a lo mucho, y careciendo también de insumos y alimentos para la tropa, la cual había combatido todo el día 13 de Septiembre, prácticamente sin probar alimento, puso sobre la mesa la opción de evacuar la ciudad, dejando el paso libre al invasor, sin librar una última y definitiva batalla, empleando la totalidad de las fuerzas que le restaban. Sus oficiales, al principio vacilaron, pero tomando en cuenta también que enfrascarse en un combate abierto con las tropas de **Scott** en el interior de la ciudad, provocaría una gran mortandad entre la población civil, sin mencionar los graves daños que irremediablemente habrían de sufrir las casas, comercios y la infraestructura de la ciudad, terminaron por coincidir con la propuesta de su excelencia, por lo que en la madrugada del día 14 de Septiembre de 1847, **Santa Anna** y todas las tropas a su mando, abandonaron con gran rapidez y sigilo la ciudad, dejándola completamente indefensa y a merced de los estadounidenses.

Al amanecer del día 14, los estadounidenses abrieron fuego con sus cañones a las inmediaciones de la ciudadela, iniciando nuevamente los hostilidades con el objetivo de acabar definitivamente con el ejército mexicano, al que aún consideraban de respeto y muy numeroso, sin embargo, al ver que no había respuesta, enviaron exploradores para sondear la situación, descubriendo en poco tiempo que la ciudad había sido abandonada por las tropas nacionales, dejándolos prácticamente como dueños de México.

Gran júbilo suscitó esta noticia entre los americanos que, abrazándose unos a otros, llenos de alegría y euforia, lanzaban al unísono atronadores gritos de victoria, pues después de tantos combates, obstáculos y peligros, finalmente habían conquistado la mítica ciudad de México, emulando la hazaña de **Hernán Cortés** en 1521.

Nada pudo detener a los estadounidenses en su avance y, aunque cometieron errores que pudieron costarles muy caro, las pifias y desaciertos de los mexicanos, fueron mucho peores, y con un relativo bajo costo en recursos y hombres en proporción de lo conquistado, su campaña fue un completo éxito.

Antes de abandonar la ciudad, **Santa Anna** disolvió los cuerpos de guardia nacional, quienes habían sido en gran medida, la columna vertebral en la mayoría de los combates librados en las cercanías de la ciudad de

México. Con gran valor y abnegación y en general, sin contar con formación ni instrucción militar, miles de ciudadanos libres, de diversas profesiones como artesanos, comerciantes, obreros, burócratas, estudiantes, médicos, entre muchos otros, combatieron con denuedo y gallardía, plantando cara al poderoso ejército invasor, sirviéndose de su propio peculio, para equiparse y armarse.

Todo lo dieron por la patria estos hombres, que no repararon en comprometer su vida y patrimonio en pro de la defensa de su país, sin embargo, ahora, a pesar de su virtuoso sacrificio y de todos sus esfuerzos, contemplaban con tristeza e impotencia, la disolución de las fuerzas nacionales que, cual lastimeras sombras, marchaban en retirada bajo la oscuridad de la noche, abandonando a su suerte, la ciudad por la que tanto habían luchado.

De los 9000 hombres con que contaba **Santa Anna**, retuvo solo a 2000 jinetes con los que se dirigió a las cercanías de Puebla, enviando a otros 5000 al mando del general **José Joaquín de Herrera** a internarse en el territorio nacional con el objetivo de continuar una guerra que se había perdido ya desde el momento en que se evacuó la ciudad sin dar una última batalla con todas las fuerzas que nos restaban.

El día 14 de septiembre de 1847, los estadounidenses tomaron el palacio nacional y en un acto solemne, arriaron la bandera mexicana que aún ondeaba en su asta, hermosa e indiferente a los sombríos momentos que imperaban y cubrían de pena y lamentos a toda nuestra nación.

Los habitantes de la ciudad de México, miraban con incredulidad y estupor, el momento en que la bandera de los Estados Unidos, era izada y saludada al unísono, por los soldados americanos, que eufóricos, celebraban su triunfo. No comprendían por qué el ejército nacional se había retirado, permitiendo el avance de los estadounidenses, sin combatir hasta el final. El hecho estaba consumado, México había perdido, pero los ciudadanos de la capital, sintiendo en su corazón una profunda indignación por el ultraje del que era objeto la patria, y movidos por la rabia de lo que consideraban una cobardía y una traición de **Santa Anna**, al haber retirado al ejército; de forma espontánea, y sin un liderazgo definido, fueron reuniéndose en torno a las tropas americanas y, finalmente, imbuidos de un instinto general de furia y venganza, se precipitaron sin más en contra de los soldados americanos que, sorprendidos por la reacción del pueblo, sufrieron cuantiosas y muy severas bajas.

Los habitantes de la ciudad de México, careciendo de todo elemento de guerra, así como de instrucción militar, se abalanzaron rabiosamente contra los invasores, armados con palos, piedras, lanzas, pistolas, antiguos fusiles, y con todo cuanto pudieron encontrar.

De las alturas de los edificios, balcones y casas, valientes tiradores anónimos, disparaban sin cesar contra las filas yanquis, que respondían de forma inmisericorde a punta de cañonazos, barriendo manzanas enteras.

Con machete y con sable, jóvenes y viejos, se batían con denuedo enfrentando la carga de los dragones y los infantes americanos que trataban de desalojarlos de las improvisadas barricadas que habían logrado construir en algunas de las calles aledañas al palacio nacional.

Desde azoteas y ventanas, mujeres e incluso niños lanzaban piedras y pesadas macetas sobre los contingentes de caballería americana que recorrían la ciudad, persiguiendo a los grupos de insurrectos, que peleaban palmo a palmo por su ciudad, dando ellos mismos la lucha que el general presidente no quiso dar. Solo algunos jinetes aislados, en su mayoría ex integrantes de la guardia nacional disuelta, transitaban a toda prisa por las avenidas y callejones, tratando de apoyar en lo posible al digno pueblo de México, que a pesar de las bajas que estaba sufriendo en tan feroz y desigual enfrentamiento, continuaban luchando instintivamente, desahogando toda su furia contra los americanos, intentando cuando menos salvar una ínfima parte del tan mancillado honor nacional.

El general **Winfield Scott**, preocupado por la situación, pues si **Santa Anna** y sus tropas volvían y le atacaban en medio de aquel desorden, se vería en graves aprietos, ya que su ejército sería ampliamente superado en número y, considerando esto, rápidamente se reunió con los representantes del ayuntamiento de la ciudad, para que exhortaran a la población a deponer las armas y cesar sus ataques.

Lo anterior, aunado también a la desorganización de aquel repentino levantamiento popular, y a la falta de armas y elementos para combatir a un ejército tan bien dirigido y equipado como el de los Estados Unidos, provocó que los disturbios se fuesen extinguiendo poco a poco, hasta solo quedar focos de rebelión aislados, que fueron silenciados a punta de balas y acero por los militares norteamericanos.

Todo estaba perdido, la capital de México había sido conquistada, y aunque **Santa Anna** amenazaba Puebla, en donde se ubicaba la base de operaciones de los americanos y algunos grupos de guerrilleros, como los del padre **Celedonio Domeco Jarauta**, continuaban hostilizando a las tropas estadounidenses, la falta de cohesión y el poco o nulo apoyo prestado por parte de la mayoría de los estados de la república mexicana, no permitió que los aislados esfuerzos que aún sobrevivían con el objetivo de revertir nuestra derrota pudieran rendir frutos.

Tras poco más de un mes de tener sitiada la ciudad de Puebla y combatir por capturar los convoyes estadounidenses de pertrechos provenientes de Veracruz, el general y otrora salvador de la patria, **Don Antonio López de Santa Anna**, fue destituido del mando de las tropas mexicanas por el nuevo presidente de la república, **Manuel de la Peña y Peña**, quién habiendo sido presidente de la suprema corte de justicia, debió asumir el poder ejecutivo, tras la renuncia a la presidencia de su excelencia.

Santa Anna que, a pesar de las circunstancias y de lo mucho que había sido afrentado su prestigio, con todas las derrotas y desastres que tras su mando tuvieron lugar, seguía siendo el mismo personaje soberbio y egocéntrico de siempre. Sentía que, de no haber sido depuesto, podía haber tomado Puebla, poniendo así en predicamentos al general **Scott**, cortando sus comunicaciones y vías de abastecimientos con su base de operaciones.

Tal vez pensó **Don Antonio** en desacatar aquella orden y rebelarse contra el gobierno de **Peña**, pero conociendo que muy probablemente sería sometido a un tribunal de guerra por su accionar a lo largo de la campaña, y que en realidad, no contaba con recursos ni hombres suficientes para hacerlo, finalmente desechó esa posibilidad y prefirió exiliarse, refugiándose en Colombia.

HIJOS DE MÉXICO

Con la partida de **Santa Anna**, las condiciones para lograr un acuerdo de paz con los americanos mejoraron y, el día 2 de febrero de 1848, se firmó el tratado de Guadalupe Hidalgo, en el que los Estados Unidos Mexicanos, cedían los territorios de Nuevo México y la Alta California a los Estados Unidos de América, a cambio de 15 millones de dólares por compensación de daños de guerra, de los cuales solo se pagarían en forma inmediata 3 millones y el resto se liquidaría en pagos anuales. Con esto, México perdía aproximadamente el 55% de su territorio, cediendo una extensión de tierra de casi 2,400,000 kilómetros cuadrados.

En tiempos del primer imperio mexicano (1822) con **Agustín de Iturbide**, nuestro país llegó a integrar un territorio de 5,118,000 kilómetros cuadrados, extendiéndose nuestra potestad hasta centro américa, llegando a tener frontera con la Gran Colombia, empero, tan solo 26 años después (1848), tras perder la guerra con Estados Unidos, nuestra extensión territorial se había reducido ya a poco menos de 2,000,000 de kilómetros cuadrados, es decir, en menos de 30 años, perdimos aproximadamente el 61% de nuestra extensión territorial, y esta no sería la última vez que nuestra patria sería mutilada, pues a finales de 1853, durante la última estancia en la presidencia de **Don Antonio López de Santa Anna**, México vendería a Estados Unidos 77,000 kilómetros cuadrados, correspondientes a la región de La Mesilla, a cambio de 10 millones de dólares.

En la negociación del tratado de Guadalupe-Hidalgo, estuvo involucrado el comisionado especial de los Estados Unidos de América, **Nicholas Trist**, quien desde mucho antes de la toma de la ciudad de México, había efectuado gestiones con **Santa Anna** y los diplomáticos nacionales, con el objetivo de pactar la paz sin haber podido concretar el acuerdo debido a la negativa de su excelencia y de la empeñada resistencia ofrecida por los mexicanos.

Trist había sido autorizado por el gobierno de los Estados Unidos de América, para ofrecer entre 15 y hasta 30 millones de dólares a cambio del reconocimiento de México, de los territorios ocupados por USA, y aunque con la firma del tratado, se pactó únicamente la cesión de los inmensos territorios de la Alta California y Nuevo México, además de lograr que el gobierno mexicano desistiera en forma definitiva sus reclamaciones sobre el estado de Texas, originalmente la consigna para **Trist**, fue obtener también los territorios de Baja California, Sonora, Chihuahua y Coahuila, así como conseguir una concesión para que los Estados Unidos de América, tuvieran libre tránsito sobre el Istmo de Tehuantepec, lo cual logró evitarse, gracias al notable trabajo de la diplomacia mexicana y a la disposición del representante norteamericano, que a pesar de actuar evidentemente en pro de los intereses de su nación, se condujo con gran decencia y consideración, evitando en la medida de lo posible, no exacerbar la terrible humillación que México habría de sufrir con la firma de dicho pacto.

El tratado de Guadalupe Hidalgo, llamado así debido que su firma fue llevada a cabo en la villa del mismo nombre, en las cercanías de la ciudad de México, constó de 24 puntos, entre los cuales mencionaremos en forma resumida los más destacados:

- ❖ Se establece como nueva línea fronteriza entre las dos naciones, las márgenes del Río Grande, también conocido como Río Bravo, pasando a poder de los Estados Unidos de América, los estados de la Alta California y Nuevo México.

- ❖ Estados Unidos, se compromete a retirar sus tropas de nuestro territorio, así como su flota naval de nuestros puertos, devolviendo a México todos los castillos, fortalezas y territorios arrebatados durante la guerra, junto con todo el material de guerra, pertrechos y cualquier bien de propiedad pública que se encontrase dentro de dichos lugares al momento de ser capturados.

- ❖ Estados Unidos se compromete a respetar las propiedades y posesiones de todos los ciudadanos mexicanos que, tras la firma del tratado, queden ubicados dentro del territorio estadounidense, brindándoles además la opción de optar por la ciudadanía americana o mantener la nacionalidad mexicana si así lo quisiesen.

- ❖ Estados Unidos renuncia a exigir a México el pago por las reclamaciones de ciudadanos estadounidenses efectuadas contra nuestro país, comprometiéndose a hacerse cargo del pago de las mismas.

❖ Se acuerda mantener una relación de paz y amistad entre ambas naciones, comprometiéndose a solucionar por la vía diplomática cualquier diferencia entre las partes y en caso de no llegar a un acuerdo, solicitar la mediación de una nación amiga.

Los firmantes del tratado, por parte de la representación mexicana fueron los señores: **Bernardo Couto**, **Miguel Atristain** y **Don Luis G. Cuevas** y, por la contraparte norteamericana, firmó el señor **Nicholas Trist**, quien, al momento de la firma, había sido destituido de su cargo por el gobierno estadounidense, sin embargo, a pesar de ello, rubricó el documento y lo envió al presidente americano que, a su vez, lo envió al congreso de la unión americana, en donde fue aprobado por mayoría.

Una situación que causó revuelo entre la opinión pública de ambas naciones, fue que, se tuvo conocimiento de que el comisionado norteamericano, contó en su poder con un fondo secreto cercano a los 3 millones de dólares, destinado para "gastos especiales", lo que era un burdo eufemismo para no llamarle "partida para sobornos", pues el presidente americano **James Polk**, era consciente de que, en México, muy probablemente serían mucho más efectivos los cañonazos de billetes, que el poderoso fuego de su artillería.

¿Sería posible que **Santa Anna** y algunos otros personajes de la política nacional, hubiesen recibido sobornos de parte del gobierno estadounidense y, por ende, hayan tomada tan trágicas e inexplicables decisiones en muchos de los momentos decisivos de la campaña militar, para ir dando paso en forma disfrazada a la imparable racha de victorias de los americanos, con el objetivo de que México fuese totalmente vencido y por ende, obligado a negociar una paz ventajosa para el país de las barras y las estrellas?

Esta es una posibilidad que permanecerá por mucho tiempo en la psiquis colectiva de nuestro pueblo, sin embargo, es obligado decir, que no existen documentos ni pruebas que acrediten dicho suceso, pues, aunque el general **Santa Anna**, entró en tratos con los estadounidenses desde su cautiverio en la guerra de Texas, y posteriormente negoció también con ellos para que se le permitiese ingresar a territorio mexicano, procedente de su exilio en Cuba, en pleno bloqueo de la flota yanqui, habiendo estallado ya el conflicto, es también menester establecer que, aún con lo anterior y con los errores y las decisiones inexplicables que tomó durante el desarrollo de la guerra, el valor que mostró al combatir en la primera línea de fuego, en la mayoría de los combates en los que participó, fue completamente real. ¿Si **Santa Anna** había recibido dinero de USA, por qué empeñó casi la totalidad de sus bienes y propiedades para poder equipar y levantar el ejército con el que marchó hacia la batalla de la Angostura en la que derrotó al ejército americano comandado por el general **Taylor**? ¿Si su excelencia hubiese aceptado un soborno, por qué entonces habría de arriesgarse a morir ante la artillería y la metralla enemiga, peleando codo a codo al lado de sus soldados? ¿Si el polémico general jalapeño tenía un acuerdo con los americanos, por qué fue tan encarnizadamente perseguido tras su escape en la derrota de Cerro Gordo, al grado de dejar atrás su prótesis de madera, así como el dinero que le quedaba de reserva para lograr salvarse? ¿Será que tal vez su excelencia, hizo creer a los americanos que estaba de su lado, pero al llegar a México, se volteó como tantas veces lo había hecho con anterioridad a lo largo de su carrera militar y política y decidió combatirlos, guiando a las tropas mexicanas en el campo de batalla?

Dada la naturaleza y carácter de don **Antonio**, no es posible asegurar ni dar por sentado nada, sin embargo, aunque no hayan tenido lugar o no se pueda comprobar un acto de traición por parte de su excelencia, su cuestionable dirección, provocó un innegable alud de tragedias, así como una indecible cantidad de muertes para la causa nacional, no obstante, no fue esto entera responsabilidad de **Santa Anna**, pues a pesar de sus pifias, supo batirse con valor, enfrentando siempre en desventaja a un enemigo poderoso, a diferencia de muchos políticos y militares, que dieron la espalda a la nación cuando la patria más les necesitaba.

A **Don Antonio López de Santa Anna**, el villano favorito de nuestra historia, se le pueden atribuir muchas faltas y defectos, era soberbio, ambicioso, embustero, mujeriego y jugador. La verdad sea dicha, excedió muchas veces sus facultades como presidente y como general, era derrochador y poco abocado a las responsabilidades y funciones de la administración pública, pues su naturaleza se hallaba estrechamente ligada a la aventura y la vida de soldado, más que a la de presidente, sin embargo, también es de reconocer, que fue el único hombre en México, a lo largo de aquella convulsa época, con la suficiente fuerza y voluntad, para hacerse cargo de los destinos de la patria, durante los acontecimientos de mayor peligro y necesidad que tanto amenazaron la independencia de nuestra nación. Enfrentó y comandó a las tropas nacionales en el marco de las primeras tres invasiones extranjeras a nuestro suelo y bien o mal, con errores y aciertos, con victorias y derrotas, plantó batalla al enemigo, enviando un mensaje al mundo de que, aún con nuestros problemas, ante cualquier intento de subyugarnos, México se defendería. Podríamos ganar o podríamos perder, pero se dejaba en claro, que aquél que osase profanar con su planta nuestro suelo, como lo dice una de las gloriosas y hermosas estrofas de nuestro himno nacional, el cual por cierto, fue creado durante el último gobierno de **Santa Anna**, habría de pagar con ríos de sangre y muerte su atrevimiento y, antes de considerar poner un pie en nuestra tierra, tendría que comprender que nuestra pueblo no teme ni rehúye a la guerra, pues por la gracia y la voluntad de Dios, en cada uno de sus hijos, ya sean hombres, mujeres o niños, late el corazón de un guerrero, dispuesto a defenderla hasta el final.

En 1862, 14 años después de finalizada la guerra con los Estados Unidos de América, sería la poderosa Francia de **Napoleón III**, quien se embarcaría en una nueva aventura para conquistar e imponer a un emperador títere en nuestro país y, aunque por espacio de 5 años, lograría sostenerse a sangre y fuego, al final, terminaría retirándose, tras contemplar el efecto de lo que eran capaces los hijos de México en pro de la defensa de su nación, empero, de este episodio y de las posteriores invasiones que aún habría de enfrentar nuestro abnegado y heroico pueblo, trataremos en la segunda parte de este humilde relato.

Hermosillo, Sonora, marzo de 2023.

HIJOS DE MÉXICO

BIBLIOGRAFÍA Y FUENTES DE INFORMACIÓN:

Enciclopedia, Gran Historia de México Ilustrada, Tomo I, El Mundo Prehispánico. Consejo Nacional para la Cultura y las Artes (CONACULTA)/Instituto Nacional de Antropología e Historia (INAH)/Editorial Planeta DeAgostini.

Historia verdadera de la conquista de la Nueva España, **Bernal Díaz del Castillo**.

Visión de los vencidos, relaciones indígenas de la conquista, **Miguel León Portilla**, biblioteca del estudiante universitario, Universidad Nacional Autónoma de México (UNAM).

Ocaso de un imperio, razones de Moctezuma y motivos de Cortés, **Oscar Ramos Garza**, Editorial Porrúa.

Serpiente Emplumada, Corazón del Cielo, Mitos de México, **David Bowles**, Editorial Grijalbo.

Los Déspotas armados, **José Lameiras**, El Colegio de Michoacán.

Los orígenes de los pueblos indígenas del Valle de México. Los Altépetl y sus historias. El camino migratorio de los Mexicas, **Federico Navarrete Linares**, Instituto de Investigaciones Históricas, Universidad Nacional Autónoma de México (UNAM), publicaciones digitales.

Panorama general de la guerra entre los aztecas, Revista Estudios de Cultura Náhuatl 12. **Jesús Monjarás-Ruiz.** Instituto de Investigaciones Históricas de la Universidad Nacional Autónoma de México (UNAM).

El conquistador anónimo, (1556).

Gonzalo Guerrero, marinero, estratega y jefe militar de los indios Mayas, **Cristina González Hernández**, artículo digital del portal de la Real Academia de la Historia.

América Peligra, 600 años de azarosa historia de 1419 a 2017. **Salvador Borrego Escalante.**

Enciclopedia, Gran Historia de México Ilustrada, Tomo III, El Nacimiento de México, 1750-1856. Consejo Nacional para la Cultura y las Artes (CONACULTA)/Instituto Nacional de Antropología e Historia (INAH)/Editorial Planeta DeAgostini.

La otra historia de México, Hidalgo e Iturbide, la gloria y el olvido, **Armando Fuentes Aguirre**, Editorial Diana.

Las grandes mentiras de nuestra historia, la nación y el ejército en las guerras extranjeras, **Francisco Bulnes**, Editorial Porrúa.

Episodios militares mexicanos, **Heriberto Frías**, Biblioteca del Oficial Mexicano, Secretaría de la Defensa Nacional, Universidad del Ejército y Fuerza Aérea.

La otra historia de México, Antonio López de Santa Anna, y la guerra de Estados Unidos contra México, **Armando Fuentes Aguirre**, Editorial Diana.

El castillo de Chapultepec, 1250-2015, Editorial Turner de México, Consejo Nacional para la Cultura y las Artes (CONACULTA), Dirección General de Publicaciones.

Historia antigua y moderna de Jalapa y de las revoluciones del estado de Veracruz, **Manuel Rivera Cambas**.

El conflicto con Francia de 1829-1839, Historia Mexicana 2 (4), **José Bravo Ugarte**, El Colegio de México.

La guerra a México de Estados Unidos, 1846-1848, Historia Mexicana 1 (2), **José Bravo Ugarte**, El Colegio de México.

Memorias de mis tiempos 1840 a 1853, **Guillermo Prieto**.

Recuerdos de la invasión norteamericana 1846-1848 por un joven de entonces, Tomo I y Tomo 2, **José María Roa Bárcena**, miembro de la real academia española.

Apuntes para la historia de la guerra entre México y los Estados-Unidos, **Ramón Alcaraz, Alejo Barreiro, José María Castillo, Félix**

HIJOS DE MÉXICO

María Escalante, José María Iglesias, Manuel Muñoz, Ramón Ortiz, Manuel Payno, Guillermo Prieto, Ignacio Ramírez, Napoleón Saborío, Francisco Schiafino, Francisco Segura, Pablo María Torrescano, Francisco Urquidi.

La guerra México-Estados Unidos, Su impacto en Nuevo León, 1835-1848, Leticia Martínez Cárdenas, César Morado Macías, J. Jesús Ávila Ávila.

NOTA FINAL DEL AUTOR

Estimado lector, es menester establecer que cualquier inexactitud o error que pudiese encontrarse en el presente texto, en referencia a fechas, nombres de personajes, hechos o sucesos, son entera responsabilidad del autor y en ningún caso de las fuentes bibliográficas citadas.

ÍNDICE

PRÓLOGO DEL AUTOR 7

ANTECEDENTES Y BREVE RELATO DE LA CONQUISTA DE TENOCHTITLÁN 13

FUSIÓN DE 2 RAZAS Y NACIMIENTO DE UNA NUEVA 33

MÉXICO INDEPENDIENTE Y LA PRIMERA INTERVENCIÓN EXTRANJERA 47

SEGUNDA INTERVENCIÓN EXTRANJERA EN MÉXICO, CONOCIDA POPULARMENTE COMO GUERRA DE LOS PASTELES 69

TERCERA INTERVENCIÓN EXTRANJERA. PRIMERA INVASIÓN DE ESTADOS UNIDOS A MÉXICO (1846-1848) 91

BIBLIOGRAFÍA Y FUENTES DE INFORMACIÓN 205

NOTA FINAL DEL AUTOR... 209

Made in the USA
Monee, IL
20 June 2023

36341652R00125